民商法论丛
Civil and Commercial Law Series

● 冀诚 著

合同法：规则与原理

Contract Law: Rules and Principles

北京大学出版社
PEKING UNIVERSITY PRESS

图书在版编目(CIP)数据

合同法:规则与原理/冀诚著. —北京:北京大学出版社,2013.1
(民商法论丛)
ISBN 978-7-301-21753-5

Ⅰ.①合…　Ⅱ.①冀…　Ⅲ.①合同法-研究-中国　Ⅳ.①D923.64

中国版本图书馆 CIP 数据核字(2012)第 295167 号

书　　　名:	合同法:规则与原理
著作责任者:	冀　诚　著
责 任 编 辑:	王琳琳　白丽丽
标 准 书 号:	ISBN 978-7-301-21753-5/D·3226
出 版 发 行:	北京大学出版社
地　　　址:	北京市海淀区成府路 205 号　100871
网　　　址:	http://www.pup.cn
新 浪 微 博:	@北京大学出版社
电 子 信 箱:	law@pup.pku.edu.cn
电　　　话:	邮购部 62752015　发行部 62750672　编辑部 62752027　出版部 62754962
印　刷　者:	北京大学印刷厂
经　销　者:	新华书店
	965 毫米×1300 毫米　16 开本　15.75 印张　250 千字
	2013 年 1 月第 1 版　2013 年 1 月第 1 次印刷
定　　　价:	29.00 元

未经许可,不得以任何方式复制或抄袭本书之部分或全部内容。
版权所有,侵权必究
举报电话:010-62752024　电子信箱:fd@pup.pku.edu.cn

谨以本书献给

恩师

方流芳教授

目 录

第一部分 基本理论

第一章 合同的概念 (3)
  第一节 合同的定义 (3)
  第二节 合同的分类 (13)

第二章 合同法中的任意性规定和强制性规定 (32)
  第一节 任意性规定和强制性规定的区分 (33)
  第二节 任意性规定的类型和适用 (34)
  第三节 强制性规定的类型和适用 (37)

第三章 合同法的基本原则 (71)
  第一节 合同自由原则 (71)
  第二节 诚实信用原则 (77)

第二部分 成立、生效和履行

第四章 合同的成立 (101)
  第一节 要约和承诺 (101)
  第二节 悬赏广告 (112)

第五章 合同的效力 (131)
  第一节 概述 (131)
  第二节 行为能力 (132)

第三节　意思表示 …………………………………………（136）
　　第四节　内容 ………………………………………………（150）
　　第五节　条件和期限 ………………………………………（158）
　　第六节　无权代理 …………………………………………（163）
　　第七节　对无效、可撤销和效力待定的归纳与比较 ………（174）

第六章　合同的履行 …………………………………………（179）
　　第一节　合同履行的基本规则 ……………………………（179）
　　第二节　合同履行中的抗辩权 ……………………………（182）

第三部分　违约责任

第七章　违约的类型分析 ……………………………………（193）
　　第一节　违约行为的基本类型 ……………………………（193）
　　第二节　违约责任的基本类型 ……………………………（205）

第八章　从违约责任的归责原则看法律借鉴的有效性条件 …（223）
　　第一节　引言 ………………………………………………（223）
　　第二节　归责、归责事由与归责原则 ………………………（224）
　　第三节　违约责任的免责事由 ……………………………（228）
　　第四节　对过错责任能否作为归责原则的检验 …………（232）
　　第五节　对"以严格责任作为归责原则"之说法的质疑 …（233）
　　第六节　结论 ………………………………………………（236）

参考文献 ………………………………………………………（239）

第一部分

基本理论

第一章 合同的概念

对于概念在法律思维中的功用,法理学家博登海默有如下的表述:

> 概念乃是解决法律问题所必需的和必不可少的工具。没有限定严格的专门概念,我们便不能清楚地和理性地思考法律问题。没有概念,我们便无法将我们对法律的思考转变为语言,也无法以一种可理解的方式把这些思考传达给他人。如果我们试图完全否弃概念,那么整个法律大厦就将化为灰烬。
>
> 如果我们认识到,概念是司法推理的有价值的工具——没有概念,司法活动就不能得到准确的实施;又如果我们与此同时避免犯这样的错误,即把绝对、永恒且与任何社会目的——建构这些概念的目的很可能是服务于这些社会目的的——无关的实在性视为是这些概念的属性,那么当我们努力对概念工具在司法中的效用进行评价时,我们便能获得一个妥当的视角。①

在本书的第一章中,笔者将从定义和分类这两方面入手,对合同的概念进行解析。

第一节 合同的定义

一、普通法传统中的合同

(一)英国合同法上的定义

《奇蒂论合同》(Chitty on Contracts)这部经典著作在开篇中就指出,在

---

① 参见〔美〕博登海默:《法理学:法律哲学与法律方法》,邓正来译,中国政法大学出版社1999年版,第489—490页。

普通法传统上，有两个相互竞争的定义，一个将合同定义为"允诺"（promise），另一个将合同定义为"协议"（agreement）。①

1. 作为"允诺"的合同

合同可以被定义为一个或一组允诺，其执行受法律的保护。② 已有的研究显示，相对于"协议"定义而言，"允诺"定义的优势包括以下两点。第一，它更符合普通法传统在"对价"（consideration）方面的要求。根据普通法的传统，受允诺人（promisee）必须支付一定的对价。无偿的允诺（gratuitous promise）原则上没有执行力。通俗地说，法律所保护的与其说是"合意"，不如说是"交易"。③ 第二，缔约当事人基于道德上的义务，应该履行自己的允诺。这是合同之所以具有执行力的一个正当理由。④

然而，作为分析工具，"可执行的允诺"（an enforceable promise or sets of enforceable promises）这一定义会面临一些实际的困难。首先，在不考虑对价的情况下，当事人通常都用"协议"而非"允诺"来描述他们之间的合同关系。其次，从裁判规范的角度来看，在涉及要约和承诺的语境中，"协议"的定义更有助于判断合同是否成立。再次，无论是在立法的领域还是在司法的领域，对价原则的适用都已经受到了实质性的限制。最后，在债务人违约的情况下，"债权人是否能够通过解除合同来寻求救济"是一个较为复杂的问题，需要结合双方债务的相互关系来判断，而"允诺"定义则很难为双方债务的相互关系提供满意的解释。⑤

2. 作为"协议"的合同

直到19世纪，合同系以合意作为基础的观念才为英国的法律界所接受。⑥ 这与合同法整体理念的变迁有关。根据阿蒂亚的考察，从1770年到1870年这近百年的期间内，伴随着自由市场制度和政治经济学理念的发展，人们关注的重心从各类具体的合同关系（particular relationships or parti-

---

① See *Chitty on Contracts*, 30th Edition, Volume 1, Sweet & Maxwell, 2008, p.4.

② 《奇蒂论合同》的第26版就采用了这样的定义，参见 Chitty on Contracts, 30th Edition, Volume 1, Sweet & Maxwell, 2008, p.4.

③ Ibid.

④ 古德哈特（Goodhart）、弗里德（Charles Fried）、哈里斯（Harris）、阿蒂亚（P. S. Atiyah）和拉兹（Raz）等学者都赞同这一主张，See Ibid.

⑤ Ibid., pp.4—5.

⑥ Ibid., p.4.

cular types of contract)转移到了合同法的一般性原则(general principles of contract)。鲍威尔(J. J. Powell)、奇蒂(Chitty)和安迪森(Addison)等多位学者均对此有所论述。① 值得一提的是,在诸多的著作当中,最具影响力的是法国学者波提亚(Pothier)的《债法》(Law of Obligations)。此书最初用法文写成,于1761年到1764年间出版。1781年,威廉琼斯爵士(Sir William Jones)在《论寄托》(Essay on Bailments)一书中首次向英国的法律界倡议,对波提亚的作品多加关注。1806年,埃文斯(Evans)律师翻译的两卷本英文版《债法》问世。在此之后,英国法学界将该书奉为经典。例如,在1822年的 Cox v. Troy 一案中,首席大法官拜斯特(Best C. J.)就高度赞扬了波提亚的学识,并且强调说,在英国,波提亚的作品可以被作为权威来引用(his book could be treated as authoritative in England)。又如,在1887年的 Foster v. Wheeler 一案中,科克威迟法官(Kekewich J.)指出,众多合同法教科书中的合同的定义,都是以波提亚的理论为基础的。② 在英国法律学说史上,波提亚首次表达了下述观念,即,合同的首要属性是一个协议,此协议是以当事人的意愿为基础的。合同的义务源于当事人的意思。③ 波提亚之学说的影响力延续至今。④ 在一部于2009年出版的英国合同法的教科书中,作者仍将合同界定为产生法律上之义务的协议,合同之债与其他法律之债的区别在于,它是以缔约当事人的合意为基础的。⑤

在现代合同法体系中,"协议"定义的功用同样是有限的。例如,在单方合同(unilateral contract)⑥中,A通常会作出这样的允诺,即,如果B完成了某项行动,那么A会履行自己的义务。在这种情况下,B完成行动这一事实本身就已经构成了让A承担义务的充分条件,无须再用承诺的概念来对B的行动进行解释。如果B在完成行动的时候不知道A曾经作出过允诺,那

---

① See P. S. Atiyah, *The Rise and Fall of Freedom of Contract*, Oxford University Press, 2003, pp. 398—399.

② Ibid., p. 399.

③ Ibid., pp. 399—400.

④ Ibid., p. 400.

⑤ See Treitel, *The Law of Contract*, 12th Edition(2009 by Peel), Sweet & Maxwell, 2009, p. 1.

⑥ 也有学者将其译为单边合同,参见〔英〕阿蒂亚:《合同法概论》,程正康、周忠海、刘振民译,法律出版社1982年版,第31—32页。

么 AB 之间就更无协议可言了。① 又如，就契据（deeds）而论，契据所包含的允诺是从"交付"之日起开始生效的，至于受益人是否知道契据的内容，并不会对允诺的有效性产生影响。②

（二）美国合同法上的定义

在美国法律史上，科宾（Arthur Linton Corbin）对合同法的发展有着卓越的贡献，他的合同法著作至今仍被奉为经典。③ 科宾的研究显示，在合同定义这一问题上，美国的情形与英国相似，即，允诺和协议都是通行的定义。④ 例如，在《合同法第一次重述》的第 1 条中，"合同是一个或者一组允诺，法律对于违约提供救济，法律在一定意义上将履约确认为一种义务"。《合同法第二次重述》的第 1 条沿用了上述定义。⑤ 又如，根据《统一商法典》第 1-201 条（11），合同是因当事人之间的协议而产生的全部债务。该协议受本法或其他可适用之规则的调整。⑥ 科宾进一步指出，并不存在一个独一无二

---

① See *Chitty on Contracts*, 30th Edition, Volume 1, Sweet & Maxwell, 2008, p.5.

② 参见〔英〕阿蒂亚：《合同法概论》，程正康、周忠海、刘振民译，法律出版社 1982 年版，第 29—30 页；〔英〕阿狄亚：《合同法导论》（第五版），赵旭东、何帅领、邓晓霞译，法律出版社 2002 年版，第 41 页；*Chitty on Contracts*, 30th Edition, Volume 1, Sweet & Maxwell, 2008, pp. 5—6。

③ 参见〔美〕范斯沃思：《美国合同法》，葛云松、丁春艳译，中国政法大学出版社 2004 年版，第 855 页。

④ 参见〔美〕科宾：《科宾论合同》（一卷版）上册，王卫国、徐国栋、夏登峻译，中国大百科全书出版社 1997 年版，第 9—10 页。

⑤ 原文如下：A contract is a promise or a set of promises for the breach of which the law gives a remedy, or the performance of which the law in some way recognize as a duty. 学界对此已有中译，如"所谓契约，是一个或者一组承诺，法律对于契约的不履行给予救济或者在一定的意义上承认契约的履行为义务"，参见季卫东：《关系契约论的启示》（代译序），载麦克尼尔：《新社会契约论》，雷喜宁、潘勤译，中国政法大学出版社 1994 年版，第 2 页。又如，"合同是一个允诺或者一组允诺，法律因为它们被违反而提供补救，法律以某种方式将它们的履行确认为一种义务"，参见〔美〕科宾：《科宾论合同》（一卷版）上册，王卫国、徐国栋、夏登峻译，中国大百科全书出版社 1997 年版，第 9 页。笔者在正文中的翻译系以上述两处译文为参照。

⑥ 原文如下："Contracts" means the total legal obligation which results from the parties' agreement as affected by this Act and any other applicable rules of law. 已有的中译文为，"合同"指由受本法和任何其他可适用之法律规则影响的当事方之间的协议所产生的全部法律义务，载《美国〈统一商法典〉及其正式评述》（第一卷），孙新强译，中国人民大学出版社 2004 年版，第 12 页。在《统一商法典》1950 年版的草案中，该条的表达为，Contract means the total obligation in law which results from parties' agreement as affected by this Act and any other applicable rules of

的"正确"定义。只有在服务于特定的需要和提供某种便利的具体语境中,一个定义的功用才优于另一个定义。①

二、大陆法传统中的合同

(一) 德国民法对合同的定义

在《德国民法典》的第一编总则中,合同是法律行为的下位概念。与单方法律行为和主要调整组织内部关系的决议有所不同,合同通常需要两个人的参与才能成立,当事人所期待的法律效果因其相互一致的意思表示而产生。② 在《德国民法典》的第二编债务关系法中,合同是债务关系的一个具体类型(a special instance of "obligational relationship")。③ 根据《德国民法典》第311条,"通过法律行为成立债务关系以及改变债务关系的内容,以当事人之间的合同为必要条件,但法律另有规定的除外"。④ 如比较法学者所言,合同债务关系、法律行为和意思表示是解读合同含义的三个基本概念。⑤ 值得注意的是,德国民法中的合同不仅指债法上的合同,还包括物权法上的合同、亲属法上的合同和继承法上的合同。⑥

---

law. 摘自 Arthur L. Corbin, *Corbin on Contracts* (one volume edition), West publishing Co, 1952, p.6;已有的中译文为,"合同指受本法及其他任何可适用的法律影响的,由当事人的协议所产生的全部法律上之债",载〔美〕科宾:《科宾论合同》(一卷版)(上册),王卫国、徐国栋、夏登峻译,中国大百科全书出版社1997年版,第10页。

① See Arthur L. Corbin, *Corbin on Contracts* (one volume edition), West publishing Co, 1952, pp.4—5.

② See K. Zweigert and H. Kötz, *An Introduction to Comparative Law*, 3rd Edition, Clarendon Press 1998, p.324;〔德〕拉伦茨:《德国民法通论》(下册),王晓晔、邵建东、程建英、徐国建、谢怀栻译,法律出版社2004年版,第432—433页。

③ See K. Zweigert and H. Kötz, *An Introduction to Comparative Law*, 3rd Edition, Clarendon Press 1998, p.324.

④ 笔者所选用的是齐晓琨先生的译文,参见齐晓琨:《德国新旧债法比较研究——观念的转变和立法技术的提升》,法律出版社2006年版,第386页。

⑤ See Basil S Markesinis, Hannes Unberath, Angus Johnston, *The German Law of Contract*, Second Edition, Hart Publishing 2006, pp.25—27.

⑥ 参见〔德〕拉伦茨:《德国民法通论》(下册),王晓晔、邵建东、程建英、徐国建、谢怀栻译,法律出版社2004年版,第432—435页。

(二) 我国台湾地区民法中的契约①

论及法律行为的种类,我国台湾学者有时会对契约与合同进行区分。② 按照王泽鉴教授的界定,合同行为又可称为协同行为或共同行为,其与契约均属多方行为。二者的不同之处在于,"契约系由双方互异而相对立的意思表示的合致而构成",如买卖契约和消费借贷契约等;而合同行为则"由同一内容的多数意思表示的合致成立",如社团的设立行为和总会决议等。③ 就具体类型而论,台湾地区学者秉承了德国民法的传统,以法律效果为依据,将契约划分为债权契约、物权契约和亲属契约等多种类型。④

三、我国民法中的合同

(一) 合同与契约的关系

在通常情况下,"合同"与"契约"是一组可以互换使用的同义词。⑤ 具体到当下的民法语境中,可进一步发现,"合同"是更为常用的术语,但"契约"一词并没有完全被取代,在法律文献里面间或也会出现"契约"的字样。例如国家工商局经济合同司制作的《担保借款合同》样本的第6条,"借款方保证按借款契约所订期限归还贷款本息"。⑥ 有鉴于此,笔者认为,如果以适用或改进现行合同法作为研习目的,那么我们并无必要在含义和功能等层面对合同与契约进行区分,而只须根据具体的语境和表达习惯来选择

---

① 从本书的第一章开始,笔者就将深受大陆法传统影响的我国台湾地区的民法学纳入考察的范围。从比较民法的角度来看,台湾地区民法学具有不可忽略的借鉴价值。如已故法学前辈谢怀栻教授所言,"祖国大陆的民法体系虽与台湾地区现在的'民法'体系略有差异,但就整体而言,民法理论基本相同",所以,台湾地区民法学的精要"对祖国大陆的民法学者而言也是十分有用、有所教益的",参见王泽鉴:《民法总则》(增订版),中国政法大学出版社2002年,序言第2页。
② 参见史尚宽:《民法总论》,中国政法大学出版社2000年版,第310—312页;郑玉波:《民法总则》,中国政法大学出版社2003年版,第299—300页;林诚二:《民法总则》(下册),法律出版社2008年版,第313—314页。
③ 参见王泽鉴:《民法总则》(增订版),中国政法大学出版社2002年版,第261页。
④ 参见梅仲协:《民法要义》,中国政法大学出版社1998年版,第121页;王泽鉴:《民法总则》(增订版),中国政法大学出版社2002年版,第261页。
⑤ 参见张俊浩主编:《民法学原理》(修订第三版)(下册),中国政法大学出版社2000年版,第643页。
⑥ 资料来源于国家信息中心制作的《国家法规数据库》。

合适的用语即可。① 例如,在对现行合同法进行解释时,通常没有使用"契约"一词的必要。而英国法学家梅因那句广为人知的名言"From Status to Contract",自然还是以翻译成"从身份到契约"为妥。

(二)合同的定义:从《民法通则》到《合同法》

《民法通则》第85条规定,"合同是当事人之间设立、变更、终止民事关系的协议"。在原苏联的民法著作中,可以发现类似的表述,如"民法合同是……确立、变更或终止民事权利义务的"。② 单从定义本身来看,我们有理由追问,既然结婚属于设立民事关系的行为,那么它是不是合同?既然协议离婚属于终止民事关系的行为,那么它是不是合同?应当注意到,我国的情况与原苏联有所不同。如谢怀栻先生所言,原苏联民法不包括婚姻法,其调整对象以财产关系为主,所以,前引表述无需另加限定。而我国民法的调整对象包括财产关系和人身关系③,这就需要对定义作进一步的说明。采用体系解释的方法,可以发现,《民法通则》的第85条位于第五章第二节债权之下,而第84条又规定,合同是债权债务关系发生的原因之一,因此,可以将第85条中的民事关系限缩解释为"债权债务关系"。④ 相比之下,《合同法》中的定义显得更为精准。根据《合同法》第2条的规定,该法所称的"合同是平等主体的自然人、法人、其他组织之间设立、变更、终止民事权利义务关系的协议。婚姻、收养、监护等有关身份关系的协议,适用其他法律的规定"。

《民法通则》与《合同法》都将合同性质界定为协议。然而,考虑到《民法通则》中对民事法律行为的规定和我国民法学界对法律行为理论的继受,我们仍然需要从法律行为的角度来理解合同的性质。值得进一步思考的问题是,现行法将婚姻、收养、监护等身份行为排除在了合同法的调整范围之

---

① 相似的观点,参见崔建远主编:《合同法》(第五版),法律出版社2010年版,第1页。笔者同时认为,从历史的角度对"契约"与"合同"的关系进行考察,是非常有意义的工作。已有的出色研究,可参见俞江:《"契约"与"合同"之辨——以清代契约文书为出发点》,载《中国社会科学》2003年第6期。

② 参见谢怀栻:《正确阐释〈民法通则〉以建立我国的民法学》,载《谢怀栻法学文选》,中国法制出版社2002年版,第100页。

③ 参见《民法通则》第2条。

④ 参见谢怀栻:《正确阐释〈民法通则〉以建立我国的民法学》,载《谢怀栻法学文选》,中国法制出版社2002年版,第100页。

外,其合理依据是什么?

(三) 财产行为和身份行为的区分

与财产行为相比,身份行为具有下列特点:

第一,就行为能力而论,一方面,行为人要么有行为能力,要么无行为能力,不存在限制行为能力的问题。① 另一方面,婚姻行为能力的要求是男满22周岁,女满20周岁,收养行为能力的要求是满30周岁。推其立法原理,似在于,此类身份行为与公序良俗具有较强的相关性,在法律和伦理方面会产生较为复杂的多重后果,所以应对年龄有更高的要求。②

第二,身份行为所产生的法律效果具有人身方面的专属性,因此,代理制度原则上不适用于身份行为。③ 例如,《婚姻法》第8条规定,婚姻登记必须由本人亲自进行。

第三,身份行为不得附条件或期限。理由在于,"亲属的身份法关系,是亲属的身份人互相间之全面的共同生活关系,故不准附任何'条件'与'期限',否则将违反人伦秩序上事实,而无法加以承认"。④

第四,身份行为原则上为要式行为,即必须履行一定的法律仪式或程序。例如,根据现行法的规定,结婚、协议离婚、收养、协议解除收养关系的行为均须进行登记。⑤ 正如拉伦茨所指出的那样,"这些行为对于当事人本身,有时对于第三人或对于某个人的法律地位,都具有长时间的、深刻的意

---

① 在比较法上,的确有国家规定,未成年人的结婚或收养行为须征得父母的同意。然而,需要澄清的是,在这种情况下,"同意"的意思表示应解释为父母本人行使亲权的行为,而不是代理未成年的子女作出或接受意思表示,所以,该未成年人并非具有限制行为能力,而是具有完全的行为能力。参见王洪:《婚姻家庭法》,法律出版社2003年版,第21—22页。

② 参见《婚姻法》第6条;《收养法》第6条;王洪:《婚姻家庭法》,法律出版社2003年版,第21—22页;杨大文主编:《亲属法》(第四版),法律出版社2004年版,第25页。

③ 参见王洪:《婚姻家庭法》,法律出版社2003年版,第22页;杨大文主编:《亲属法》(第四版),法律出版社2004年版,第25页;王泽鉴:《民法概要》,中国政法大学出版社2003年版,第603页;陈棋炎、黄宗乐、郭振恭:《民法亲属法新论》(第8版),台湾三民书局2009年版,第30页。

④ 参见陈棋炎、黄宗乐、郭振恭:《民法亲属法新论》(第8版),台湾三民书局2009年版,第31页。

⑤ 参见王洪:《婚姻家庭法》,法律出版社2003年版,第23页;《婚姻法》第8条、第31条;《收养法》第15条、第28条。

义",因此,"必须规定特别清楚明了的方式"。① 要式性规定的目的除了避免轻率决定和保存证据之外,还在于公示身份的变动,以谋求社会秩序的安定。②

第五,民法对于身份行为设置了相对独立的效力评价规则。兹举数例如下:

(1) 从效力的角度来看,法律行为包括完全行为与不完全行为。③ 就效力瑕疵的种类而言,不完全的合同行为包括无效合同、可撤销或变更的合同和效力待定的合同,不完全的婚姻行为只包括无效婚姻和可撤销的婚姻,不存在可变更的婚姻或效力未定的婚姻。④

(2) 婚姻无效的原因包括重婚、有禁止结婚的亲属关系、婚前患有医学上认为不应当结婚的疾病且婚后尚未治愈、未达到法定婚龄⑤;而婚姻可撤销的原因,《婚姻法》只列举了胁迫一种情况。⑥ 对于欺诈、乘人之危和重大误解等导致合同可撤销的原因,《婚姻法》并没有对其影响婚姻行为的法律效果作出明确的规范。⑦

(3) 合同无效原则上具有确定性,不会因为时间的经过而补正。而在传统亲属法中,婚姻无效的原因则有可能被治愈。⑧ 根据《最高人民法院关于适用〈中华人民共和国婚姻法〉若干问题的解释(一)》(以下简称《婚姻法解释(一)》)第8条,"当事人依据婚姻法第十条规定向人民法院申请宣告婚姻无效的,申请时,法定的无效婚姻情形已经消失的,人民法院不予支

---

① 参见〔德〕拉伦茨:《德国民法通论》(下册),王晓晔、邵建东、程建英、徐国建、谢怀栻译,法律出版社2004年版,第556页。
② 参见史尚宽:《亲属法论》,中国政法大学出版社2000年版,第10页。
③ 参见史尚宽:《民法总论》,中国政法大学出版社2000年版,第323页。
④ 参见《婚姻法》第10—12条;王洪:《婚姻家庭法》,法律出版社2003年版,第84—81页;余延满:《亲属法原论》,法律出版社2007年版,第175—177页。
⑤ 参见《婚姻法》第10条;余延满:《亲属法原论》,法律出版社2007年版,第177—178页。
⑥ 参见《婚姻法》第11条。
⑦ 对此立法例的评析意见,参见王洪:《婚姻家庭法》,法律出版社2003年版,第93—94页;杨大文主编:《亲属法》(第四版),法律出版社2004年版,第93—94页;余延满:《亲属法原论》,法律出版社2007年版,第203—204页。
⑧ 参见史尚宽:《亲属法论》,中国政法大学出版社2000年版,第205—206页;杨大文主编:《亲属法》(第四版),法律出版社2004年版,第93页。

持"。有学者指出,此类规定承认了婚姻的效力,保护了当事人的婚姻利益,有助于婚姻关系的稳定。①

(4) 合同的无效通常是指当然无效而非宣告无效,而根据《婚姻法解释(一)》第 13 条,《婚姻法》第 12 条所规定的无效是指无效婚姻在依法被宣告无效或被撤销时,才确定该婚姻自始不受法律保护,可见,其所采取的是宣告无效说。与当然无效说相比,宣告无效说的确更加合理,因其符合公示的要求,能更好地保护相关当事人的了解利益,维护正常的婚姻秩序。②

在笔者看来,身份行为的上述特点,可以为现行立法区别对待财产性的合同与身份性的行为提供合理依据。如果从比较法的角度进行考察,还可以发现,在德国,独立于财产法和身份法的民法总则编,无疑是当年《德国民法典》立法者的画龙点睛之笔。然而,从一百多年来法律运作的实际效果来看,总则编设计者的很多预期目标并没有实现,法律行为制度就是一个典型的例子,与法律行为相关的意思表示、代理、错误和欺诈等规定,几乎无法适用在身份行为中,而只能在财产法领域被适用。从某种意义上说,这一历史现象似乎在提醒着我们,就未来民法典立法体例的选择而言,取消抽象化程度过高的法律行为和总则编,制定独立的财产法通则,令其一小部分准用于身份法中的财产性关系,可能是更为合理的选择。③

---

① 参见杨大文主编:《亲属法》(第四版),法律出版社 2004 年版,第 93 页。
② 参见余延满:《亲属法原论》,法律出版社 2007 年版,第 195 页。顺便指出的是,根据民政部在 2003 年颁布的《婚姻登记工作暂行规范》的第 46 条,"除受胁迫结婚以外,以任何理由请求宣告婚姻无效或撤销婚姻的,登记机关不予受理",亦即,只有法院才谁有权作出婚姻无效的宣告。其实,从立法论的角度来看,即使是因胁迫而提出的撤销的请求,也不应该由婚姻登记机关来受理,而应该统一交给法院来解决。首先,婚姻是民事关系而非行政关系,本应由司法机关而非行政机关对其效力进行判断。其次,如果民事纠纷日后演变成行政诉讼,则显然违背纠纷解决机制所应遵循的常理。再次,法院所具备的通过诉讼来解决纠纷的机制和功能,恰恰是登记机关所缺乏的,我们很难期待民政部门能够对专业的法律问题作出准确而可信的判断。在合同法演进的过程中,由合同管理机关来认定合同无效的规定早已被删除。虽然婚姻与合同存在着上述差异,但在谁有权撤销或宣告无效这一问题上,法律似无区分对待的必要。参见余延满:《亲属法原论》,法律出版社 2007 年版,第 196—197、208—209 页。
③ 参见苏永钦:《"民法"第一条的规范意义》,载氏著:《私法自治中的经济理性》,中国人民大学出版社 2004 年版,第 15 页;苏永钦:《民事立法者的角色》,载氏著:《民事立法与公私法的接轨》,北京大学出版社 2005 年版,第 15 页;苏永钦:《大陆法系国家民法典编纂若干问题探讨》,载《比较法研究》2009 年第 4 期。

意思,使一个合同的效力依存于另一个合同的效力。例如,甲经营养鸡场,乙开设香鸡城,甲借款给乙,同时约定,乙所需的鸡都应从甲的鸡场购买。如果一个合同无效、被撤销或解除,那么另一个合同会承受同样的法律效果。①

应该承认,将合同联立归入无名合同的观点有比较法上学说的支撑②,对我国合同法学界也具有较强的影响力。③ 然而,笔者仍有不同的意见。

第一,判断合同的类型,应从最基本的单位,即独立的合同做起。无论是纯粹的无名合同还是混合合同,其数量都只是一个,而合同联立则是数个合同,难以和其他两类在同一层面上进行比较。

第二,数个联立的合同既可以是无名合同,也可以是有名合同。④ 在数个有名合同联立的情况下,称其为无名合同,似有悖于法律表述的常理。

第三,对无名合同进行分类,主要目的是要研究在法律适用中,如何通过准用或类推适用等方式,将有名合同的相关规定对其进行适用。⑤ 从上文所举的两个例子中可以看出,合同联立的首要关注在于,数个合同之间是否存在着依附的关系,进而认定其效力,与准用或类推适用等推理方法并无关联。至于对合同联立中每个独立合同进行解释,显然不是合同联立所特有的问题。

基于上述几点考虑,笔者认为,不将合同联立归入无名合同的做法更为可取。

---

① 参见王泽鉴:《债法原理》(第一册),中国政法大学出版社2001年版,第110—114页。
② 同上书,第111页。
③ 在阐释我国合同法时,已有学者沿用了王泽鉴教授的分类,参见崔建远:《合同法总论》(上卷),中国人民大学出版社2008年版,第55—57页;韩世远:《合同法总论》(第二版),法律出版社2008年版,第40—41页。
④ 参见王泽鉴:《债法原理》(第一册),中国政法大学出版社2001年版,第111页。
⑤ 参见〔日〕我妻荣:《债权各论》(中卷二),周江洪译,中国法制出版社2008年版,第348—352页;郑玉波:《民法债编总论》(修订二版),陈荣隆修订,中国政法大学出版社2004年版,第25—26页;邱聪智:《新订债法各论》(上),姚志明校订,中国人民大学出版社2006年版,第26—28页。

2. 纯粹无名合同的法律适用

纯粹无名合同是指以法律未规定的事项为内容的合同，即其内容不符合任何有名合同的要件。① 在台湾地区民法上，货币兑换合同、押租金合同以及在广告中使用他人的姓名或肖像的合同等均属纯粹无名合同。②

有学者在阐述我国合同法时，也以广告使用他人姓名或肖像的合同，作为纯粹无名合同的例证。③ 如果我们对法规范的国界性给予更多的关注，还可以发现，有些合同，例如消费借贷合同，在我国台湾地区"民法典"中属于有名契约④，而在我国合同法体系中则宜归入纯粹无名合同的范畴。⑤

有关纯粹无名合同的法律适用，台湾学者的表述通常较为简略。例如，郑玉波教授指出，可就该合同的经济目的和当事人的意思，类推适用与该合同相当的有名合同的规定。⑥ 邱聪智教授认为，与有名合同的类型相近的纯粹无名合同，除了其特殊部分之外，应类推适用有名合同的规定。⑦ 王泽鉴教授认为，纯粹无名合同的法律关系应该根据合同的目的，诚信原则，并斟酌交易惯例来确定。⑧

我国学者在讨论此类问题的时候，亦曾以王泽鉴教授的表述为参照。⑨ 在笔者看来，我国现行合同法对此类问题已有了原则性的规定，例如，根据《合同法》第124条，无名合同应适用《合同法》总则的规定，并可准用《合同

---

① 参见王泽鉴:《债法原理》(第一册)，中国政法大学出版社2001年版，第113页。
② 参见郑玉波:《民法债总论》(修订二版)，陈荣隆修订，中国政法大学出版社2004年版，第25—26页；邱聪智:《新订民法债编通则》(上册)(新订一版)，中国人民大学出版社2003年版，第24页；王泽鉴:《债法原理》(第一册)，中国政法大学出版社2001年版，第113页。
③ 参见崔建远:《合同法总论》(上卷)，中国人民大学出版社2008年版，第55—57页；韩世远:《合同法总论》(第二版)，法律出版社2008年版，第40—41页。
④ 参见黄茂荣:《买卖法》(增订版)，中国政法大学出版社2002年版，第12页。
⑤ 借款合同只是消费借贷合同中的一部分，参见谢怀栻:《由〈合同法〉想到的几点问题》，载《法学家》1999年第3期。
⑥ 参见郑玉波:《民法债编总论》(修订二版)，陈荣隆修订，中国政法大学出版社2004年版，第26页。
⑦ 参见邱聪智:《新订债法各论》(上)，姚志明校订，中国人民大学出版社2006年版，第28页。
⑧ 参见王泽鉴:《债法原理》(第一册)，中国政法大学出版社2001年版，第113页。
⑨ 参见崔建远:《合同法总论》(上卷)，中国人民大学出版社2008年版，第55页；韩世远:《合同法总论》(第二版)，法律出版社2008年版，第41页。

法》分则或其他法律中最相类似的规定;又如,根据《合同法》第125条,解释合同时应该按照合同所使用的词句、合同的有关条款,合同的目的、交易习惯和诚信原则来确定当事人的真实意思。因此,在成文规则和学理意见的内容基本相同的情况下,应该以现行的规则作为论述的首要参照。

比较法的研究显示,在德国民法上,调整纯粹无名合同的规则在很大程度上是靠案例法来逐渐形成的,类比推理在法律适用的过程中发挥了不可忽略的作用。① 这从法学方法论的角度为我国合同法的研究提供了有益的思路。

3. 混合合同的法律适用:吸收说、结合说和类推适用说

混合合同是指由数个有名或无名合同的部分而构成的合同。② 对混合合同的法律适用,比较法上有吸收说、结合说和类推适用说这三种常见的学说。③

吸收说认为,应该将混合合同的构成部分区分为主要部分和非主要部分,然后适用主要部分的有名或无名合同的规定,非主要部分则由主要部分所吸收。④ 日本学者我妻荣教授对吸收说持批判的态度。他认为,这种只对特定类型的合同给予裁判保障的思想,是在合同自由尚未充分实行的背景下所持的态度,在近代民法上没有意义。⑤ 笔者认为,我妻荣教授结合历史背景来讨论学说之功效的思路固值赞同,然而,在现实的生活中,吸收说仍有其不能被完全取代的功用。举例来说,去饭店吃一碗牛肉面,通常会认为成立买卖合同,但是,如果作深入的分析,则会发现,它可以被解释为集合了

---

① See Basil S. Markesinis, Hannes Unberath Angus Johnston, *The German Law of Contract*, Second Edition, Hart Publishing 2006, p.163.
② 参见王泽鉴:《债法原理》(第一册),中国政法大学出版社2001年版,第112页。
③ 参见〔日〕我妻荣:《债权各论》(中卷二),周江洪译,中国法制出版社2008年版,第348—350页;王泽鉴:《债法原理》(第一册),中国政法大学出版社2001年版,第112页;韩世远:《合同法总论》(第二版),法律出版社2008年版,第41页。
④ 参见王泽鉴:《债法原理》(第一册),中国政法大学出版社2001年版,第112页。
⑤ 参见〔日〕我妻荣:《债权各论》(中卷二),周江洪译,中国法制出版社2008年版,第349页。细心的读者会发现,我妻荣先生对吸收说的界定,与本书上文的表述并不完全相同,他所谓的吸收说指的是,首先确定混合合同的具体构成因子中最为重要的因子,然后适用以该构成因子为要素的有名合同的规定。而按照本书的界定,无名合同也可以成为混合合同的主要部分。然而,在主要部分为有名合同的情况下,我妻荣先生的批评仍然具有针对性,值得回应。

多种合同内容的混合合同:就使用碗筷来说,无偿而收回者为使用借贷,无偿而用毕抛弃者为赠与,有偿而用毕收回者为租赁;就使用桌椅场地而言,无偿提供者为使用借贷,因包间之使用而收费者为租赁。如邱聪智教授所言,"纯就法律逻辑分析言,小如购食牛肉面之日常生活琐事,既然已属混合契约。则较为重大交易之行为,纯属单一契约类型者不多,应系事实。不过,当事人厘定权利义务关系,大都注意其重要部分,法律亦无庸尽其琐细,此即购食牛肉面之所以多被认系买卖之故。有名契约之所以常有适用,主要原因当即在此"。① 笔者认为,邱聪智教授的论述中肯而具说服力,可以为吸收说在某些情况下的适用提供合理的依据。

结合说认为,应该分解合同的构成部分而适用各该部分的有名合同的规定。

而类推适用说则认为,法律对混合合同未设规定,因此,应该就混合合同的各个构成部分类推适用关于各种有名合同所设的规定。② 台湾地区的多位学者都赞同类推适用说。③ 笔者认为,从法理上说,两者的区别类似于准用和类推适用的差异④,而《合同法》第124条已规定,无名合同可参照《合同法》分则或其他法律最相类似的规定,因此,就对该项规则的阐释而言,两者并无实质的区别。如果一类合同的某个构成部分并无类似的有名合同可资参照,那么两者在法律适用上均无能为力,必须借助其他方法来填补法律的漏洞。

从以上分析中可以看出,就功能而论,三种学说并非一定要互相排斥,只要适用得当,完全可以产生兼容和互补的果效。下文中将要提到的类型化研究,可以为其适用提供有益的参照。

---

① 参见邱聪智:《新订债法各论》(上),姚志明校订,中国人民大学出版社2006年版,第27页。
② 参见王泽鉴:《债法原理》(第一册),中国政法大学出版社2001年版,第112—113页。
③ 同上。
④ 关于准用和类推适用的关系,参见王泽鉴:《同时履行抗辩权:第264条规定之适用、准用和类推适用》,载氏著:《民法学说与判例研究》(第六册),中国政法大学出版社1998年版,第170页。

4. 混合合同的法律适用：以类型化研究为参照

比较法的研究显示，对混合合同进行类型化的工作具有很大的难度。① 正因如此，已有的学术先例才尤显可贵。例如，我妻荣教授在介绍德国和日本民法学者的前提下，将混合合同的样态分为平行结合、相向结合和混成原因这三个类型②；王泽鉴教授则在参照德国著名法学家费肯彻尔（Wolfgang Fikentscher）之研究的基础上③，将混合合同划分为四个具体的类型，分别是有名合同附其他种类的从给付、类型结合合同、双种典型合同和类型融合合同。④ 两者相比，笔者认为，王泽鉴教授的研究涵盖的范围更广，结构也更为清晰，可作为思考我国合同法上同类问题的有益参照，现将其转述如下：

（1）有名合同附其他种类的从给付：即双方当事人所提出的给付符合有名合同，但一方当事人附带负有其他种类的从给付义务。例如，甲将房屋租给乙，同时附带负有"打扫"的义务，属于租赁合同附带雇佣的构成部分，主要部分为租赁，非主要部分为雇佣；又如，甲向乙购买煤气，约定使用后将煤气罐返还，属于买卖合同附带借用合同的构成部分，主要部分为买卖，非主要部分为借用。对于这种类型的混合合同，原则上应该采取吸收说，即适用该有名合同（租赁或买卖）的法律规定。

（2）类型结合合同：即一方当事人所负的多个给付义务属于不同类型的合同，各个给付之间地位平等，而对方当事人则仅负有单一的对待给付或不负任何对待给付。例如，甲与乙订立承包宿膳的合同，每月支付费用3000元，甲所负的给付义务，分别属于租赁合同、买卖合同和雇佣合同的构成部

---

① 参见〔日〕我妻荣：《债权各论》（中卷二），周江洪译，中国法制出版社2008年版，第345—348页。

② 同上书，第348—352页。

③ 曾经任教于慕尼黑大学的费肯彻尔教授以债法、经济法和法学方法论享誉德国法学界，著名法学家苏永钦教授的博士论文就是在费肯彻尔的指导下完成的，参见苏永钦：《超越注释进入立论》，载王文杰主编：《侵权行为法之立法趋势》，清华大学出版社2006年版，第181页。费肯彻尔提出的"个案规范理论"，有助于我们提高案例研究的深度，参见苏永钦：《试论判决的法源性》；〔德〕费肯彻尔：《判决先例在德国私法中的意义》，苏永钦译，载苏永钦：《民法经济法论文集》，著者自版1988年版，第13—20、61—74页。

④ 参见王泽鉴：《债法原理》（第一册），中国政法大学出版社2001年版，第113—114页。

分,乙则支付一定的金钱。对于这种类型的混合合同,原则上应该采取结合说,依多个不同给付所属合同类型的法律分别加以判断。具体说来,食物的供给适用买卖合同的规定,房屋的住宿适用租赁合同的规定,而劳务的提供则适用雇佣合同的规定。

(3) 双种典型合同(又称混血儿合同):即双方当事人互负的对待给付属于不同的合同类型。例如,甲担任乙的大厦管理员,而由乙免费提供住房。在这个合同中,甲管理大厦,其给付义务属于雇佣合同,乙供给住房,其给付义务属于租赁合同,结合不同类型的给付义务,互为对待给付。对于这种类型的混合合同,原则上亦应该采取"结合说",分别适用各个给付所属合同类型的规定。即,关于大厦管理适用雇佣合同的规定,以住房的供给作为对待给付;关于供给住房适用租赁合同的相关规定,以从事管理大厦的劳务作为对待给付。[①]

(4) 类型融合合同(又称狭义的混合合同):即一个合同中所含的构成部分同时属于不同的合同类型。例如,甲以半赠与的意思,将价值2万元的画卖给了乙,价格为1万元,学说上称其为混合赠与。既然甲的给付同时属于买卖和赠与,那么原则上就应该适用这两种合同的规定。具体说来,关于物的瑕疵担保,应适用《合同法》第155条对买卖合同的规定。如果乙有严重侵害甲或甲的近亲属等不当行为,则应适用《合同法》第192条对赠与合同的规定。

[①] 崔建远教授认为,乙的给付义务属于借用合同,参见崔建远:《合同法总论》(上卷),中国人民大学出版社2008年版,第56页;崔建远主编:《合同法》(第五版),法律出版社2010年版,第28页。而笔者之所以赞同王泽鉴教授的观点,认为乙的给付义务属于租赁合同,是基于以下几点考虑:第一,租赁和借用的重要差别在于,前者为有偿,后者为无偿,虽然本案中出现了免费的字样,但甲同时承担了管理大厦的义务,作为对待给付,因此,就合同的性质而论,应为有偿。第二,根据《合同法》第174条,有偿合同可以准用买卖合同的规定,若界定为无偿的借用,则无法准用。第三,根据《合同法》第124条和第229条,将其界定为租赁合同,可准用买卖不破租赁的规则,若将其界定为借用合同,则只能承受买卖击破借贷的法律后果,难以对甲的利益给予公正的保护。韩世远教授也认为,乙的给付义务应适用租赁合同的规定,参见韩世远:《合同法总论》(第二版),法律出版社2008年版,第42页。

二、要式合同与非要式合同

（一）概述

以合意的达成是否须要践行一定的方式为标准，可以将合同分为要式合同和非要式合同。① 要式合同的合意须要依照一定的方式（如书面或公证等）来达成，而非要式合同之合意的达成则不拘任何方式，口头或其他方式均可。

比较法的研究显示，现代各国的合同法体系多以方式自由为原则，以要式规定为例外。② 笔者认为，我国《合同法》第 10 条亦可作为一个例证，依其规定，除非法律另有规定或当事人另有约定，合意的达成不以践行特定的方式为必要。现行民法要求采用书面形式的合同包括借款合同③、租赁合同④、融资租赁合同⑤、建设工程合同⑥、技术开发合同⑦、技术转让合同⑧、定金合同⑨、保证合同⑩、抵押合同和质权合同⑪等类型。

在我国合同法上，区分二者的实益主要体现在，对于要式合同来说，不符合形式方面的要件，通常就不会产生成立或生效的法律效果⑫，而非要式合同则无此问题。唯需补充者有二：第一，在有些情况下，合同形式的瑕疵

---

① 参见王泽鉴：《债法原理》（第一册），中国政法大学出版社 2001 年版，第 116 页。
② See Konrad. Zweigert, Hein Kötz, *Introduction to Comparative Law*, Third Revised Edition, translated from Greman by Tony Weir, Oxford 1998, p. 366; Basil S Markesinis, Hannes Unberath Angus Johnston, *The German Law of Contract*, Second Edition, Hart Publishing 2006, p. 81.
③ 参见《合同法》第 197 条。
④ 根据《合同法》第 215 条，租赁期限在六个月以上的租赁合同应采用书面的形式。
⑤ 参见《合同法》第 238 条。
⑥ 参见《合同法》第 270 条。
⑦ 参见《合同法》第 330 条。
⑧ 参见《合同法》第 342 条。
⑨ 参见《担保法》第 90 条。
⑩ 参见《担保法》第 13 条。
⑪ 参见《物权法》第 185、210 条。
⑫ 参见《合同法》第 36、44 条；韩世远：《合同法总论》（第二版），法律出版社 2008 年版，第 104 页；崔建远主编：《合同法》（第五版），法律出版社 2010 年版，第 33 页。

可以通过履行来治愈。① 第二，法律有时还会对不符合形式要件之合同的效力进行"转化"，例如，根据《合同法》第215条，期限在6个月以上的租赁合同应采用书面的形式，否则将视为不定期租赁。②

(二) 要式规定的功能

已有的研究显示，要式规定的功能主要体现为以下两个方面③：

1. 警示的功能

对于合同的当事人来说，形式的要求意味着一种提醒，一种警示，即，你即将进入的合同关系，对你的生活来说意义重大。④ 法律在此关心的是当事人由于仓促订立合同的情况。法律对特定方式的要求，相当于让当事人有了再一次慎重考虑的机会，以免其重要的权益在缔约时受到急迫、轻率或无经验的影响。⑤ 不难看出，我国谚语中的"三思而后行"，英文习语中的"Look before Leap"，均蕴含着相通的原理。

2. 证据保存的功能

常识告诉我们，口头的形式虽然灵活，却也会面临空口无凭的难处。法谚有云，"语言会飞走，文字留下来"。而法律对特定方式的要求则有利于证据的保存，有助于法官对当事人的意思表示进行解释。⑥

---

① 参见《合同法》第36、37条。对这两个法条的具体适用，学者有不同的解释，参见张谷、王爽：《〈合同法〉:合同和合同书》，载《北京科技大学学报》1999年第4期；韩世远：《合同法总论》(第二版)，法律出版社2008年版，第105页；朱广新：《论违背形式强制的法律后果》，载《华东政法大学学报》2009年第5期。

② 参见韩世远：《合同法总论》(第二版)，法律出版社2008年版，第105页。

③ 参见 Konrad Zweigert, Hein Kötz, *Introduction to Comparative Law*, Third Revised Edition, translated from Greman by Tony Weir, Oxford University Press 1998, p.366; E. Allan Farnsworth, Comparative Contract Law, in Mathias Reimann, Reinhard Zimmermann (ed), *Oxford Handbook of Comparative Law*, Oxford University Press 2008, p.914; 黄茂荣：《债法总论》(第一册)，中国政法大学出版社2003年版，第121页。

④ See Basil S. Markesinis, Hannes Unberath Angus Johnston, *The German Law of Contract*, Second Edition, Hart Publishing 2006, p.84.

⑤ 参见黄茂荣：《买卖法》(增订版)，中国政法大学出版社2002年版，第54—55页；黄茂荣：《债法总论》(第一册)，中国政法大学出版社2003年版，第121页。

⑥ 参见黄茂荣：《买卖法》(增订版)，中国政法大学出版社2002年版，第55页；Basil S. Markesinis, Hannes Unberath Angus Johnston, *The German Law of Contract*, Second Edition, Hart Publishing 2006, p.84.

三、要物合同和诺成合同

以除了合意之外,是否还需其他的现实成分(通常是指标的物的交付)为标准,可以将合同分为要物合同和诺成合同。① 要物合同又称为实践合同或践成合同,是指除了合意之外,尚需标的物的交付。诺成合同仅依合意即可成立。区分二者的主要实益在于,对于要物合同,若没有交付标的物,就不会产生成立或生效的法律效果,而诺成合同则无此问题。与要式规定相似,要物规定也具有警示的功能,可以让当事人在交付标的物之前多一次斟酌的机会。②

在我国合同法上,合同原则上为诺成合同③,常见的要物合同包括自然人之间的借款合同、保管合同和定金合同。④

四、有偿合同与无偿合同

(一)概述

以当事人取得利益,是否需要付出相应的代价为标准,可以将合同分为有偿合同和无偿合同。⑤ 参照比较法上的研究,我国民法中的有名合同可分为三类⑥:(1)恒为有偿的合同,包括买卖、供用电、租赁、融资租赁、承揽、建设工程、运输、仓储、行纪和居间等类型。(2)恒为无偿的合同,包括赠与和保证等类型。(3)有偿还是无偿取决于当事人之间的约定,如保管和委托等类型。

(二)区分的实益

区分有偿合同和无偿合同的实益,可从以下几个方面进行概括⑦:

---

① 参见王泽鉴:《债法原理》(第一册),中国政法大学出版社2001年版,第123页。
② 同上书,第125页。黄茂荣教授认为,要物可以理解为要式的极端形态,参见黄茂荣:《买卖法》(增订版),中国政法大学出版社2002年版,第54页。
③ 比较法上的相似规则,参见王泽鉴:《债法原理》(第一册),中国政法大学出版社2001年版,第125—126页;邱聪智:《新订民法债编通则》(上册)(新订一版),中国人民大学出版社2003年版,第26页。
④ 参见《合同法》第210条和第367条,《担保法》第90条。
⑤ 参见崔建远主编:《合同法》(第五版),法律出版社2010年,第30页。
⑥ 参见王泽鉴:《债法原理》(第一册),中国政法大学出版社2001年版,第137—138页。
⑦ 比较法上的相似规则,参见王泽鉴:《债法原理》(第一册),中国政法大学出版社2001年版,第138页。

1. 合同的效力

根据《合同法》第 47 条的规定,限制民事行为能力人订立的有偿合同,需要经过其法定代理人的事先同意或事追认后才能生效,在此之前,合同效力待定。而对于纯获利益的无偿合同,限制行为能力人则可以独自订立,使其生效。

2. 撤销权的构成要件

根据《合同法》第 74 条的规定,在通常的情况下,债权人享有撤销权,须以债务人与第三人订立的合同为无偿合同作为条件。对于非恶意的有偿行为,债权人不得撤销。

3. 对买卖合同之规定的准用

根据《合同法》第 174 条的规定,法律对其他有偿合同没有规定的时候,可以准用买卖合同的相关规定。而无偿合同则不能准用买卖合同的规定。

4. 损害赔偿责任的归责事由

就同一种类的合同而论,有偿合同的注意义务通常比无偿合同的注意义务程度更高。例如,《合同法》第 374 条规定,"保管期间,因保管人保管不善造成保管物毁损、灭失的,保管人应当承担损害赔偿责任,但保管是无偿的,保管人证明自己没有重大过失的,不承担损害赔偿责任"。又如,《合同法》第 406 条第 1 款规定,"有偿的委托合同,因受托人的过错给委托人造成损失的,委托人可以要求赔偿损失。无偿的委托合同,因受托人的故意或者重大过失给委托人造成损失的,委托人可以要求赔偿损失"。可见,在有偿保管和有偿委托,保管人和受托人承担损害赔偿责任,以一般过失作为归责事由;而在无偿保管和无偿委托,保管人和受托人只有在因故意或重大过失而造成损害的情况下,才承担赔偿责任。

5. 善意取得的构成要件

《物权法》第 106 条规定,无处分权人将不动产或动产转让他人的,在符合下列条件的情况下,他人取得该不动产或动产的所有权:(1) 他人受让该不动产或者动产时是善意的;(2) 以合理的价格转让;(3) 转让的不动产或动产已经依法登记或交付。可见,善意取得的构成要件之一,就是转让合同为有偿合同。

五、一方负担合同和双方负担合同

（一）概述

多数民法学者在研究合同分类的时候，都会采用单务合同和双务合同二分法。① 而王泽鉴教授的分类层次则略有不同，他首先将合同分为一方负担合同和双方负担合同，又将后者细分为双务合同和不完全双务合同。依其界定，一方负担合同（又称单务合同）是指只有一方当事人负担给付义务的合同，例如赠与和保证；双方负担合同是指双方当事人互负义务的合同，其中双务合同（如买卖和承揽等）的当事人互负的债务属于给付和对待给付的关系，不完全双务合同（如无偿委任）的当事人互负的债务不属于给付和对待给付的关系。② 笔者认为，与多数学者的观点相比，王泽鉴教授的分类显得更为精致，其既以双方负担合同的概念涵盖了双务合同和不完全双务合同之间的共性，又点出了单务合同、不完全双务合同和双务合同三者之间的差异，可以免去如"无偿委托合同究竟是单务合同还是双务合同"之类的疑问，因此，更值得我国合同法学界借鉴。③

（二）危险负担的问题

1. 问题的发现

我国台湾地区民法学者在研究双务合同与单务合同之区分实益的时

---

① 参见〔日〕我妻荣：《债权各论》（上卷），徐慧译，中国法制出版社2008年版，第44—45页；郑玉波：《民法债编总论》（修订二版），陈荣隆修订，中国政法大学出版社2004年版，第26—28页；孙森炎：《民法债编总论》（上册），法律出版社2006年版，第41—42页；邱聪智：《新订民法债编通则》（上册）（新订一版），中国人民大学出版社2003年版，第25页。

② 参见王泽鉴：《债法原理》（第一册），中国政法大学出版社2001年版，第144—145页。笔者认为，属于给付和对待给付之关系的债务，也就是互为对待给付的债务，是指双方的债务互为因果、相互报偿、彼此牵连，参见邱聪智：《新订民法债编通则》（下册）（新订一版），中国人民大学出版社2004年版，第367—371页。

③ 虽然崔建远教授和韩世远教授对单务合同的界定与王泽鉴教授不尽相同，但他们都对"不完全双务合同"这一概念的价值给予了肯定，参见崔建远主编：《合同法》（第五版），法律出版社2010年版，第29—30页；韩世远：《合同法总论》（第二版），法律出版社2008年版，第44—45、248—249页。

候,通常会论及危险负担的问题。① 在我国合同法学者的著作中,可以发现类似的思路,例如,崔建远教授认为,"双务合同因不可归责于双方当事人的原因而不能履行时,发生风险负担问题,因合同类型不同而有交付主义、合理分担主义、债务人主义等。在单务合同中,因不可归责于双方当事人的原因而不能履行时,风险一律由债务人负担,不发生双务合同中的复杂问题"。② 值得进一步思考的是,我国台湾地区民法中的危险与我国合同法中的风险在含义上有无差异? 对于双务合同、不完全双务合同和单务合同而言,调整危险或风险负担的规则究竟有何不同? 笔者将在下文中对相关的问题进行整理和反思。

2. 我国台湾地区民法学中的危险负担规则

参酌已有的研究,可以将危险界定为对利益发生危害的状态,并可将其分为三类:第一类是物的危险,相关的规则旨在解决物的损害由何人承担的问题;第二类是给付危险,相关的问题是,在债之标的灭失的情况下,债务人有无再为给付的义务;第三类是对待给付的危险,亦称对价危险,相关的规则意在确定,在债之标的灭失,且债务人没有再为给付之义务的情况下,他方当事人是否仍然承担对待给付的义务。③ 对于后两类危险的负担,在台湾地区"民法典"债编的第一章"通则"中有一般性的规定:

(1) 根据我国台湾地区"民法典"第225条,"因不可归责于债务人之事由,致给付不能者,债务人免给付义务"。可见,对于不可归责之灭失,给付的危险由债权人来负担。④ 笔者认为,此规则对一方负担的合同和双方负担的合同均可适用。

(2) 根据我国台湾地区"民法典"第266条,"因不可归责于双方当事人之事由,致一方之给付全部不能者,他方免为对待给付之义务,如仅一部不能者,应按其比例,减少对待给付"。因此,对于不可归责之灭失,对待给付

---

① 参见郑玉波:《民法债编总论》(修订二版),陈荣隆修订,中国政法大学出版社2004年版,第27页;孙森炎:《民法债编总论》(上册),法律出版社2006年版,第42页;王泽鉴:《债法原理》(第一册),中国政法大学出版社2001年版,第145页;邱聪智:《新订民法债编通则》(上册)(新订一版),中国人民大学出版社2003年版,第25页。

② 参见崔建远主编:《合同法》(第五版),法律出版社2010年版,第29页。

③ 参见黄立:《民法债编总论》,中国政法大学出版社2002年版,第549—550页。

④ 同上书,第550页;黄茂荣:《债法各论》(第一册),中国政法大学出版社2004年版,第351—352页。

的风险原则上由债务人来负担。① 由于单务合同和不完全双务合同不存在对待给付的问题,所以此规则只适用于双务合同。

此外,台湾地区"民法典"债编的第二章"各种之债"还分别针对买卖、租赁和承揽等有名合同的危险负担问题作出了具体的规定。②

3. 我国合同法上的风险负担规则

反观我国现行的合同法,可以发现,在总则部分,并无与我国台湾地区"民法典"第225条和第266条相类似的一般性规定,在分则部分,则针对买卖和技术开发等有名合同的风险负担问题作出了具体的规定。③ 所谓风险的负担,可以理解为,在标的因不可归责的事由而毁损、灭失的情况下,谁来承担损失的问题。④ 在已有的研究中,尚未发现有著作对物的风险、给付风险和对待给付之风险的概念作出过清晰的界定和区分。

笔者认为,台湾地区民法学对危险类型的区分,值得我们借鉴。就物的风险和给付风险的负担而论,现行法在规则层面并没有对一方负担合同和双方负担合同的适用条件进行区分,在原理层面也缺乏区分的实益。就对待给付的风险负担而言,由于单务合同和不完全双务合同并不存在对待给付,自然也无相关的问题。⑤ 因此,无论从哪个角度来界定风险的含义,前引崔建远教授所提出的"在单务合同中,因不可归责于双方当事人的原因而不能履行时,风险一律由债务人负担"的观点均难以成立。⑥

六、向第三人履行的合同和由第三人履行的合同

如果双方当事人订立的合同,其内容涉及第三人,那么此类合同称为涉

---

① 参见黄立:《民法债编总论》,中国政法大学出版社2002年版,第550—551页;黄茂荣:《债法各论》(第一册),中国政法大学出版社2004年版,第352页。
② 参见黄茂荣:《买卖法》(增订版),中国政法大学出版社2002年版,第438—505页;《债法各论》(第一册),中国政法大学出版社2004年版,第59—66、349—355页。
③ 参见《合同法》第142—149、338条。
④ 参见崔建远主编:《合同法》(第五版),法律出版社2010年版,第403、433—434、450—451、487—488页。
⑤ 韩世远教授亦指出,"在单务合同中,因不可归责于双方当事人的原因而致债务人的债务不能履行时,并不发生债权人的对待债务是否存在的问题,也不发生对价风险负担问题",参见韩世远:《合同法总论》(第二版),法律出版社2008年版,第45页。
⑥ 参见崔建远主编:《合同法》(第五版),法律出版社2010年版,第29页。

他合同。涉他合同可分为两个基本的类型:向第三人履行的合同(第三人利益合同或利他合同)和由第三人履行的合同(第三人负担合同或负担合同)。①

(一) 向第三人履行的合同

1. 概述

向第三人履行的合同是指双方当事人约定,由一方向第三人履行债务的合同。例如:甲向乙购买房屋 A,双方约定,乙应该将房屋 A 交付给丙,并且通过登记将房屋 A 的所有权移转于丙。② 其成立要件可归纳如下③:

第一,须约定由一方当事人向第三人履行债务。这里的第三人可包括胎儿或设立中的法人。

第二,须使第三人取得直接向债务人请求履行的权利。如果合同只约定了向第三人履行的义务,而没有赋予第三人直接向债务人请求履行的权利,那么此类合同属于"不纯正的向第三人履行的合同"。例如,债权人在商店订制了喜幛,双方约定,由商店送给办婚事的第三人。又如,双方约定,由债务人将应付债权人的房屋价款,直接存入债权人在银行的账号(受领人仍然是银行)。根据合同的具体内容和通常的交易观念,上述合同宜解释为不纯正的向第三人履行的合同,第三人没有直接向债务人请求履行的权利。

第三,须使债权人同样享有请求债务人向第三人履行的权利。

2. 效力

《合同法》第 64 条规定,"当事人约定由债务人向第三人履行债务的,债务人未向第三人履行债务或者履行债务不符合约定,应当向债权人承担

---

① 参见张俊浩主编:《民法学原理》(修订第三版)(下册),中国政法大学出版社 2000 年版,第 733 页;邱聪智:《新订民法债编通则》(下册)(新订一版),中国人民大学出版社 2004 年版,第 379—380 页。

② 参见《合同法》第 64 条;邱聪智:《新订民法债编通则》(下册)(新订一版),中国人民大学出版社 2004 年版,第 381 页。

③ 参见胡康生主编:《中华人民共和国合同法释义》,法律出版社 1999 年版,第 112—113 页;郑玉波:《民法债编总论》(修订二版),陈荣隆修订,中国政法大学出版社 2004 年版,第 359—360 页;孙森炎:《民法债编总论》(下册),法律出版社 2006 年版,第 700 页;韩世远:《合同法总论》(第二版),法律出版社 2008 年版,第 231—237 页。

违约责任"。据此，可从以下三个方面对合同效力的问题进行解析①：

（1）对第三人的效力

首先，第三人可以直接请求债务人向自己履行合同义务。在债务人不履行合同义务或履行合同义务不符合约定的情况下，第三人可请求债务人以实际履行或赔偿损失等方式来承担违约责任。然而，第三人并不享有对合同的撤销权和解除权，因其并不是合同的当事人。②

其次，虽然第三人取得的是权利，但根据恩惠不能强制的法理，第三人并无义务接受该权利。③ 只有在第三人对债务人或债权人表示愿意享受合同利益，即作出受益的意思表示的时候，其取得的权利始告确定。此意思表示得以默示的方式作出。例如，在第三人作为债权人的代理人与债务人订立向第三人（亦即他自己）履行的合同的时候，若无特殊情况，可解释为作出了受益的意思表示。又如，第三人提出给付之诉，也应认为其包含了受益的意思表示。在第三人向债务人或债权人表示不愿享受合同利益的时候，其权利视为自始未取得。④ 如果第三人对是否愿意享受合同利益不进行表示，那么法律关系就难以确定。当事人的权利义务也难免陷于不安定的状态。为了克服上述弊端，我国台湾地区"民法典"第269条第2项规定，"第三人对于前项契约，未表示享受其利益之意思前，当事人得变更其契约或撤销之"。⑤ 笔者认为，此项规定的原理值得肯定和借鉴，唯"撤销"一词的表述是否妥当还有待斟酌。⑥ 因此，在我国合同法上，相应的规则宜表述为，在第

---

① 参见邱聪智：《新订民法债编通则》（下册）（新订一版），中国人民大学出版社2004年版，第382—385页。

② 参见胡康生主编：《中华人民共和国合同法释义》，法律出版社1999年版，第113页；郑玉波：《民法债编总论》（修订二版），陈荣隆修订，中国政法大学出版社2004年版，第360页；韩世远：《合同法总论》（第二版），法律出版社2008年版，第238页。

③ 参见邱聪智：《新订民法债编通则》（下册）（新订一版），中国人民大学出版社2004年版，第383页；黄立：《民法债编总论》（修正三版），元照出版公司2006年版，第585页。

④ 参见郑玉波：《民法债编总论》（修订二版），陈荣隆修订，中国政法大学出版社2004年版，第361页；〔日〕我妻荣：《债权各论》（上卷），徐慧译，中国法制出版社2008年版，第113—114页。

⑤ 参见邱聪智：《新订民法债编通则》（下册）（新订一版），中国人民大学出版社2004年版，第383—384页。

⑥ 例如，梅仲协先生就曾经指出，"'民法典'第269条第2项'撤销'一语，应改为'废止'，较为妥洽"，参见梅仲协：《民法要义》，中国政法大学出版社1998年版，第267页。

三人作出受益的意思表示之前,债权人和债务人可以协议变更或解除该合同。①

(2) 对债权人的效力

债权人虽然是合同的当事人,但不得请求债务人向自己履行,只能请求债务人向第三人履行。在债务人没有履行合同或履行合同不符合约定的情况下,虽然第三人和债权人都有损害赔偿请求权,但二者的内容并不相同。第三人能够请求的,是因债务人没有向自己履行所产生的损害;债权人能够请求的,是因债务人没有向第三人履行而使债权人自己受到的损害(例如,债权人与第三人约定,如果债务人不履行合同,那么债权人应对第三人支付一定数额的违约金)。②

(3) 对债务人的效力

在第三人向债务人请求履行的时候,债务人能够以由合同而产生的抗辩(包括合同无效、条件未成就、期限未届至和同时履行抗辩等)来对抗第三人。③

(二) 由第三人履行的合同

1. 概述

由第三人履行的合同,是指双方约定,由一方使第三人向另一方履行的合同。例如,甲乙订立修剪花草的合同,由乙负责使丙为甲修剪花草。在这个法律关系中,甲是债权人,乙是债务人,丙是第三人而不是债务人。④

由第三人履行的合同也可称为担保第三人履行的合同。⑤ 然而,其与保证合同却存在着下列差异:首先,保证合同是从合同,与主合同是两个债权关系;而由第三人履行的合同以担保第三人履行作为债的内容,是一个独立

---

① 邱聪智先生的见解与笔者相似,他认为,台湾"民法典"第269条第2项所规定的撤销,"其含义尚与法律行为所称之撤销不同,而系意指契约当事人协议解除契约而言"。参见邱聪智:《新订民法债编通则》(下册)(新订一版),中国人民大学出版社2004年版,第383页。

② 参见郑玉波:《民法债编总论》(修订二版),陈荣隆修订,中国政法大学出版社2004年版,第361页;邱聪智:《新订民法债编通则》(下册)(新订一版),中国人民大学出版社2004年版,第384页。

③ 参见黄立:《民法债编总论》(修正三版),台湾元照出版公司2006年版,第591页。

④ 参见《合同法》第65条;邱聪智:《新订民法债编通则》(下册)(新订一版),中国人民大学出版社2004年版,第380页。

⑤ 参见朱广新:《合同法总则》,中国人民大学出版社2008年版,第278页。

的合同。其次,在保证合同,保证人负有担保主债务人履行债务的责任;在由第三人履行的合同,第三人不但不是主债务人,而且根本不是债务人,缔约之人才是真正的债务人。最后,在保证合同,当主债务人不履行债务的时候,债权人可以向保证人请求履行;在由第三人履行的合同,债权人并无对第三人的履行请求权,而只能向债务人请求其使第三人履行。①

2. 效力

(1) 对第三人的效力

第三人不是合同的当事人,其并不会因为合同的生效而直接承担履行合同的义务。因此,如果合同不是约定由乙负责使第三人丙向甲履行,而是约定直接由丙负责向甲履行,那么该合同不能生效。盖"无论何人,未得他人之承诺,不得以契约使其蒙受不利"(factum alienum inutiliter promititur)。②

(2) 对债务人的效力

在第三人不履行合同或履行合同不符合约定的情况下,债务人所承担的违约责任通常是损害赔偿,而不是代为履行。在履行的内容没有专属性的情况下,也存在着债务人代为实际履行的可能性。③

---

① 参见郑玉波:《民法债编总论》(修订二版),陈荣隆修订,中国政法大学出版社2004年版,第357页;黄立:《民法债编总论》(修正三版),台湾元照出版公司2006年版,第583页;韩世远:《由第三人履行的合同刍议》,载《浙江工商大学学报》2008年第4期。

② 参见郑玉波:《民法债编总论》(修订二版),陈荣隆修订,中国政法大学出版社2004年版,第358页;黄立:《民法债编总论》(修正三版),台湾元照出版公司2006年版,第582页。

③ 参见《合同法》第65条;郑玉波:《民法债编总论》(修订二版),陈荣隆修订,中国政法大学出版社2004年版,第358页。

第二章 合同法中的任意性规定和强制性规定

传统民法学在讨论民法性质的时候,通常会对规范的类型进行分析。例如,史尚宽先生列举的种类包括固有法和继受法,实体法和程序法,普通法和特别法,原则法和例外法,强行法和任意法。① 黄茂荣教授所解析的类型包括严格规定与衡平规定,任意规定与强行规定,命令行为之规定与授权规定,完全法条和不完全法条。② 在前引诸多的分类当中,与私法自治理念关系最为密切的,应属任意性规定和强制性规定的区分。③ 从某种意义上说,任意性规定为私法自治提供了补充,而强制性规定则划出了私法自治的界限。④

考察与我国合同法相关的研究,可以发现,已有学者对任意性规定和强制性规定的类型作了进一步的划分。例如,将任意性规定划分为补充性规定和解释性规定,将强行性规范划分为强制性规定和禁止性规定,将禁止性规定划分为效力性规定和管理性规定。⑤

值得深入思考的是,对规范进行类型划分的其合理依据何在?其究竟

---

① 参见史尚宽:《民法总论》,中国政法大学出版社 2000 年版,第 11—13 页。
② 参见黄茂荣:《法学方法与现代民法》(第五版),法律出版社 2007 年版,第 152—206 页。
③ 近似的表达包括"强行规定"和"强制规范"等。对于概念名称的不同表述,耿林做过细致而全面的整理,参见耿林:《强制规范与合同效力——以合同法第 52 条为中心》,中国民主法制出版社 2009 年版,第 42—53 页。在本章中如无特别说明、文意中特意区分,任意性规定、任意规定与任意性规范同义。规定与规范通用。
④ 参见〔日〕我妻荣:《新订民法总则》,于敏译,中国法制出版社 2008 年版,第 239 页。
⑤ 参见王轶:《民法原理与民法学方法》,法律出版社 2009 年版,第 208—222、245—252 页。

会对我们理解和适用合同法带来哪些具体的实益？我们不妨在整理传统学说的基础上,对相关的问题进行考察和反思。

第一节 任意性规定和强制性规定的区分

学者们在讨论任意性规定和强制性规定的时候,通常会提到二者的区分标准。拉伦茨教授在分析《德国民法典》的时候指出,任意规范"可以通过约定予以排除或变更","它们只在当事人没有另作约定的范围内才适用",而强制规范则"不可通过约定予以排除或变更","它们的适用是不以当事人的意志为移转的"。① 黄茂荣教授的研究系以我国台湾地区"民法典"作为主要的关注对象。他认为,两者的区别在于当事人是否能够依据其意思,或者依据其与相对人的合意来拒绝系争规定的适用或修正其规定的内容。若回答是肯定的,则该规定为任意规范;若回答是否定的,则该规定为强制规范。② 两位学者所表达的要点无疑是相同的,然而,就论说的精准程度而言,黄茂荣教授所提出的标准更为可取,因为任意规范不但可以通过双方的约定来变更,还可以通过单方的意思表示来排除其适用。有鉴于此,笔者认为,在我国合同法上,任意性规范和强制性规范的区分标准可以表述为,当事人能否通过意思表示来排除其适用。③ 至于变更其内容,不妨理解为排除其适用的一种特殊形态。④

---

① 参见〔德〕拉伦茨:《德国民法通论》(上册),王晓晔、邵建东、程建英、徐国建、谢怀栻译,法律出版社 2004 年版,第 41—42 页。

② 参见黄茂荣:《法学方法与现代民法》(第五版),法律出版社 2007 年版,第 155—156 页。

③ 相似的观点参见韩世远:《合同法总论》(第二版),法律出版社 2008 年版,第 150—151 页。

④ 两者的关系有点像可撤销的行为和可变更的行为。正如张俊浩教授所指出的那样,"撤销权是权利人依其单方意思表示消灭法律行为的权利",变更权是"权利人依其单方意思表示使得撤销行为的内容发生变更的权利。变更可以分析为'撤销'+'另行形成意思表示'。准此以解,变更及变更权无非是撤销及撤销权的特别形态而已"。参见张俊浩主编:《民法学原理》(修订第三版)(上册),中国政法大学出版社 2000 年版,第 283—285 页。

第二节 任意性规定的类型和适用

一、补充规定和解释规定的区分

在学说史上,胡长清和韩忠谟这两位前辈都曾提到过补充规定和解释规定的区分。依胡长清先生的见解,任意规定可分为补充规定和解释规定。所谓补充规定,是在当事人无特别意思表示的时候,用来补充其意思的规定。所谓解释规定,是在当事人意思表示不明的时候,用来解释其意思的规定。① 韩忠谟先生也认为,任意法"可细分为补充法和解释法两类。所谓补充法,乃于当事人就某一法律关系意思有欠缺时由法律设立准则以补充当事人意思之所不备,反之,当事人就某一法律关系另有意思时则依其意思赋予法律效果,从而排斥补充规定之适用",台湾地区民法上的任意规定多属此类。"至于解释法,乃于当事人意思不完全或不明确时用以释明其意思,以便发生法律上之效果",例如,我国台湾地区"民法典"第160条第2项规定,将要约扩张、限制或为其他变更而承诺者,视为拒绝原要约而为新要约。又如,台湾地区"民法典"第530条规定,有承受委托事务处理一定事物之公然表示者,如对于该事务之委托,不即为拒绝之通知时,视为允受委托,均属解释法。② 应该承认,在我国合同法学界,上述前辈的研究至今仍有不容忽视的影响力。例如,王轶教授在对任意性规范的类型进行区分的时候,就曾经以韩忠谟先生的研究为参照。③ 值得注意的是,对于补充规定和解释规定的区分实益,胡长清和韩忠谟这两位前辈都没有进行讨论。

二、对区分实益的追问

(一) 王轶教授的研究

对于补充性规范和解释性规范的区分实益,王轶教授有较为详细的研究,其论述包括下列要点:

---

① 参见胡长清:《中国民法总论》,中国政法大学出版社1997年版,第197页。
② 参见韩忠谟:《法学绪论》,北京大学出版社2009年版,第39页。
③ 参见王轶:《民法原理与民法学方法》,法律出版社2009年版,第210页。

第一，补充性规范具有落实公平原则的功能，而解释性规范则不具备此项功能，因其不具有公平的内涵。根据德国学者梅迪库斯的研究，"这些规范就其本质而言，只是要阻止法律行为因不完备，即因当事人未作任何约定而无效"。①

第二，二者遵循着不同的法律适用规则。"对于补充性任意性规范，我们不能将其相应的法律效果归因于当事人表示出来的意志，亦即归因于私法自治，而是直接归因于法律规定。相反，对于解释性任意性规范，我们仍然将法律效果归因于根据规则进行解释的意思表示，亦即归因于私法自治。进行这种区分会产生下列后果：如果表意人用他的话语所想表达的意义事实上不同于根据解释性任意性规范应该理解的意义，那么在表意人即对其表示的内容产生了错误，他因此可以撤销表示。相反，如果法律后果的产生不是根据表意人的表示，而是直接根据法律规定，那么在表意人不想使这种后果产生的情况下，就只是一种法律后果错误，而非表示错误，不存在撤销表示的问题。"②

第三，现行合同法当中一个应当改进之处，就在于没有通过妥当的立法技术对二者的适用进行区分。

（二）笔者的反思

笔者认为，就我国合同法规范的理解和适用而论，上述对区分实益的论证能否成立，还有待斟酌，现简析如下：

首先，解释性规范是否不具备公平的内涵，不无疑问。例如，《合同法》第20条第3项规定，承诺期限届满而受要约人未作出承诺的，要约失效。其规范意旨在于给要约人以必要的保护，使其承受要约拘束力的时间不至过长，如果在此赋予相反的法律效果，那么对要约人而言，难谓公允。③ 又如，《合同法》第20条第4项规定，受要约人对要约的内容作出实质性变更的，要约失效。如果法律不令已经被实质变更的要约失效，而依旧将其作为

---

① 参见王轶：《民法原理与民法学方法》，法律出版社2009年版，第212—213页。
② 同上书，第221—222页。
③ 崔建远教授指出，解释此项规范的时候，应该对受要约人的利益和要约人的利益给予合理的衡量。在笔者看来，这完全可以理解为，在解释此项规范的时候，应该对要约人和受要约人的利益给予公平的保护。参见崔建远：《合同法总论》（上卷），中国人民大学出版社2008年版，第112页。

承诺,则无异于剥夺了要约人在合同内容方面所享有的自由,就要约人的利益保护而论,殊难谓公平。在笔者看来,上述两项规定都可以视为《合同法》第5条所确立的公平原则的具体表现。在肯定其为解释性规范的前提下①,解释性规范不具公平内涵的说法至少失之片面。

其次,如果我们对《合同法》第20条第3项和第4项的法律效果进行分析,则可以发现,其功能并不在于使合同免于无效。因此,对于某些解释性的任意性规定来说,它们并不具备前引德国学者梅迪库斯所描述的那一类规范的特征。

再次,王轶教授对适用规则层面之实益的论述,是以拉伦茨教授对德国民法的论述为参照的。② 笔者认为,在我国合同法上,以上论述很难为法律的理解和适用带来真正的实益,理由如下:第一,适用补充性规范的法律效果,未必不能归因于当事人的真实意思,即私法自治。就《合同法》第220条所规定的出租人对租赁物的维修义务而论③,其完全有可能刚好是当事人的合意,只是在缔约时基于其他因素的考虑,才没有写进合同的文本。第二,根据《合同法》第54条的规定,意思表示能否撤销,取决于是否具备包括重大误解在内的各项事由④,与适用补充性规范还是解释性规范没有必然的联系。举例来说,如果合同中一项条款之内容的确定需要适用补充性规范,而当事人对整个交易的性质却存在着重大误解,那么包括该条款在内的整个合同同样有可能被撤销。在整个合同都已经被撤销的情况下,再去分辨其个别内容是否存在着撤销表示的问题,并无多大的实益。⑤

---

① 王轶教授认为,《合同法》第20条第3项和第4项的规定都属于解释性任意性规范,参见王轶:《民法原理与民法学方法》,法律出版社2009年版,第216页。

② 同上书,第216页。

③ 《合同法》第220条规定,"出租人应当履行租赁物的维修义务,但当事人另有约定的除外"。王轶教授认为,此规定属于补充性的任意性规范,参见王轶:《民法原理与民法学方法》,法律出版社2009年版,第214页。

④ 对我国合同法中的"误解"和传统民法中的"错误"这两个概念的比较,参见韩世远:《合同法总论》(第二版),法律出版社2008年版,第168—169页。

⑤ 顺便指出的是,王轶教授认为,在德国民法学者的著作中,解释性的任意规范常被称为实体解释规则,参见王轶:《民法原理与民法学方法》,法律出版社2009年版,第210页。然而,在拉伦茨教授的著作中,"实体解释规则"是与"任意性规范"相并列的概念,而并没有作为任意性规范的一个类型。参见〔德〕拉伦茨:《德国民法通论》(下册),王晓晔、邵建东、程建英、徐国建、谢怀栻译,法律出版社2004年版,第474—476页。

综上所述，笔者认为，在我国合同法上，对补充性规范和解释性规范的区分虽可成立，却无明显的实益。现行立法没有对其适用规则进行区分，也算不上立法技术上的缺欠。从比较法和法律史的角度进行考察，可以发现，日本学者我妻荣教授早在几十年前就已经指出，虽然可以将任意法规区分为补充法规和解释法规，但无论是补充意思表示中不完全的部分，还是解释意思表示中不明了的部分，其目的都在于使意思表示的内容得以完全和明了，两者之间的差异只不过是程度的问题而已。对两者作勉强的区分，在理论上近乎不可能，相关的实益也很少。[①] 在笔者看来，直至今日，我妻荣教授的论述仍对我国的合同法研究具有不可忽略的借鉴价值。

第三节 强制性规定的类型和适用

一、传统的二分法

（一）强制规定和禁止规定

将强行规定（广义的强制规定）分为（狭义的）强制规定和禁止规定的作法至少可追溯到20世纪的30年代，至今仍为台湾地区民法学的通说。[②] 按照王泽鉴教授的定义，强制规定是指应为某种行为的规定，禁止规定是指禁止为某种行为的规定。[③] 在阐释我国合同法的著作中，也常会看到上述分类的影响。[④] 王轶教授还进一步指出，我国《合同法》没有对强制性规定和强行性规定作出区分，例如，《合同法》第52条第5项规定，

[①] 参见〔日〕我妻荣：《新订民法总则》，于敏译，中国法制出版社2008年版，第239页。
[②] 参见胡长清：《中国民法总论》，中国政法大学出版社1997年版，第197页；李宜琛：《民法总则》（六版），台湾正中书局1977年版，第225页；王伯琦：《民法总则》（八版），台湾正中书局1979年版，第134—135页；史尚宽：《民法总论》，中国政法大学出版社2000年版，第329页；郑玉波：《民法总则》，中国政法大学出版社2003年版，第308页；黄立：《民法总则》，中国政法大学出版社2002年版，第326—329页；陈自强：《契约之成立与生效》，法律出版社2002年版，第146—147页。
[③] 参见王泽鉴：《民法总则》（增订版），中国政法大学出版社2002年版，第276页。
[④] 参见苏号朋：《合同法教程》，中国人民大学出版社2008年版，第142页；朱广新：《合同法总则》，中国人民大学出版社2008年版，第207页；韩世远：《合同法总论》（第二版），法律出版社2008年版，第150页。

违反法律、行政法规的强制性规定的合同无效,并未提及强行性规定,这在立法层面是一个缺陷。一方面,就概念的逻辑关系而论,强行性规定是上位概念,理应统合强制性规定和禁止性规定这两个下位概念。另一方面,就对合同效力的影响而论,强制性规定和禁止性规定有重大的区别,违反强制性规定,可能不会影响合同的效力,即或影响,也不会导致合同绝对无效,除非当事人以约定排除了某项强制性规定的适用。而违反禁止性规定,则有可能导致合同绝对无效。① 在笔者看来,王轶教授的见解点出了一个值得关注的论题,即,判断合同是否无效不能采用"一刀切"的僵化方式,而应该通过对强行性规定进行类型化,来为合同效力的判定提供具有可操作性的合理标准。然而,就论证方式而言,其尚有下列值得反思之处:

首先,作为辅助法律解释的方法,类型化研究不应忽略现行法律体系中的具体规则。例如,我国台湾地区"民法典"第71条规定,法律行为,违反强制或禁止之规定者,无效。从笔者在上文中所引证的诸多论著中可以看出,学者们用强行规定来统称强制规定和禁止规定,就是以该规范作为参照的。反观我国合同法的立法条文,并没有出现"强制或禁止之规定"的表述,因此,是否应该借鉴台湾地区民法学的做法,对强制性规定和禁止性规定在立法层面进行区分,并且将二者统合为强行性规定,就是一个需要论证的问题,而不是一个不证自明的前提。令人稍感遗憾的是,在沿用台湾地区法学上的分类来解析现行合同法的著述中,笔者并未发现相应的论证。

其次,从法律史和比较法的角度来看,《大清民律草案》第176条和《民国民律草案》第123条都只有"禁止"规定②,《德国民法典》第134条中也只

---

① 参见王轶:《民法原理与民法学方法》,法律出版社2009年版,第246—248页。顺便指出的是,"无效的法律行为以绝对无效为原则,相对无效为例外,并限于法律明定的情形",参见王泽鉴:《民法总则》(增订版),中国政法大学出版社2002年版,第483页。为求行文简洁,除非在上下文中另加说明,本章中的"无效"均指绝对无效。

② 参见苏永钦:《违反强制或禁止规定的法律行为》,载氏著:《私法自治中的经济理性》,中国人民大学出版社2004年版,第43页。

提到了"禁止"①,其规范功能却并未因此而受到负面的影响。② 可见,就立法论而言,条文本身没有区分强制和禁止,并不构成法律的缺陷。

再次,就解释论而言,以强行性规定来统合强制性规定和禁止性规定的做法未必是最佳的选择。在脱离了具体语境的情况下,抽象地争论何者应为上位概念,何者应为下位概念,不但无法得出确定的结论,而且意义甚微。③ 正如耿林博士所指出的那样,"在我国大陆法律上并没有将'强制和禁止'并列,故用'强行'来统称强制和禁止,就没有法解释上的必要性"。④ 考虑到《合同法》第52条的文字表达,笔者认为,即使需要沿用强制规定和禁止规定的区分,那么以"强制性规定"来统合二者的做法也显得更为合理。⑤

最后,在沿用强制规定和禁止规定之区分的前提下,依然需要追问的是,区分二者究竟有何实益。王轶教授认为,区分二者的实益重大,因为,除非"当事人约定排除某项强制性规范的适用",否则,违反强制规定并不会导致合同无效。只有违反禁止规定才有可能导致合同无效。然而,在笔者看

---

① 对于《德国民法典》第134条,贾红梅的译文为,"法律行为违反法律上的禁止时,无效,但法律另有规定的除外",参见《德国民法典》,郑冲、贾红梅译,法律出版社1999年版,第26页;陈卫佐译文为,"除基于法律发生其他效果外,违反法律禁止规定的法律行为无效",参见《德国民法典》(第2版),陈卫佐译注,法律出版社2006年版,第46页;程建英的译文为,"本法无其他规定时,违反法律禁止规定的法律行为无效",参见〔德〕拉伦茨:《德国民法通论》(下册),王晓晔、邵建东、程建英、徐国建、谢怀栻译,法律出版社2004年版,第587页。杨思(Raymond Youngs)的英译文为"A legal transaction which violates a statutory prohibition is void unless a different consequence is to be deduced from the statute",see Basil S. Markesinis, Hannes Unberath Angus Johnston, *The German Law of Contract*, Second Edition, Hart Publishing 2006, p. 870.

② 对《德国民法典》第134条之规范功能的简介,参见耿林:《强制规范与合同效力——以合同法第52条为中心》,中国民主法制出版社2009年版,第24—28页。

③ 钟瑞栋博士的观点和笔者相似,参见钟瑞栋:《民法中的强制性规范——公法与私法"接轨"的规范配置问题》,法律出版社2009年版,第47—48页。实际上,王泽鉴教授和崔建远教授都曾经把强行规定和强制规定作为可以互换使用的同义词,参见王泽鉴:《民法总则》(增订版),中国政法大学出版社2002年版,第275—277页;耿林:《强制规范与合同效力——以合同法第52条为中心》,中国民主法制出版社2009年版,第49页。

④ 参见耿林:《强制规范与合同效力——以合同法第52条为中心》,中国民主法制出版社2009年版,第47页。

⑤ 韩世远教授就采取了这样的做法,参见韩世远:《合同法总论》(第二版),法律出版社2008年版,第150页。

来,这一观点的说服力存在着下列欠缺。第一,语言学的常识告诉我们,强制和禁止的区分,只是一种表达方式的差异。在德国民法上,"应为规定"可归入禁止规定的范畴。① 在台湾地区民法上,强制规定可以被界定为"不得不为的规定"②,而禁止规定亦可被界定为"强制不为某行为的规定"。③ 在我国民法上,我们完全可以对"强制"与"禁止"的表达功能作相似的理解④,在有些情况下,我们并不需要对二者进行区分。⑤ 第二,从比较法的角度来观察,其论证系以王泽鉴教授的研究为参照,将强制规定界定为"命令当事人应为一定行为之法律规定",将禁止规定界定为"命令当事人不得为一定行为之法律规定"。⑥ 然而,就笔者阅读范围所涉,无论是王泽鉴教授本人,还是胡长清、李宜琛、王伯琦、史尚宽、郑玉波、黄立和陈自强等学者,都没有在他们的民法著作中将"是否会导致法律行为(合同)无效"作为区分强制规定和禁止规定的实益。相反,王泽鉴教授还明确指出,违反强制规定有可能导致法律行为(合同)无效。⑦ 第三,如果我们对我国民法中的具体规范作更为仔细的考察,则可以发现,不但违反禁止规范会导致合同无效⑧,违反强制规范同样有可能导致合同无效,其情形也不以"当事人约定排除某项强制性规范的适用"为限。例如,根据《民法通则》第 18 条,监护人应当保护被监护人的人身、财产及其他合法权益,处理被监护人之财产的合同,应当以保护被监护人的利益为目的,否则会因为违反强制规定而无效。又如,根据《民法通则》第 55 条,有效合同应当具备的条件包括当事人具有相应的行为能力,在通常的情况下,无行为能力人订立的合同会因违反上述强制规定

---

① 参见苏永钦:《违反强制或禁止规定的法律行为》,载氏著:《私法自治中的经济理性》,中国人民大学出版社 2004 年版,第 43 页。
② 参见王泽鉴:《民法总则》(增订版),中国政法大学出版社 2002 年版,第 276 页。
③ 参见王伯琦:《民法总则》(八版),台湾正中书局 1979 年版,第 135 页。
④ 耿林博士亦持相似的观点,他认为,"强制和禁止的区分,实质意义并不大,只是行为禁止方式的表述不同而已",参见耿林:《强制规范与合同效力——以合同法第 52 条为中心》,中国民主法制出版社 2009 年版,第 75 页。
⑤ 例如,单就表达形式而论,《民法通则》第 55 条就兼具强制规范和禁止规范的特征。
⑥ 参见王轶:《民法原理与民法学方法》,法律出版社 2009 年版,第 246 页。
⑦ 参见王泽鉴:《民法总则》(增订版),中国政法大学出版社 2002 年版,第 276 页。
⑧ 韩世远教授对此有简要的整理,参见韩世远:《合同法总论》(第二版),法律出版社 2008 年版,第 152 页。

而无效。① 再如,根据《公司法》第 16 条第 1 款,公司为他人提供担保,应当依照公司章程的规定,由董事会或者股东会、股东大会决议。违反这一强制性规定而提供担保会导致合同无效。② 综上所述,笔者认为,区分强制规范和禁止规范的实益,仅止于描述功能的层面,并不能够在规范功能的层面为判断合同是否无效提供具有可操作性的合理标准。③

(二)管理性规定(取缔规定)和效力性规定

1. 台湾地区民法上的分类

学者们在谈到取缔规定和效力规定之区分的时候,常会提到史尚宽先生的影响。④ 其实,早在 20 世纪的 30 年代,胡长清先生就已经指出,禁止规定可分为取缔规定和效力规定。取缔规定对违反者课以制裁,目的在于禁遏其行为。效力规定以否认违法行为之法律上效果为目的。至于如何对二者进行识别,民法上并无相应的准据,"应就法文之体裁及立法之目的以为决定"。⑤

史尚宽先生的论述的确更为详细,他认为,强行法(包括强制规定和禁

---

① 参见《民法通则》第 58 条,相似的观点参见钟瑞栋:《民法中的强制性规范——公法与私法"接轨"的规范配置问题》,法律出版社 2009 年版,第 191 页。

② 参见叶林:《公司法研究》,中国人民大学出版社 2008 年版,第 149—151 页。对此规定性质可有不同的理解,笔者在下文中评析"尤赛珍诉宁波开汇电子产业有限公司等民间借贷纠纷案"时,会作进一步的阐释。

③ 耿林博士的观点与笔者相似,他认为,强制规范和禁止规范的区分对合同在民法上的后果影响并无直接关系,参见耿林:《强制规范与合同效力——以合同法第 52 条为中心》,中国民主法制出版社 2009 年版,第 75 页。解亘博士也认为,义务性规范(对本书强制规范的另一称谓)和禁止性规范在效果上"没有区别,这样的划分并没有什么积极的意义"。参见解亘:《论违反强制性规定契约之效力——来自日本法的启示》,载《中外法学》2003 年第 1 期,第 36 页。

④ 参见苏永钦:《违反强制或禁止规定的法律行为》,载氏著:《私法自治中的经济理性》,中国人民大学出版社 2004 年版,第 43 页;陈自强:《契约之成立与生效》,法律出版社 2002 年版,第 147 页;耿林:《强制规范与合同效力——以合同法第 52 条为中心》,中国民主法制出版社 2009 年版,第 20、86 页。

⑤ 参见胡长清:《中国民法总论》,中国政法大学出版社 1997 年版,第 197 页。此书初版于 1933 年,对于包括此书在内的早期民法著作,王泽鉴教授有如下的评论,"胡长清之中国民法总论……李宜琛之中国民法总则……均属佳构,数十年之后渎之,仍觉其内容丰富,条理井然,令人敬佩。诸此民法著述致力于简明法律上之基本概念,建立理论体系,为我国民法学奠定基础,贡献至巨",参见王泽鉴:《民法五十年》,载李静冰编:《民法的体系与发展》,中国政法大学教材(1991 年),第 166 页。

止规定）可分为效力规定和取缔规定，前者"着重违反行为之法律行为价值，以否认其法律效力为目的"，后者"着重违反行为之事实行为价值，以禁止其行为为目的"。大体而言，应通过探求规范的目的来识别其类型，"可认为非以为违法行为之法律行为为无效不能达其立法目的者，为效力规定，可认为仅在防止法律行为事实上之行为者，为取缔规定"。在论到具体法规的时候，史尚宽先生亦承认，极难对其类型进行区分。①

洪逊欣教授的表述略有不同，对民法的具体条文也投入了更多的关注，他认为，在禁止规定中，有单纯取缔规定和效力限制规定之别。前者的目的在于取缔违法行为，对违反者加以制裁，以防止其行为，但并不否认其行为在私法上的效力。如我国台湾地区"民法典"第562、563、980、981、984—987、989—994条等。后者的目的不仅要取缔其违法行为，而且要否认其在私法上的效力。如台湾地区"民法典"中的第983、988条第2款等。②

在台湾地区的司法实践中，我们可以看到这一分类的影响，例如，根据（1979）台上字第879号判例的解释，"'证券交易法'第60条第1项第1款乃取缔规定，非效力规定，无第71条之适用。证券商违反该项规定而收受存款或办理放款，仅主管机关得依'证券交易法'第66条为警告，停业或撤销营业特许之行政处分，及行为人应负同法第175条所定刑事责任，非谓其存款或放款行为概为无效"。③ 至于区别取缔规定和效力规定的基准，该判例并未加以说明。④ 王泽鉴教授在解析上述判例的时候指出，应该综合法规的意旨，权衡冲突的利益来认定规范的性质，冲突的利益包括法益的种类、交易安全、禁止的范围涉及双方当事人还是一方当事人等。例如，如果法规禁止当事人在某个时间或地点营业，那么它所涉及的就只是缔结法律行为的外部情况，而不是要禁止特定行为的内容，所以应认定其为取缔规定，该

---

① 参见史尚宽：《民法总论》，中国政法大学出版社2000年版，第330—331页。
② 参见洪逊欣：《中国民法总则》，1987年版，第325页，转引自耿林：《强制规范与合同效力——以合同法第52条为中心》，中国民主法制出版社2009年版，第86页。
③ 对于"证券交易法"第60条第1项第1款的规定，究竟是效力规定还是取缔规定，法院先后有过不同见解，最后，根据1979年第3次民事庭会议作成的决议，确定其为取缔规定，摘自王泽鉴：《民法总则》（增订版），中国政法大学出版社2002年版，第280页。
④ 参见陈自强：《契约之成立与生效》，法律出版社2002年版，第148页。

法律行为的效力自不应受到影响。①

2. 我国合同法上的分类

（1）已有的学说

有些学者在解析我国合同法的时候，也使用了上述分类。现将其论述的内容概括如下：

第一，在范围上，学者们对取缔规定和效力规定的区分是针对强制性规定中的禁止规定所作出，并没有将（狭义的）强制规定包括在内。②

第二，学者们在阐释规范目的的时候，常会参考台湾地区民法学的著作。例如，朱广新博士的研究就是以胡长清先生的观点为参照的。③ 王轶教授的论证也引用了史尚宽先生的观点。④

第三，学者们在阐释规范的含义的时候，侧重点略有不同。苏号朋教授认为，"取缔规定是禁止从事某种行为，并对从事此类行为的当事人采取公法上的处罚措施的禁止规定。这种当事人往往是针对一方当事人的规定"。⑤ 王轶教授将其称为管理性的禁止性规范，并且指出，此类规范"并非禁止某种类型的合同行为，而是与当事人的'市场准入'资格或交易场所、时间、方式等因素有关。即某种类型的合同行为仍属法律所允许，但禁止市场主体在未取得交易资格时或禁止市场主体在特定的场所、特定的时间或以特定的方式从事此类交易行为"，"法律设置此类禁止性规范的目的在于实现特定管理机关，尤其是行政管理机关的管理职能，以维护特定的社会秩序"。⑥

第四，就立法技术而言，王轶教授指出，"未能体现效力性禁止性规范与管理性禁止性规范的区分"，属于《合同法》在规范配置方面存在的

---

① 参见王泽鉴：《民法总则》（增订版），中国政法大学出版社2002年版，第280—281页。
② 参见王轶：《民法原理与民法学方法》，法律出版社2009年版，第248页；苏号朋：《合同法教程》，中国人民大学出版社2008年版，第142页；朱广新：《合同法总则》，中国人民大学出版社2008年版，第207页。
③ 参见朱广新：《合同法总则》，中国人民大学出版社2008年版，第207页，并请对照参阅胡长清：《中国民法总论》，中国政法大学出版社1997年版，第197页。
④ 参见王轶：《民法原理与民法学方法》，法律出版社2009年版，第248—249页。
⑤ 参见苏号朋：《合同法教程》，中国人民大学出版社2008年版，第142页。
⑥ 参见王轶：《民法原理与民法学方法》，法律出版社2009年版，第248—249页。

缺陷。①

第五,就规范对合同效力的影响而论,苏号朋教授和王轶教授都认为,违反效力规定的合同是无效合同。② 至于违反取缔规定会产生何种效果,两位学者的表述有所不同,苏号朋教授认为,"在合同违反此类规定时,合同效力并不受影响。例如,《律师法》第 40 条规定,律师在执业活动中不得私自接受委托。如果某律师违反这一规定而代理当事人进行民事诉讼,并已经完成,则不应因律师属于私自接受委托而认定合同无效,因为如此处理往往对诉讼当事人而言并无实益,而且《律师法》这一规定的目的并不是使委托合同无效,而是为了约束执业律师的行为,并对违反规定的律师处以相应的惩罚。因此,同法第 48 条规定,如果执业律师私自接受委托,则由司法行政部门给予警告;情节严重的,给予停止执业 3 个月以上 6 个月以下的处罚;有违法所得的,没收违法所得"。③ 王轶教授指出,"违反管理性禁止性规范的合同,并不导致合同绝对无效"④;同时又认为,"违反管理性的禁止性规定的合同并非必然无效的合同"。⑤ 需要进一步阐释的是,在何种情况下,违反管理性规定亦会导致合同无效? 如果不存在这种可能性,那么"并非必然无效"又当作何理解? 对于这些问题,我们尚待更为具体和明确的表述。

(2)司法实践

我国的司法实践对合同效力问题的处理,有时会采用与上述分类相似的思路。兹举三例如下:

① 针对《河北省高级人民法院关于信用社违反商业银行法有关规定所签借款合同是否有效的请示》,最高人民法院在《关于信用社违反商业银行法有关规定所签借款合同是否有效的答复》中指出,"《中华人民共和国商

---

① 参见王轶:《民法原理与民法学方法》,法律出版社 2009 年版,第 246、248 页。
② 参见苏号朋:《合同法教程》,中国人民大学出版社 2008 年版,第 142 页;王轶:《民法原理与民法学方法》,法律出版社 2009 年版,第 248 页。
③ 参见苏号朋:《合同法教程》,中国人民大学出版社 2008 年版,第 142 页。
④ 参见王轶:《民法原理与民法学方法》,法律出版社 2009 年版,第 248 页。
⑤ 同上书,第 251 页。

业银行法》第 39 条是关于商业银行资产负债比例管理方面的规定。① 它体现中国人民银行更有效地强化对商业银行(包括信用社)的审慎监管,商业银行(包括信用社)应当依据该条规定对自身的资产负债比例进行内部控制,以实现盈利性、安全性和流动性的经营原则。商业银行(包括信用社)所进行的民事活动如违反该条规定的,人民银行应按照《商业银行法》的规定进行处罚,但不影响其从事民事主体活动的资格,也不影响其所签订的借款合同的效力"。

② 在《最高人民法院关于审理建设工程施工合同纠纷案件适用法律问题的解释》(以下简称《建设工程合同解释》)公布后,黄松有先生在就相关问题答记者问的时候指出,"建设工程施工合同受到不同领域的多部法律及其规范性文件调整。法律、行政法规和部门规章中调整建设工程施工合同的就有六十多条,如果违反这些规范都以违反法律强制性规定为由而认定合同无效,不符合《合同法》的立法本意,不利于维护合同稳定性,也不利于保护各方当事人的合法权益,同时也会破坏建筑市场的正常秩序。我们认为,法律和行政法规中的强制性规定,有的属于行政管理规范,如果当事人违反了这些规范应当受到行政处罚,但是不应当影响民事合同的效力。从相关的法律、行政法规的强制性规范内容看,可分为两类:一是保障建设工程质量的规范,二是维护建筑市场公平竞争秩序的规范"。②

③《最高人民法院关于适用〈中华人民共和国合同法〉若干问题的解释(二)》(以下简称《合同法解释(二)》)第 14 条明确指出,《合同法》第 52 条第 5 项规定的"强制性规定",是指效力性强制性规定。

3. 笔者的反思

笔者认为,尽管前引学说秉承着延续了几十年的民法学传统,与司法实践也有着良好的互动,但仍有下列值得反思之处。

---

① 第 39 条规定,商业银行贷款,应当遵守下列资产负债比例管理的规定:
(1) 资本充足率不得低于 8%;
(2) 贷款余额与存款余额的比例不得超过 75%;
(3) 流动性资产余额与流动性负债余额的比例不得低于 25%;
(4) 对同一借款人的贷款余额与商业银行资本的比例不得超过 10%;
(5) 国务院银行监督管理机构对资产负债比例管理的其他规定。
② 转引自王轶:《民法原理与民法学方法》,法律出版社 2009 年版,第 290—291 页。

(1) 分类的范围是否仅限于禁止规定

在台湾地区民法学界,大多数学者对效力规定和取缔规定的区分都是在禁止性规范的范围内作出的,就笔者阅读范围所涉,只有史尚宽先生的分类将属于强行法的强制规范涵盖在内。在我国合同法学界,苏号朋教授、朱广新博士和王轶教授在讨论同类问题时,也都没有把与禁止规定相并列的强制规定纳入分类的范围。然而,如笔者在本书上文中已经指出的那样,强制规定和禁止规定的区别只在于表达方式的不同,在我国合同法上,区分强制规定和禁止规定的做法虽然可行,却并非必要。其实,如果以规范的目的和违反规定的法律效果作为关注的重点,那么对取缔规定和效力规定的划分同样可以适用于强制规定。笔者在上文中已经举例说明,违反强制规定有可能会导致合同无效,在这种情况下,完全可以将这类规定解释为"效力规定"。而从国内学者的论述中已经可以看出,强制规定属于取缔规定的情况也同样存在,现举两例以作说明:

① 《公司登记管理条例》第60条规定,"公司应当按照公司登记机关的要求,在规定的时间内接受年度检验,并提交年度检验报告书、年度资产负债表和损益表、《企业法人营业执照》副本"。同法第76条规定,"公司不按照规定接受年度检验的,由公司登记机关处以1万元以上10万元以下的罚款,并限期接受年度检验;逾期仍不接受年度检验的,吊销营业执照"。苏号朋教授认为,上述规定"只具行政管理职能,并不具有评判合同有效与否的功能,违反此类规定的合同效力不受影响。法律要求公司进行年度检验的目的在于行政机关的管理需要,公司违反这一规定产生的只是公法上的效果"。① 可见,结合规范目的、法律效果和司法实践中的相关解释,完全可以把《公司登记管理条例》第60条理解为效力性强制性规定以外的行政管理规定。

② 甲公司与乙公司订立建设工程承包合同,甲为承包人,乙为发包人。两年后竣工,且验收合格,但乙以甲不具备相应的建设资质等级为由,拒绝向甲支付工程款。王轶教授指出,"按照《建筑法》第26条,必须是具备相应的建设资质等级才能进行工程建设,因此,甲公司和乙公司之间的交易行为违反了法律上的禁止性规定。在这一案件中,当事人之间的交易行为违

---

① 参见苏号朋:《合同法教程》,中国人民大学出版社2008年版,第142页。

反的即是管理性的禁止性规范,且当事人的合同义务业已履行完毕,合同应被认定为生效合同。对于违规经营的市场主体,可由相应的行政机关追究其行政法上的责任"。① 笔者认为王轶教授既然已经将强制规定界定为"命令当事人应为一定行为之法律规定",将禁止规定界定为"命令当事人不得为一定行为之法律规定"②,那么照此定义,完全可以将《建筑法》第26条解释为强制规定。

有鉴于此,笔者认为,在承认管理性规定与效力性规定之区分的前提下,应该把分类的范围从"禁止规定"拓展至包含"强制规定"在内的"强制性规定"。这不但与《合同法》第52条以及相关司法解释中"强制性规定"的表达相呼应,在论证方式上也更符合"相似情形应为相同处理"的法理。实际上,这也是最高人民法院在《关于当前形势下审理民商事合同纠纷若干问题的指导意见》(以下简称《合同纠纷指导意见》)中所采用的进路。根据《合同纠纷指导意见》第15条的规定,"正确理解、识别和适用《合同法》第52条第(5)项中的'违反法律、行政法规的强制性规定',关系到民商事合同的效力维护以及市场交易的安全和稳定。人民法院应当注意根据《合同法解释(二)》第14条之规定,注意区分效力性强制规定和管理性强制规定"。

(2) 违反效力性规定的法律效果是否仅限于无效

根据有些学者的界定,违反效力规定的合同无效。③《合同纠纷指导意见》第15条也指出,"违反效力性强制规定的,人民法院应当认定合同无效"。值得进一步思考的是,是否违反任何一种效力性强制规定,其法律效果都一律归为无效? 依笔者所见,在整个合同法体系内,对此问题不应作出肯定的回答。根据我国合同法的相关规则,违反某些强制性规定的法律效果不是合同无效,而是合同可撤销,或者合同效力待定④,这些规定在性质上显然不属于具有行政管理色彩的取缔规定。如果把违反效力规定的法律效果只限定为无效这一种情况,那么上述那些强制性规定就既不属于效力性

---

① 参见王轶:《民法原理与民法学方法》,法律出版社2009年版,第251页。
② 同上书,第246页。
③ 参见苏号朋:《合同法教程》,中国人民大学出版社2008年版,第142页;王轶:《民法原理与民法学方法》,法律出版社2009年版,第248页。
④ 参见《民法通则》第55条,《合同法》第3—5、47、54条。

规定,也不属于管理性规定,这无疑会导致逻辑划分的不周延。因此,笔者认为,较为合理的表述应该是,违反效力规定会导致合同无效、可撤销或效力待定等情况,总之,会对合同的效力带来消极的影响。① 从解释论的角度来看,这一表述与《合同纠纷指导意见》第 15 条之间也并不存在无法化解的冲突,因为《合同纠纷指导意见》第 15 条中所谓的"效力性强制规定",仅限于《合同法》第 52 条第 5 项所调整的范围,而笔者所界定的效力性强制性规定,则是以整个合同法体系作为讨论的范围。

(3) 违反管理性规定,在私法上会产生什么样的法律效果

结合《合同法》第 52 条和《合同法解释(二)》第 14 条的规定,似乎可以认为,如果只违反管理性规定,而没有违反效力性规定,那么合同不会因此而无效。然而,这一表述虽然与有些学者的观点相契合②,却和现行《合同法》中的某些具体规则之间存在着张力。根据崔建远教授的研究,在相当多的情况下,违反管理性的强制规定还是会导致合同无效的。③ 现将其所引例证整理如下:

① 依《最高人民法院关于审理商品房买卖合同纠纷案件适用法律若干问题的解释》(以下简称《商品房买卖合同解释》)第 9 条,出卖人在订立商品房买卖合同的时候,如果故意隐瞒没有取得商品房预售许可证明的事实,或者故意提供虚假的商品房预售许可证明,或者故意隐瞒所售房屋已经抵押的事实,或者故意隐瞒所售房屋已经出卖给第三人或者为拆迁补偿安置房屋的事实,那么合同有可能无效。④

② 《商品房买卖合同解释》第 10 条,买受人以出卖人与第三人恶意串

---

① 耿林博士的观点与笔者相似,他认为,"效力规范是指对违反强制规范的私法上的行为,在效力后果上以私法上的方式予以一定制裁的强制规范。当事人所预期的私法上的法律效果因此会受到一定消极影响,或者无效,或者效力待定等"。参见耿林:《强制规范与合同效力——以合同法第 52 条为中心》,中国民主法制出版社 2009 年版,第 85 页。崔建远教授也赞同耿林博士的观点,参见崔建远:《合同法总论》(上卷),中国人民大学出版社 2008 年版,第 283 页。

② 如前所述,苏号朋教授认为,违反取缔性规定不会影响合同的效力。参见苏号朋:《合同法教程》,中国人民大学出版社 2008 年版,第 142 页。王轶教授也曾经指出,违反管理性规定并不会导致合同无效。参见王轶:《民法原理与民法学方法》,法律出版社 2009 年版,第 248 页。

③ 参见崔建远主编:《合同法》(第五版),法律出版社 2010 年版,第 107 页。

④ 第 9 条所规定的法律效果包括包括无效、被撤销和被解除。

通，另行订立商品房买卖合同并将房屋交付使用，导致其无法取得房屋为由，请求确认出卖人与第三人订立的合同无效的，应予支持。

③ 依《建设工程合同解释》第1条，承包人未取得建筑施工企业资质或者超越资质等级的，合同无效；没有资质的实际施工人借用有资质的建筑施工企业名义的，合同无效；建设工程必须进行招标而未招标或者中标无效的，合同无效。

④ 依《建设工程合同解释》第4条，承包人非法转包、违法分包建设工程的，合同无效。没有资质的实际施工人借用有资质的建筑施工企业名义与他人签订建设工程施工合同的，合同无效。

⑤ 依《最高人民法院关于审理涉及国有土地使用权合同纠纷案件适用法律问题的解释》（以下简称《国有土地使用权合同解释》）第2条第1款，开发区管理委员会作出出让方与受让方订立的土地使用权出让合同的，合同无效。

⑥ 依《国有土地使用权合同解释》第3条，经市、县人民政府批准同意以协议方式出让的土地使用权，土地使用权出让金低于订合同时当地政府按照国家规定确定的最低价的，该价格条款无效。

⑦ 依《国有土地使用权合同解释》第11条，土地使用权人未经有批准权的人民政府批准，与受让方订立合同转让划拨土地使用权的，合同无效。

⑧ 依《国有土地使用权合同解释》第15条，合作开发房地产合同的双方当事人都不具备房地产开发经营资质的，合同无效。

⑨ 依《国有土地使用权合同解释》第16条，土地使用权人未经有批准权的人民政府批准，以划拨土地使用权作为投资，与他人订立合同合作开发房地产的，合同无效。

⑩ 依《最高人民法院关于审理涉及农村土地承包纠纷案件适用法律问题的解释》（以下简称《农村土地承包解释》）第6条，发包方已将承包地另行发包给第三人，承包方以发包方和第三人为共同被告，请求确认其所签订的承包合同无效的，应予支持。

⑪ 依《农村土地承包解释》第12条，发包方强迫承包方将土地承包经营权流转给第三人，承包方请求确认其与第三人签订的流转合同无效的，应予支持。

⑫ 依《农村土地承包解释》第 13 条,承包方未经发包方同意,采取转让方式流转其土地承包经营权的,转让合同无效。

⑬ 依《农村土地承包解释》第 15 条,承包方以其土地承包经营权进行抵押或者抵偿债务的,应当认定无效。

⑭ 依《农村土地承包解释》第 21 条,承包方未依法登记取得土地承包经营权证等证书,即以转让、出租、入股、抵押等方式流转土地承包经营权,发包方请求确认该流转无效的,应予支持。①

事实上,类似的规定并不止崔教授所列举的这些。例如,根据《最高人民法院关于审理城镇房屋租赁合同纠纷案件具体应用法律若干问题的解释》(以下简称《城镇房屋租赁合同解释》)第 2 条,出租人未取得建设工程规划许可或者未按照建设工程规划许可的规定建设的房屋,与承租人订立的租赁合同无效。不难看出,面对规则体系内的这些冲突,诸如"特别法优于一般法"这类的适用规则并不能起到化解的作用。在现行的合同法规则体系内,"违反管理性规定,不会影响合同效力,或不会导致合同无效"的说法难以成立。②

(4)没有对二者进行合理的区分,是否为合同法立法技术的缺欠

王轶教授在解析合同法规范类型的时候指出,就立法技术而言,"未能体现效力性禁止性规范和管理性禁止性规范的区分",是现行合同法在规范配置方面存在的缺欠。③ 这一观点的说服力是否充分?我们不妨从以下几个方面进行反思:

首先,比较法在处理同类的问题的时候,并没有将立法层面的区分作为关注的重点。在德国民法上,虽然早已建立了认定合同效力类型的原则和规则,也存在着"纯粹管理规范"的概念,却没有与之相对应的"效力规范"

---

① 参见崔建远:《合同法总论》(上卷),中国人民大学出版社 2008 年版,第 285—286 页。
② 现行的规则为笔者的观点预留了合理的解释空间。例如,《合同纠纷指导意见》第 15 条并没有规定,"违反管理性规定,不会影响合同效力,或不会导致合同无效",而是指出,"违反管理性强制规定的,人民法院应当根据具体情形认定其效力"。
③ 参见王轶:《民法原理与民法学方法》,法律出版社 2009 年版,第 246—248 页。

的概念。① 在日本和我国台湾地区的民法学界,对二者的区分也是由学说和司法判决来推动的。②

其次,对现有的研究进行考察,可以发现,对于何谓取缔规定,何谓效力规定,民法学界始终都没有提供明确的区分标准。③ 因此,即使将来在立法层面对二者作出了区分,那么该区分也欠缺规范层面的操作性,难以产生预期的实益。④

最后,在现行合同法体系之内,无论是违反效力性规定,还是违反管理性规定,都有可能导致合同无效或合同效力待定等情形。即使从法律效果出发,也难以对二者作出清晰的区分。

据此,笔者认为,就二者的区分所要解决的问题言,尚难谓现行合同法在立法技术层面存在着规范配置的缺欠。从比较法上的经验来看,问题的出路并不在于立法技术的改进,而在于学理研究和司法实务的协力。最高人民法院在《合同纠纷指导意见》的第16条中指出:

> 人民法院应当综合法律法规的意旨,权衡相互冲突的权益,诸如权益的种类、交易安全以及其所规制的对象等,综合认定强制性规定的类

---

① 王轶教授认为,"在德国,就效力性与管理性禁止性规范的区分,主要借助对有关法律规范进行法律解释,并经由利益衡量予以确定"。参见王轶:《民法原理与民法学方法》,法律出版社2009年版,第291页。然而,根据耿林博士的研究,德国民法上并没有相当于"效力规范"的概念,只有可以翻译为"纯粹管理规范"或"管理规范"的概念,参见耿林:《强制规范与合同效力——以合同法第52条为中心》,中国民主法制出版社2009年版,第20、86—87页。

② 日本民法学上的划分,参见解亘:《论违反强制性规定契约之效力——来自日本法的启示》,载《中外法学》2003年第1期。根据笔者的推测,我国民法传统上对二分法的采用,更多是受到日本的影响,胡长清、史尚宽和洪逊欣等学界前辈,都有留学日本的经历,史尚宽先生对二分法的阐释,时常以日本法上的学说和判决为参照,参见史尚宽:《民法总论》,中国政法大学出版社2000年版,第330—334页。

③ 其实,针对台湾地区民法学界的普遍做法,苏永钦教授早在二十多年前就已经指出,"把禁止规定区分为取缔规定与效力规定,而仅于后者的违反时发生无效的结果。实际上是以问答问,与德国过去实务中常见的'秩序规定'并无二致。禁止规定何时仅以禁遏其行为为已足。何时需要再否定其私法效力,仍乏可操作的标准",参见苏永钦:《违反强制或禁止规定的法律行为》,载氏著:《私法自治中的经济理性》,中国人民大学出版社2004年版,第43页。

④ 如耿林博士所言,这一区分不具有判断合同效力类型的功能。不是因为违反了效力规定才无效,而是因为导致了合同无效才称之为效力规范。管理规范也只是一个结果性的概括,而不具有识别功能,不能作为判断合同效力是否受到影响的标准。参见耿林:《强制规范与合同效力——以合同法第52条为中心》,中国民主法制出版社2009年版,第87、254页。

型。如果强制性规范规制的是合同行为本身即只要该合同行为发生即绝对地损害国家利益或者社会公共利益的,人民法院应当认定合同无效。如果强制性规定规制的是当事人的"市场准入"资格而非某种类型的合同行为,或者规制的是某种合同的履行行为而非合同行为,人民法院对于此类合同效力的认定,应当慎重把握,必要时应当征求相关立法部门的意见或请示上级人民法院。

在笔者看来,最高人民法院作出上述解释的努力当然值得称道,惟就裁判规范所应发挥的功能而论,上述解释的实益仍然有所缺乏。这主要体现在以下几个方面:首先,在合同行为本身损害了国家利益或公共利益的情况下,可以援引其他规范(例如《合同法》第52条第1项、第2项或第4项),而不必援引《合同法》第52条第5项的规定。其次,在履行行为违反强制性规定,而合同的内容没有违反强制性规定的情况下,应明确认定合同的效力不受到影响,而无须再征求或请示意见。再次,"慎重把握",只涉及态度,与法律推理的实质性内容似无关联。最后,征求相关立法部门的意见或者请示上级法院,只是程序性的规定。且不论此规定在应然的维度是否合同程序正义的理念①,单就实然性问题而言,相关的立法部门是否仅指全国人大及其常委会?当立法部门和上级法院意见不一致时,其冲突当如何化解?立法部门和上级法院在进行实质性的法律推理的时候,应该参照什么成文规则?对此,《合同纠纷指导意见》都欠缺相应的回答。有鉴于此,对比较法上的研究进行考察,当有助于我们发现并解决真实的问题。

二、苏永钦教授的研究

苏永钦教授对"私法自治和国家强制"这一论题有着详细而深入的研究。② 王泽鉴教授评价他"是一位具有宏观洞见、思维精致的法学者"。③ 考察苏教授对强制规范之类型的研究,不难发现,"思维精致"和"宏观洞见"

---

① 对此类问题的分析,参见方流芳:《上诉权与司法公正》,载李楯编:《法律社会学》,中国政法大学出版社1999年版,第360—365页。
② 参见苏永钦:《走入新世纪的私法自治》,中国政法大学出版社2002年版;《私法自治中的经济理性》,中国人民大学出版社2004年版;《民事立法与公私法的接轨》,北京大学出版社2005年版。
③ 参见苏永钦:《司法改革的再改革》,台湾月旦出版社股份有限公司1998年,封底。

均有着真实而自然的体现。

（一）细致的列举

苏永钦教授认为,与任意规范有别的强制规范可细分为"行为法性质的强制禁止规范(如台湾地区"民法典"第184条)与裁判原则规范(如台湾地区"民法典"第1条)、解释规则(如台湾地区"民法典"第4条)、定义规范(如台湾地区"民法典"第12条)、赋权规范(如台湾地区"民法典"第13条)、权限规范(如台湾地区"民法典"第84条)、效力规范(如台湾地区"民法典"第75条)、效果规范(如台湾地区"民法典"第179条)等"。这些分类对于法律的适用具有重要的实益。"法官找法的顺序,应该是从非行为规范性质的强制法开始,比如,先为该案涉及的法律关系定位,然后就进入契约的规范范畴。行为规范——即第71条所称的强制或禁止(Gebot oder Verbot)规定①,只是用来'控制'契约规范,而非强制的任意性规范则是用来'补充'契约规范的不足。"②

（二）权能规范和行为规范的区分

绝大多数学者都认为,台湾地区"民法典"第71条中的强制和禁止规定,包括任意法(ius dispositivus)以外的所有的强制法(ius cogens)。苏教授对此提出质疑。他指出,从功能的角度出发,可以将强制法分为命令性质的行为规范和非命令性质的权能规范(Befugnisnorm)。权能规范立基于自治的理念,设定于民法之内,行为规范则立基于管制的理念,包括民法之外的政策性的行政法和伦理性的刑法。这一区分的实益可归纳为以下几个方面③:

---

① 苏教授在原文中所使用的是"第72条",经查考,台湾地区"民法典"第72条的规定为"法律行为,有背于公共秩序或善良风俗者,无效",并无"强制或禁止规定"的表述,故笔者以为,第72条为笔误,应为第71条。

② 参见苏永钦:《私法自治中的经济理性》,中国人民大学出版社2004年版,第14页。

③ 参见苏永钦:《违反强制或禁止规定的法律行为》,载氏著:《私法自治中的经济理性》,中国人民大学出版社2004年版,第42—43页;苏永钦:《私法自治中的国家强制》,载氏著:《走入新世纪的私法自治》,中国政法大学出版社2002年版,第18—20页;苏永钦:《从动态法规范体系的角度看公私法的调和》,载氏著:《民事立法与公私法的接轨》,北京大学出版社2005年版,第83—90页;苏永钦:《合同法§52(5)的适用和误用:再从民法典的角度论转介条款》,http://jdzw.fyfz.cn/art/547947.htm(以下简称2009讲座),2010年10月26日访问。按照笔者的理解,在多数语境中,苏教授著作中的"赋权规范"和"权限规范"都是可以和"权能规范"互换使用的同义语。

第一,就性质而论,违反行为规范,属于对私法自治"内容"界限的逾越,不仅会导致合同(法律行为)无效,还可能招致公法上的制裁,而违反权能规范,则属于对私法自治的"权限"的逾越,只涉及合同"是否生效"的问题。准此以观,台湾地区"民法典"第71条中的强制或禁止规定应该不包括非命令权能规定。这样的理解,有助于第71条在民法体系中发挥沟通民法和其他法律关系的重要功能。

第二,在通常的情况下,因违反权能规范而不生效力的合同(例如无权处分)是可以补正的,但因违反行为规范而无效的合同是不能补正的。

第三,具有自治法性格的权能规范,虽然也会使用"不得"的表述①,但仍有迂回完成交易的可能。例如,台湾地区"民法典"第777条规定,"土地所有人,不得设置屋檐或其他工作物,使雨水直注于相邻之不动产"。然而,如果没有注水权的一方愿意出钱,向邻地所有人购买"注水权",那么这样的合同不会因为违反禁止规定而无效。反之,具有管制法性格的行为规范则另当别论。例如,台湾地区"水污染防治法"第30条规定,"废(污)水不得注入于地下水体或排放于土壤"。如果交易的标的是废水的注水权,那么当然会因为违反台湾地区"民法典"第71条而无效。②

(三)对取缔规定与效力规定之划分的反思与展望

针对台湾地区民法学界的普遍做法,苏永钦教授早在二十多年前就已经指出,"把禁止规定区分为取缔规定与效力规定,而仅于后者的违反时发生无效的结果。实际上是以问答问,与德国过去实务中常见的'秩序规定'并无二致。禁止规定何时仅以禁遏其行为为已足,何时需要再否定其私法效力,仍乏可操作的标准"。③ 在2009年的一次讲座中,苏教授转述了詹森林先生的研究成果,即,在台湾地区"最高院"历年的见解中,区分效力规定

---

① 如果用德文和英文来表达,权能规范中的"不得"是"können nicht"和"not entitled to",行为规范中的"不得"是"dürfen nicht"和"not allowed to"。

② 根据苏永钦教授的考察,"禁止规范和权能规范的混淆在德国也相当普遍,实务上的用语到现在也不精确",然而,早在一百多年之前,v. Tuhr 就在他的民法总则教科书里清楚地区分了禁止规定和"界定法律行为形成可能性的规范",并认为二者不应混淆。参见苏永钦:《从动态法规范体系的角度看公私法的调和》,载氏著:《民事立法与公私法的接轨》,北京大学出版社2005年版,第89页。

③ 参见苏永钦:《违反强制或禁止规定的法律行为》,载氏著:《私法自治中的经济理性》,中国人民大学出版社2004年版,第43页。

和取缔规定之理由多数都是语焉不详。面对这一常年来困扰学界和实务界的问题,苏教授从以下几个方面提出了深具启发性的思考方向①:

1. 案例法体系的建立

从大陆法系的演进历程来看,民法典应该为案例法预留一定的制度通道,从而法律保持一定的弹性。德国民法上的诚信条款就是一例。在区分取缔规定和效力规定的问题上,亦应该建立一个类似的案例法领域,"通过逐案积累的类型,形成较为具体、可预见性高的权衡规则,再慢慢摸索出贯穿规则之间的体系"。苏教授通过举例来说明,如果过早地将一些个案的权衡公式化,形成"标的说","目的说"或"主体说"等对立的观点,反而有碍于问题的解决。例如,有观点认为,只有当合同的标的或目的为管制的对象时才需要控制。② 然而,在有些案件中,虽然管制的对象只是合同的主体而非合同的行为本身,但如果允许逸脱管制,其后果同样会非常严重。又如,在有些案件中,虽然合同的标的就是管制的对象,当就管制的强度和成本而论,未必需要动摇私法关系的效力。再如,有观点认为,只有针对双方主体的管制才有否定合同效力的余地。其实,在某些案件中,从管制的目的可以清楚地看出,即使只有一方违规,也必须否定其行为的效力。

2. 应考量的因素

在建立案例法时,应当将下列因素纳入考量的范围:(1)管制的法益。包括生命、健康、国家安全、财政稳定和财产等内容。(2)管制的取向。是为了要防止法益的加害,还是要增加利益。(3)管制的领域。所涉及的是市场的准入,还是市场行为。(4)管制的重心。是管制一方还是管制双方。(5)管制的性质。是实体的管制还是程序的管制。(6)管制的强度。包括立法理由和立法的目的等环境因素(例如,战争时期)。(7)管制的工具。包括法律的位阶和不同位阶之规范背后的民主正当性和公示程度。(8)管制的成本效益。例如可预见性和防免、信息等交易成本。

---

① 参见苏永钦:《合同法§52(5)的适用和误用:再从民法典的角度论转介条款》(2009讲座);苏永钦:《大陆法国家民法典编纂若干问题探讨》,载《比较法研究》2009年第4期;苏永钦:《以公法规范控制私法契约》,载《人大法律评论》2010年卷。

② 按照笔者的理解,王轶教授的见解就与这一观点比较接近,参见王轶:《民法原理与民法学方法》,法律出版社2009年版,第249—250页。

3. 合同效力类型的具体化

在均衡考量自治与管制的相关利益的基础上，可供选择的合同效力类型包括以下十种：(1) 完全无效；(2) 一部无效；(3) 一方无效；(4) 向后无效；(5) 相对无效；(6) 得撤销；(7) 得补正；(8) 得转换；(9) 效力未定；(10) 完全有效。

（四）对案例的解析

苏教授曾经以"契约违反禁止规定"作为题目，对一则实例中的相关问题进行了深入的分析。现将其论述的要点转述如下[①]：

1. 案情和问题简介

地处郊区，位于某大学旁卖烧饼的早餐店与附近几家卖汉堡或粥的早餐店，在开学前一起调涨产品价格，幅度都是10%。某大学生认为，此举违反了台湾地区的"公平交易法"，吃完早餐后只愿意按照涨价前的价格50元来付款，拒绝交付上涨的5元。该大学生的行为是否合理？如果在1个月之后，某家汉堡店恢复了原价，其他早餐店依照约定没收了其所缴纳的保证金，汉堡店是否有权请求返还？

2. 对重点问题的解析

(1) 早餐店联合调价的行为，是否属于"公平交易法"禁止的联合行为

"公平交易法"第14条规定"事业不得为联合行为"，第7条对联合行为下了一个立法定义："事业以契约、协议或其他方式之合意，与有竞争关系之他事业共同决定商品或服务之价格，或限制数量、技术、产品、设备、交易对象、交易地区等，相互约束事业活动之行为。"据此，可作如下分析：

依照"公平交易法"第2条，事业包括下列四种类型：公司；独资或者合伙之工商行号；同业公会；其他提供商品或服务从事交易之人或团体。早餐店在组织上多为独资或者合伙，理应属于"公平交易法"第2条所规定的事业。

需要进一步探究的问题是，各早餐店之间是否存在着竞争关系。依照"公平交易法"第4条，竞争是"二以上事业在市场上以较有利的价格、数量、品质、服务或其他条件，争取交易机会之行为"。早餐的消费者当然可能

[①] 参见苏永钦：《契约违反禁止规定》，载杨与龄主编：《民法总则实例问题分析》，清华大学出版社2004年版，第104—117页。

有自己的饮食习惯,对于某些消费者来说,不同种类的早餐店未必具有可替代性。但是,各类从业者的确会以较为有利的条件来争取早餐交易,而价格又是消费者进行选择时的重要参照因素,因此,从各方对价格调整的约定可反推,它们之间有竞争关系。原本应该由各方根据自己的经营成本和行销策略来决定的价格,现在依同一幅度上调,显然构成共同决定价格。其约定属于联合行为。

(2) 约价行为是否无效

根据台湾地区"民法典"第71条,"法律行为,违反强制或禁止之规定者,无效。但其规定并不以之为无效者,不在此限"。各早餐店之间的约定是"公平交易法"第14条所禁止的联合行为,在同法对效力问题没有其他规定的情况下,将该行为认定为无效似乎理所当然。

然而,台湾地区的司法实务向来将强制或禁止规定二分为"效力规定"和"取缔规定",对于违反取缔规定的行为,均维持其效力,仅让行为人承担行政或刑事责任。"公平交易法"第14条的禁止规定是否也属于取缔规定呢?

首先可以确定的是,是否属于取缔规定,不能单从有无相关的行政或刑事责任来认定。盖台湾地区"民法典"第71条的意义,"原在于补强具有社会、经济政策,乃至刑事政策目的的法律,借民事契约效力的排除来强化强制禁止规定的'合目的性',以免民事效力和公法的禁止呈现法律价值的尖锐矛盾,故越重大的禁止规定,代表立法者对该公共政策的贯彻越重视,岂有反而容许相抵触的民事契约生效而干扰政策落实之理?"①因此,合理的思路应该是,先就个别法律的立法背景和立法目的等进行评估和定性,再据此来认定合同的效力是否会受其影响,或者说受到何种程度的影响。

从"公平交易法"第五章对民事责任的规定中可以看出,立法者显然希望强力排除市场上各种限制竞争的行为,而并无放任违反本法的契约而维持其效力的意图。因此,"公平交易法"第14条中禁止联合行为的规定,不能被解释为取缔规定。

"公平交易法施行细则"第5条第1项规定,"本法第7条之联合行为,

---

① 参见苏永钦:《契约违反禁止规定》,载杨与龄主编:《民法总则实例问题分析》,清华大学出版社2004年版,第108页。

以事业在同一产销阶段之水平联合,足以影响生产、商品交易或服务供需之市场功能者为限"。与母法相比,实施细则的定义更为狭窄。然而,其所限缩的究竟是违法行为的行政可罚性,还是行为本身的违法性,对合同效力的判断有着至关重要的影响。应该承认的是,两种说法均具一定的说服力。但从"生意人的理性"出发,则不难看出,联合限制价格的各个早餐店,对于限制竞争的利益或竞争的不利益,一定会有"如人饮水,冷暖自知"的感受。其对市场功能的影响就不能仅从营业额或市场占有率来认定。考虑到一些具体的市场特性,例如,郊区的地理位置,使得早餐店的数量受到限制,其市场规模不易扩大;又如,住宿在学校附近的学生,不能像上班族那样,选择在住家或工作的地点用餐,完全可以参照德国法上的学说,认为"对直接以限制竞争为目的的联合行为,无须再做市场效果的检验"[①],进而认定,本案中各个早餐店对价格的约定,已经构成足以影响市场功能的联合行为,根据台湾地区"民法典"第 71 条,应属无效。

(3) 后续契约的效力会受到什么样的影响

学生与早餐店之间契约,当然不同于各个早餐店之间的约价行为。但是,各个早餐店联合调整价格的目的,就是要以调涨之后的价格和第三人订立契约。两类契约之间存在着原因和结果的关系,后一类契约通常被称为后续契约(Folgevertrage)。需要思考的是,台湾地区"民法典"第 71 条中的"行为"是否涵盖此类后续契约?

应该承认,如果让结果行为的效力受到原因行为之效力的影响,的确有助于禁止规定之目的的实现。然而,此类效力的扩张会大大增加交易中不可预测的风险,动摇交易的安定性,因此,后续契约的效力不应受到原因行为的影响。[②] 其实,即使在契约被直接禁止的情况下,如果所禁止的只是行为的一方或内容的一部分,那么权衡交易安全的考量,维持契约的效力常常依然是更为合理的解释。例如,在法律只是禁止电影院午夜营业的情况下,如果违反此规定进行放映,那么电影院应该承担行政责任,而电影院和消费

---

① 参见 Emmerich, Kartellrecht, 1994, S77, 转引自苏永钦:《契约违反禁止规定》,载杨与龄主编:《民法总则实例问题分析》,清华大学出版社 2004 年版,第 112 页。

② 此为德国实务界和学界的通说,参见 Bechtold, GWB-Komm., 2A, 1999, Rn. 53zu §1,转引自苏永钦:《契约违反禁止规定》,载杨与龄主编:《民法总则实例问题分析》,清华大学出版社 2004 年版,第 113 页。

者之间的电影观看契约并不应归于无效,否则社会要因许多类似的交易纠纷而付出很大的成本。相比之下,令后续契约无效的观点就更缺乏合理性。既然不应适用台湾地区"民法典"的第 71 条,本案中的学生就无权主张契约部分无效。当然,这并不意味该学生不能从法律获得任何的救济。例如,根据"公平交易法"第 1 条,消费者的利益属于该法应该保障的法益,如果学生认为自己是联合行为的受害人,那么他可以根据该法的第 31 条请求损害赔偿。

(4)给付和没收保证金的法律效果

在约价行为被认定无效的情况下,如何看待汉堡店因违约而被没收的保证金?首先可以确定的是,保证金的约定具有从属性,根据"从随主"的法理,在主行为无效的情况下,从行为也当然无效。然而,依约被没收的保证金得否请求返还,则是另一个问题。有可能成为请求权基础的是台湾地区"民法典"第 179 条对给付型的不当得利的规定。但是,由于保证金的约定违反了"公平交易法",缴纳保证金的行为属于"不法原因"之给付。依照约定,每个早餐店都有缴纳保证金的义务,因此,对于交纳方和受领方来说,不法原因都存在。根据台湾地区"民法典"第 180 条第 4 款的规定,汉堡店缴纳保证金的行为属于不受法律保障的给付,虽然没有法律上的原因,也无权请求不当得利的返还。

三、对相关案例的整理和解析

根据耿林博士的考察,德国法学界"能够对一百多部法律中的强制规范加以整理,并根据判例详细整理出来。这既是上百年来法律判例的积累,也是很多代学者不断研究积淀的结果"。德国、瑞士和奥地利等大陆法系国家的法院定期出版其所审理的典型案例,"在内容上比我国最高人民法院公报上的案例要丰富得多,分门别类,卷帙浩繁。一个小型图书馆,收藏最多的书籍恐怕就要数这些法院的判例集了。这些宝贵的资料,成为学术研究极其珍贵的参考和注释资料。司法也通过学理的研究而受益,相得益彰,形成了一种良性循环。这种经验值得我们借鉴"。① 每念及此,不由得生发出对

---

① 参见耿林:《强制规范与合同效力——以合同法第 52 条为中心》,中国民主法制出版社 2009 年版,第 287、362 页。

丰富的思想和制度资源的向往。在下文中,笔者将对我国司法实践中的几则相关案例进行整理和解析①,以求为法学知识资源的积累尽献绵薄之力。

(一)尤赛珍诉宁波开汇电子产业有限公司等民间借贷纠纷案②

1. 案情简介

2007年8月16日,尤赛珍(原告)与开汇公司(被告)和华宁公司(被告)签订了一份借款合同。内容包括:(1)开汇公司向原告借款200万元,月利率为百分之三。(2)借款期限为2007年8月16日—2007年10月15日,逾期违约金按本金每日千分之三计算。(3)华宁公司为借款提供担保。

原告已经交付了200万元本金,但开汇公司到期并没有归还。华宁公司也没有承担相应的担保责任。

2. 审判的情况

原告于2009年8月4日向宁波市江东区人民法院提起诉讼,请求的内容包括:(1)开汇公司偿还借款200万元,支付利息12万元,违约金956613元,共计3076613元。(2)华宁公司承担连带责任。

开汇公司没有进行答辩。华宁公司的答辩包括:(1)担保合同无效,作为债权人的原告对此有过错。(2)借款合同中的月利率和违约金都超过了法定利率的限度,依法不应支持。

法院的判决包括下列要点:

(1)借款合同有效,各方应按约履行。

(2)华宁公司认为,其担保因违反了《公司法》第16条的规定而无效。但是,根据《合同法解释(二)》第14条,违反效力性强制规范才是导致合同无效的事由之一,而《公司法》第16条是管理性强制规范,不是效力性强制规范。本案中的担保合同是当事人真实的意思表示,形式内容合法,不违反国家和社会公共利益,亦不损害任何非特定第三人的人身或财产利益,其效力应予确认。所以,华宁公司应承担担保责任,在承担担保责任后,有权向开汇公司追偿。

(3)原告要求同时支付利息和违约金,且两者相加高于中国人民银行

---

① 除非另作说明,本书所选用的我国司法实践中的案例,包括法官们的评析,均来自《北大法宝数据库》。

② 参见宁波市江东区人民法院(2009)甬东商初字第895号民事判决书。

发布的同期同类贷款基准利率的四倍,故本院依法调整为按中国人民银行发布的同期同类贷款基准利率的四倍计算利息。

3. 笔者的评析:再思《公司法》第 16 条的性质和功用

在本案中,法院认为,《公司法》第 16 条属于管理性强制规范,不是效力性强制规范。这不但为借款合同有效提供了依据,还间接地指出,违反《公司法》第 16 条不会导致合同无效。然而,这种论证能否成立,不无疑问。《公司法》第 16 条可细分为 3 款,其中第 1 款规定,"公司向其他企业投资或者为他人提供担保,依照公司章程的规定,由董事会或者股东会、股东大会决议;公司章程对投资或者担保总额及单项投资或者担保数额有限额规定的,不得超过规定的限额"。第 2 款规定,"公司为公司股东或者实际控制人提供担保的,必须经股东会或者股东大会决议"。第 3 款规定,"前款规定的股东或者受前款规定的实际控制人支配的股东,不得参加前款规定事项的表决。该项表决由出席会议的其他股东所持表决权的过半数通过"。参照已有的研究,可以对该条款的性质、功用以及法院的判决作出如下的分析:

第一,《公司法》第 16 条明确承认了公司具有担保能力,这意味着法律对公司相对人的利益已经给予了高度的保护。① 然而,正如叶林教授所指出的那样,"公司法本身承载着维护公司和股东利益的职能,如果过分强调对公司相对人利益的保护,难免导致法律功能和法律解释的错位"。因此,在解释《公司法》第 16 条中的"内部审议程序"(即董事会、股东会或股东大会决议)的时候,只有充分关注公司股东的利益,才能使均衡保护各方利益的目的得以实现。② 反观本案的判决,可以发现,法官在解释担保合同的效力的时候,并没有对公司和股东的利益给予必要的关注。这可视为本案法律论证中的一个欠缺。

第二,在未满足《公司法》第 16 条第 1 款和第 2 款中的程序性要件而签订担保合同的情况下,公司与相对人之间的关系可类推适用《合同法》关于无权代理的规定。在决议机关追认的情况下,担保合同有效,在决议机关拒

---

① 参见曹士兵:《中国担保制度与担保方法——根据物权法修订》,中国法制出版社 2008 年版,第 78 页,叶林:《公司法研究》,中国人民大学出版社 2008 年版,第 150 页。

② 参见叶林:《公司法研究》,中国人民大学出版社 2008 年版,第 150 页。

绝追认的情况下,担保合同无效。① 而本案的判决在分析担保合同效力的时候,既没有参照无权代理的规则,也没有将合同可能无效的情况考虑在内,这可谓是本案法律论证中的另一个疏漏。

第三,如果在签订担保合同的过程中,相关主体因违反了《公司法》第16条第3款中的回避表决规则而导致投票无效②,那么担保合同的效力也会受到相应的影响。

第四,如果担保的数额超过了章程对限额的规定,那么根据《公司法》第16条第1款中的强制性规定,超过的部分无疑应解释为无效,这与本案判决调整违约金和汇率的做法在原理上是相通的。

综上所述,笔者认为,本案判决将《公司法》第16条界定为管理性规范,这一主张难以成立。事实上,许多学者都认为,违反《公司法》第16条有可能导致合同无效。③ 至于本案的判决结果是否正确,则需要结合除了判决书记载之外的更为丰富的信息,才能作出进一步的回答。

(二) 杜冬梅与郑锋、沈璇房屋买卖合同纠纷上诉案④

1. 案情简介

被告(二审被上诉人)郑锋、沈璇于2007年7月26日与房地产开发公司雅居乐签订了商品房买卖合同,购买该公司开发的花园雅逸庭50幢202号房,房款为582062元。合同约定:(1) 被告于2007年7月29日前支付房款182062元,同时办理40万元的银行按揭手续。(2) 雅居乐应当在2007年12月31日前将房屋交付被告使用,并且在被告交齐房价款且办理收楼手续后730天内办妥房地产权证。

之后,被告委托中鸿地产代理公司将该房放盘。原告(二审上诉人)杜

---

① 参见崔建远、刘玲玲:《论公司对外担保的法律效力》,载《西南政法大学学报》2008年第4期。

② 对股东回避表决制度的简介,参见刘俊海:《现代公司法》,法律出版社2008年版,第412—413、490页。

③ 许多学者都认为,违反《公司法》第16条有可能导致合同无效,参见程啸:《保证合同研究》,法律出版社2006年版,第154—158页;曹士兵:《中国担保制度与担保方法——根据物权法修订》,中国法制出版社2008年版,第81页;叶林:《公司法研究》,中国人民大学出版社2008年版,第149—151页;崔建远、刘玲玲:《论公司对外担保的法律效力》,载《西南政法大学学报》2008年第4期。

④ 参见广东省广州市中级人民法院(2009)穗中法民五终字第1365号民事判决书。

冬梅通过中鸿公司的介绍相中了该房,于 2008 年 4 月 20 日与被告签订了房屋买卖合同,约定:(1)"卖方持有该物业之房产权属证明。卖方(被告)保证对该物业享有完整处分权"。(2)双方就楼价的支付方式达成一致协议,由买方(即杜冬梅)按转按揭付款的方式付款,并由买方向卖方先支付 5 万元作为定金。同日,原告向被告支付了 5 万元定金。

被告在向雅居乐买房时,与中国工商银行广州番禺支行签订个人住房组合抵押借款合同,约定由番禺支行向其发放总额为 40 万元的住房公积金个人住房贷款,期限为 16 年。雅居乐为保证人。2008 年 6 月 30 日,被告向番禺支行还清了全部个人住房按揭贷款。

2. 一审的情况

2008 年 3 月 2 日,原告以房屋未取得房产证、转按揭方式违法等理由,向广州市番禺区人民法院起诉,请求法院判令:

(1)本案房屋买卖合同无效;

(2)被告返还购房定金。

原审法院认为:

(1)《城市房地产管理法》第 38 条"未依法登记领取权属证书的房产不得转让"的规定①,是指买卖行为因尚未登记领取权属证书,而不能发生所有权转移的合同履行目的。依法登记领取权属证书只是物权变动的成立要件,而非买卖合同的生效要件。因此,不得据此确认本案争议的买卖关系无效。

(2)双方在房屋买卖时,原告已知该房屋尚未领取权属证书,所以推定双方对交易的风险和各自的权利义务是知晓和同意的,对双方有约束力。房屋买卖合同是双方的真实意思表示,且双方买卖房屋的合同目的是可以实现的,所以该合同有效。

据此,驳回了原告的诉讼请求。

3. 二审的情况

原告不服一审判决,向广州市中级人民法院提起上诉称:

(1)一审法院未查明转按揭的约定。被上诉人未依约办理转按揭,而是直接归还了银行贷款,使按揭贷款风险全部转嫁给了我方,根本原因是当时中国人民银行已经三令五申禁止转按揭贷款。依据《合同法》规定,基本

---

① 判决书中的原文是第 37 条,疑为笔误,故将其更正为第 38 条。

条款的变更应当由双方协商解决,一方不能擅自变更,被上诉人的行为使买卖合同已无根本继续履行的可能。

(2) 一审法院认定买卖合同有效是错误的。本案合同是无效的,理由如下:

第一,根据《物权法》第 2 条、第 39 条和第 17 条的规定,被上诉人并没有对本案讼争之房屋享有物权,其买卖该房屋的行为不属于物权变动的范畴。

第二,根据《物权法》第 9 条的规定,该房产尚未登记在被上诉人的名下,被上诉人对该房屋并未取得物权。

第三,根据《物权法》第 15 条,合同有效的前提是被上诉必须有相关的权属证书,依据《合同法》第 51 条规定,"无处分权的人处分他人财产,经权利人追认或者无处分权的人订立合同后取得处分权的,该合同有效",被上诉人对该房产无处分权,其出售行为无效。

第四,《城市房地产管理法》第 38 条规定,未取得权属证书的房屋不得转让。①

第五,最高人民法院《商品房买卖合同解释》第 2 条规定,"出卖人未取得商品房预售许可证明,与买受人订立的商品房预售合同,应当认定无效,但是在起诉前取得商品房预售许可证的,可以认定有效",本案被上诉人在起诉前未取得产权证,应当无效。补充依照 2009 年 2 月广州市中级人民法院公布的《商品房预售合同纠纷统一处理做法》第 8 条规定,双方的商品房转让应在房管局办理转让登记手续,如不办理登记手续,则该转让无效。

(3) 一审法院认定我方知晓该房屋未领取权属证书是错误的。我方如果知情,不会冒险与被上诉人签约。无效合同自始无约束力,不会因当事人知情即有效。

综上所述,请求支持其诉讼请求。

被上诉人辩称:

(1) 转按揭条款约定只涉及上诉人的付款方式问题,其重点是对上诉人的约束力,我方并无办理转按揭的申请义务。

(2) 上诉人的主要义务是付款,无论是按揭还是转按揭,向银行贷款的主体都是上诉人。我方提前还清贷款 40 万元,为上诉人简化手续。认为我

---

① 判决书中的原文是第 37 条,疑为笔误,故将其更正为第 38 条。

方对合同履行进行了变更,导致无法履行,要求认定合同无效,在逻辑上不能成立。

(3)关于一审法院认定《房屋买卖合同》有效是否正确的问题,我方认为一审认定合同有效的判决是正确的。理由如下:

第一,上诉人认为房屋买卖合同因违反了《城市房地产管理法》第38条第6项的规定而无效,属于错用法律,现说明如下:首先,《合同法》第52条第5项规定,只有违反法律、行政法规的强制性规定的合同才无效。其次,《城市房地产管理法》第38条第6项只是行政管理规范,而非效力性规范,退一步说,即使违反该条也不影响合同的效力。再次,《城市房地产管理法》第38条第6项规定属于对物权转移行为的规定,不调整房屋买卖合同效力的问题。

第二,现行《合同法》已确立了鼓励交易的原则,应尽量确认合同的效力。本案中的房屋买卖合同是在公平、等价、有偿、不存在欺诈前提下签订的。根据私法自治和法无明文禁止即许可的原则,合同有效。

第三,上诉人引用《物权法》规定认为合同无效,混淆了物权和债权行为。双方签订房屋买卖合同属于债权行为,而不存在处分行为,只要符合合同的成立要件,就应当认定合同有效。双方已约定,等我方领取到产权后,再过户给上诉方,而广州市中级人民法院的统一解释意见规定的是由开发商直接过户到上诉人的环节,因此,不适用本案的情节。

第四,最高人民法院《商品房买卖合同解释》第2条关于补正的规定,是专门针对开发商违反市场秩序,在未取得预售证下进行商品房出售合同的效力认定问题,不适用于本案。房屋买卖合同是双方的真实意思表示,不涉及他人的利益,应当认定为有效。

因此,请求法庭驳回上诉,维持原判。

二审法院在确认原审法院查明事实的基础上认为,我国合同法规定,依法成立的合同,自成立时生效,本案双方当事人签订的房屋买卖合同,可以确认出自双方当事人的真实意愿,但对合同内容的效力却有争议,主张无效的理据是未领取权属证书的房屋不能出售的相关规定。《合同法解释(二)》规定,《合同法》第52条第5项规定的"强制性规定",是指效力性强制性规定。也就是说,导致合同无效的违法内容必须是违反法律效力性强制性规定。上诉人所引用的法律规定或者规章,都不属于效力性强制性法律规定。本案合同约定买卖的房屋,虽然未取得权属证书,但该权属证书的审查正在进行,无论将来是否能够出具归属于上诉人或者被上诉人的权证,影响的是双方当事人的合同目的,并不是影响合同效力,因此,上诉人要求确认合同无效,缺乏法律依据,不予采纳。

综上所述,原审法院查明事实清楚,适用法律正确。驳回上诉,维持原判决。

4. 笔者的评析

在本案中,原告通过援引《城市房地产管理法》第 38 条和最高人民法院《商品房买卖合同解释》第 2 条等强制性规定来主张合同无效。被告和法院均认为,合同的效力不应受到上述规范的影响,二审法院更是明确指出,这些规定都不属于效力性的强制性规定。现将与规范的性质和适用相关的问题简析如下:

(1) 位阶的问题

被告认为,根据《合同法》第 52 条第 5 项,只有在强制性规定的位阶为法律和行政法规的情况下,违反该规定才会导致合同无效。笔者认为,这一主张的确符合文义解释的规则,然而,如果以《合同法解释(一)》第 4 条为参照,则可以发现,现行合同法虽然明确规定,不得以地方性法规和行政规章为依据来认定合同无效,却并没有否认司法解释作为法源的可适用性。以最高人民法院制定的《商品房买卖合同解释》为例,就来源而论,它是以包括《合同法》在内的法律为依据而制定的,在功能上是为了辅助法律的适用,在操作过程中又总是与相关的法律一起适用,因此,其关于合同效力的规定,并非绝对不能作为认定合同无效的依据。

(2) 再思《商品房买卖合同解释》第 2 条的性质和功用

《商品房买卖合同解释》第 2 条规定,出卖人还没有取得商品房预售许可证明,就与买受人订立商品房预售合同的,合同无效。在起诉前取得商品房预售许可证明的,可以认定为有效。被告认为,此规定不应适用于本案。二审法院认为,此规定不属于效力性强制性规定。在笔者看来,被告的抗辩理由可资赞同,而二审法院的见解,则以司法实践为依托,为我们反思现行规则体系的合理性提供了很好的实例。我们可以追问,如果出卖人在起诉后仍然没有取得预售许可证明,合同效力将如何认定?在肯定"此规定不属于效力性强制性规定"的前提下,我们会面临规则的冲突:即根据《合同法解释(二)》第 14 条,因其不属于效力性强制性规定,故不能认定合同无效,而根据对《商品房买卖合同解释》第2条的文义解释,又可明确认定此类合同无效。而且,此冲突又很难通过"特别法优于一般法"或"新法优于旧法"等规则来化解。在笔者看来,化解此类冲突,有两个可供尝试的选择:其一,承认在一定的条件下,应该将此类规则解释为效力性强制性规定;其二,承认在一定的条件下,违反管理性规定也会导致合同无效。至于哪个选择更为可取,则有待理论界和实务界的更多协力探索和归纳。

(3) 再思《城市房地产管理法》第38条的性质和功用

根据《城市房地产管理法》第38条,未依法登记领取权属证书的房产不得转让。如何理解此规定的性质,是本案中的一个争议问题。原告认为,违反此规定是导致合同无效的原因之一。被告的反驳包含两个要点:第一,此规定只是行政管理规范,而非效力性规范,即使被违反也不会影响合同的效力;第二,此规定属于对物权移转行为的规定,不调整房屋买卖合同效力的问题。一审法院认为,法律在此规定的不是买卖合同的生效要件,而是物权变动的成立要件以及合同履行的目的能否实现,因此,不得据此而认定买卖关系无效。二审法院则指出,此规定不属于效力性强制性规定,能否取得房屋的权属证书,影响的是合同的目的而非合同的效力。笔者认为,法院明确地将此规定排除在效力性强制性规定之外,还清楚地将合同的效力与合同的履行目的区分为不同的问题,其判决理由和判决结果均值赞同。而被告既然认为此规定不调整合同的效力,就无须将其界定为行政管理规范,理由如下:第一,何谓管理性规定,缺乏明确的判断标准;第二,许多不调整合同效力而调整物权变动的规范(例如《城市房地产管理法》第32条),并不属于行政管理规范;第三,已有的研究显示,在有些情况下,即使违反管理性规范也有可能影响合同的效力。[①]

(三) 解某诉上海某印刷有限公司公路货物运输合同纠纷案[②]

1. 合同的条款

原告(解某/乙方)和被告(上海某印刷有限公司/甲方)于2008年11月1日达成如下协议:

(1) 合同自2008年11月1日至2009年10月31日止。

---

① 参见本节前文的论述,尤其是崔建远教授的研究。
② 参见上海市闵行区人民法院(2009)闵民二商初字第1340号民事判决书。

(2) 乙方出租牌号为4×××2的车辆(拥有车辆产权、牌照、营运资格等)及配备驾驶员和送货员承包甲方货物运输,由乙方负责对车辆的全面保养和维护,使车辆始终保持在良好状态下运行。

(3) 乙方承包运输甲方的所有货物,甲方按月支付9,000元(含税)/月运输费给乙方(自配送货员)。

(4) 甲方每天为乙方备好需送的货物、联系方式、签收单等,尽可能为方便乙方运输提供条件。

(5) 在乙方完成甲方交与的运输任务前提下,甲方每月按时向乙方支付运输承包费。

(6) 甲方有权对乙方在运输过程中对客户的服务态度和交通违章事故进行监督。若客户投诉频繁或屡有交通安全隐患的,甲方有权要求乙方改正;若数次无效、严重影响甲方声誉或严重影响货物配送的,甲方可终止本合同。

(7) 乙方在保质按时地完成甲方交于的运输任务后,甲方无故逾月拖欠乙方运输费的,乙方有权终止本合同,并可要求甲方立即支付和赔偿损失;本合同因故或因本合同约定的条款提前解除的,有过错的一方应赔偿无过错一方的损失。

2. 法院的判决:与合同效力相关的问题

被告认为,原告没有货物运输的经营资质,因此,双方签订的合同无效。法院判决对此问题的回答包括以下要点:

(1) 合同系双方当事人真实的意思表示,依法成立。

(2) 合同名为"运输承包合作合同",即由原告承包被告的货物运输,由被告支付固定的运输费。

(3) 虽然原告不具备道路运输经营许可证,但其提供运输服务的行为并不违反法律、行政法规的强制性规定。虽然《道路运输条例》对货运经营者的经营资质作了相关的规定,但违反该规定所需要承担的是行政处罚责任,并不导致合同无效。使合同继续有效不会损害国家利益和社会公共利益。因此,该条例中对经营者资质的强制性规定属于管理性的规定,并非效力性的规定。违反该规定并不导致合同无效。

综上,认定该合同有效。

3. 笔者的评析

法院将《道路运输条例》中对货运经营者之经营资质的规定解释为管理

性规定,相关的理由可概括如下:第一,运输行为本身并不违法;第二,违反此规定须承担行政责任;第三,合同的内容不会损害国家利益和社会公共利益。笔者认为,从法理的角度来看,法院论证的说服力还有进一步提升的空间,例如,合同的标的是否为法律管制的对象,与"合同的效力是否会受到影响"没有必然的联系。又如,承担行政责任并不意味着不承担合同无效的民事责任。① 再如,如果因合同的内容危害社会公共利益而认定合同无效,那么法院需要援引的规范就应该是《合同法》第52条的第4项,而不是第5项,因此,就具体规则的适用而论,是否危害社会公共利益也难以作为管理性规定和效力性规定的区分标准。当然,上文的研究已经显示,此类问题具有相当的难度,更为合理的解决之道还有待学术界和实务界通过长期的努力来逐渐摸索。

四、几点总结

首先,从已有的研究中可以看出,在我国合同法学界,从20世纪90年代起,就已经有学者指出,违反强制性规定未必导致合同无效。此类问题至今已受到越来越多的关注。对于降低资源的浪费,增强人们对合同的信任,促进合同法鼓励交易功能的发挥,协调自治和管制的理念而言,相关的研究无疑具有重要的理论和实践价值。② 笔者在肯定上述问题意识的同时,还想略作补充的是,强制规范对合同的影响,并不限于成立和生效的阶段,还包括履行的阶段。③ 在普通法传统上,法官亦会对非法成立(illegally formed)

---

① 参见苏永钦:《契约违反禁止规定》,载杨与龄主编:《民法总则实例问题分析》,清华大学出版社2004年版,第107—109页;苏永钦:《合同法§52(5)的适用和误用:再从民法典的角度论转介条款》(2009年讲座)。

② 解亘博士对此有精炼而较为全面的总结,参见解亘:《论违反强制性规定契约之效力——来自日本法的启示》,载《中外法学》2003年第1期。

③ 如黄茂荣教授所言,"契约关系之发展可要分为三个阶段:成立阶段、生效阶段及履行阶段。该三阶段有是否同时发生的问题。为安排其对应之规范事宜,不但在债之规范的设计上有'成立要件'、'生效要件'及'债之履行'的规定,而且为循序准确规范各该阶段之重要事项,适应个别案件之实态,提供契约关系在形成上所需要之适当的规范环境,避免发生不适切干预私法自治的情事,以及说明上的方便,通常也将之分别规定"。参见黄茂荣:《债法总论》(第一册),中国政法大学出版社2003年版,第107—108页。

和非法履行(illegally performed)的问题进行区分。① 因此,我们在解析功能和考察实效的时候,同样应该将履行的问题包括在内。②

其次,考虑到我国合同法与我国台湾地区民法在具体条文表达层面的不同,对强制规定与禁止规定进行区分,并用强行规范来统合二者的做法并非必要。相比较而言,用强制性规范来统合二者的做法更为合理。

再次,已有研究对强制规范和禁止规范之区分实益的论证其实不能成立,我国合同法在立法层面也并不存在着相应的欠缺。实际上,区分二者只在描述功能的层面具有微弱的意义。

最后,就效力性规定和管理性规定的关系而论,已有研究既没有为二者提供清晰的区分标准,也没有对二者的法律效果作出全面而细致的整理。历史的经验提醒我们,如何妥善地处理二者的关系,并不能通过在立法技术层面改进合同法的规范配置来加以解决。实际上,就相关问题的解决而论,对规范进行类型化的方法所能发挥的功用甚为有限。在法律论证的过程中,只有对应当适用的具体规则和应当参照的各类因素给予充分的关注,才能对违反强制性规定的法律效果作出合理的判断。就笔者阅读范围所涉,在比较法上处理同类问题的著作中,以苏永钦教授的研究最为全面和深入。从权能规范与行为规范的区分,到建立案例法体系的展望;从对与管制相关的考量因素的归纳,到对实例问题的具体分析,均向我们展示出了真实的研究实益。

综上,笔者认为,以现行法上的规则为依托,以比较法上的研究为参照,将体系思考和案例思考相结合,乃是发现并解决真实问题的合理进路。

---

① See Michael J. Fisher and Desmond G. Greenwood, *Contract Law in Hong Kong*, Hong Kong University Press 2007, p.297.

② 就笔者阅读范围所涉,在诸多的学者当中,似乎只有耿林博士将类似的问题意识纳入了研究的范围。参见耿林:《强制规范与合同效力——以合同法第 52 条为中心》,中国民主法制出版社 2009 年版,第 289—290 页。将目光转向司法实践,又可以发现,有些法院已经在判决中明确区分了强制性规定对合同效力和合同履行的不同影响,参见本节上文背"杜冬梅与郑锋、沈璇房屋买卖合同纠纷上诉案"的分析。

第三章 合同法的基本原则

第一节 合同自由原则

一、概述

众所周知,被拿破仑称为"不会被任何东西摧毁的,会永远存在"的《法国民法典》确认了合同自由原则。① 《法国民法典》第1134条规定:"依法成立的合同,在订立合同的当事人之间有相当于法律的效力。"这一表述至今仍可被视为对合同自由原则的经典性诠释。② 作为《德国民法典》的指导性原则,私法自治的理念之中自然蕴涵着契约自由的思想。③ 有趣的是,在德国法律史上,"合同自由"这一术语也出现在了1919年的《德国魏玛宪法》之中。该法第152条第1款规定:"在经济关系方面,依法实行合同自由原则。"④我国《合同法》第8条第1款规定,"依法成立的合同,对当事人具有法律约束力"。其与《法国民法典》第1134条的表述有着相似之处,可以解

---

① 参见《法国民法典》,马育民译,北京大学出版社1982年版,中译本代序,第1—2页;苏永钦:《民法典的时代意义》,载氏著:《民事立法与公私法的接轨》,北京大学出版社2005年版,第50页。

② 参见谢怀栻:《外国民商法精要》,法律出版社2002年版,第181页;Konrad. Zweigert, Hein Kötz, *Introduction to Comparative Law*, Third Revised Edition, translated from Greman by Tony Weir, Oxford 1998, p.324。

③ See Basil S Markesinis, Hannes Unberath Angus Johnston, *The German Law of Contract*, Second Edition, Hart Publishing 2006, p.45.

④ 参见谢怀栻:《外国民商法精要》,法律出版社2002年版,第181页。

读为我国民法承认合同自由原则的法律依据。①

二、合同自由的内容

参照已有的研究,可以将合同自由的内容概括为以下六个方面②:

(一) 缔约自由

缔约自由意味着,是否订立合同由当事人自己来决定。笔者认为,《合同法》第3条和第4条均蕴含着缔约自由的理念,即,当事人缔结合同的自由意志受法律的保护,法律赋予了当事人排除外力干扰的权利。③

(二) 选择相对人自由

选择相对人自由是指与谁订立合同由当事人自己来决定,当事人有自由选择交易伙伴的权利。从经济学的角度来看,这一自由的市场含义就是自由竞争。④

(三) 方式自由

方式自由包括两个内容⑤:

第一,法定的方式自由,即,除非法律另有规定,合同以非要式为原则。

第二,约定的方式自由,即,在不违背强制性规定的情况下,当事人可以自由约定合同的形式。

(四) 内容自由

所谓内容自由,是指当事人有约定彼此的权利义务关系的自由。内容自由有两个重要的内涵⑥:

第一,类型自由,即当事人既可以订立有名合同,又可以订立无名合同。

第二,当事人可以通过约定来排除任意性规范的适用。

(五) 变更自由

在合同关系存续的过程中,当事人可以就合同的标的和给付的方式等

---

① 韩世远教授也认为,我国合同法实际上承认了合同自由原则,其依据为《合同法》第4条,参见韩世远:《合同法总论》(第二版),法律出版社2008年版,第31页。
② 参见陈自强:《契约之成立与生效》,法律出版社2002年版,第120—122页。
③ 参见姚新华:《契约自由论》,载《比较法研究》1997年第1期。
④ 同上书,第23—24页。
⑤ 参见陈自强:《契约之成立与生效》,法律出版社2002年版,第120—121页。
⑥ 同上书,第121页。

事项,以合同的方式进行调整。可见,变更自由也是合同自由的应有之义。①《德国民法典》第 311 条规定,"通过法律行为成立债务关系以及改变债务关系的内容,以当事人之间的合同为必要条件,但法律另有规定的除外"②,即明确承认了变更自由。③ 我国《合同法》第 77 条第 1 款规定,"当事人协商一致,可以变更合同",也可解读为对变更自由的确认。④

(六) 解除自由

在传统民法上,当事人得以合意解除或合意终止的方式来结束合同关系⑤,两者的区别在于,合意解除产生恢复原状的义务,而合意终止则仅使合同关系面向将来而消灭。⑥ 在我国合同法上,前述两种情况可以被统称为合意解除。《合同法》第 93 条第 1 款明确承认了解除自由,即,"当事人协商一致,可以解除合同"。⑦

三、合同自由的正当性依据

合同自由原则的正当性依据,可以从经济学和哲学这两个层面加以简要的说明。⑧

(一) 经济学的层面

在制定《德国民法典》的那个时代,与私法自治原则相配套的经济思想是一种自由主义的经济观。这种思想相信,只要经济力量的作用能够不受

---

① 参见陈自强:《契约之成立与生效》,法律出版社 2002 年版,第 121 页。
② 参见齐晓琨:《德国新、旧债法比较研究》,法律出版社 2006 年版,第 386 页。
③ 参见陈自强:《契约之成立与生效》,法律出版社 2002 年版,第 121—122 页。
④ See Mo Zhang, Freedom of Contract with Chines Legal Characteristics: a Closer Look at China's New Contract Law, 14 Temp. Int'l & Comp. L. J. 237, p.245.
⑤ 参见陈自强:《契约之成立与生效》,法律出版社 2002 年版,第 122 页。
⑥ 参见陈自强:《契约之内容与消灭》,法律出版社 2004 年版,第 356—358 页。
⑦ See Mo Zhang, Freedom of Contract with Chines Legal Characteristics: a Closer Look at China's New Contract Law, 14 Temp. Int'l & Comp. L. J. 237, pp.245—246.
⑧ 苏永钦教授对私法自治的论述对笔者的视角有所启发,他指出,"私法自治始终还是支撑现代民法的基础,它的经济意义可以上溯亚当·斯密的国富论,伦理内涵则又源于康德理性哲学中的自由意志",参见苏永钦:《私法自治中的国家强制——从功能法的角度看民事规范的类型与立法释法方向》,载氏著:《走入新世纪的私法自治》,中国政法大学出版社 2002 年版,第 3 页。

国家干预的阻碍而自由地扩展,那么普遍的繁荣兴盛就会自然成就。① 直至今日,这种思想所蕴含的合理成分仍未过时。经济发展的历史经验显示,"自主决定是调节经济过程的一种高效手段。特别是在一种竞争性经济制度中,自主决定能够将劳动和资本配置到能产生最大效益的地方去。其他的调节手段,如国家的调控措施,往往要复杂得多、缓慢得多、昂贵得多,因此总体上产生的效益也要低得多"。② 用我们更为熟悉的话来说,就是在很多情况下,基于市场的自发性调节,比依靠行政性指令计划来作为调节经济的手段,能够更好地实现资源配置。既然市场经济意味着对权利的相互承认和交换③,而许多交换又是通过一系列的合同来进行和完成的,那么法律对合同自由的保护,也就意味着对有效率的资源配置方式的保护。

(二) 哲学的层面

在哲学上,合同自由的正当性依据主要体现为道德哲学中对个体生命的独立人格和自由意志的尊重,即,在人类社会的范围内,个体生命本身就应该是目的,而不应成为他者实现他者之目的的工具。正如康德所指出的那样:"你的行为举止应该是这样:无论是在你自己,还是在任何其他一个人,你都应将人类看作是目的,而永远不要看作是手段。"④在我们当下的语境中,上述原理大致可以转化为下面的问题,即:在不违背强制性规定的前提下,在与合同相关的社会生活中,谁更了解自己的真实需要?谁更有可能作出有利于自己的选择?是当事人自己,是其他人,还是政府?本于尊重个体生命的伦理学立场,对此问题的回答自然是"当事人自己"。因此,对于当事人通过合同关系而自由作出的选择,无论是他人还是政府都应该加以承认和尊重,而不应该随意地干预或破坏。

---

① 参见〔德〕茨威格特、〔德〕克茨:《比较法总论》,潘汉典、米健、高鸿钧、贺卫方译,法律出版社 2003 年版,第 218 页;Basil S Markesinis, Hannes Unberath Angus Johnston, *The German Law of Contract*, Second Edition, Hart Publishing 2006, pp.44—46.

② 参见〔德〕梅迪库斯:《德国民法总论》,邵建东译,法律出版社 2001 年版,第 143 页。

③ 参见王泽鉴:《"台湾现行民法"与市场经济》,载氏著:《民法学说与判例研究》(第七册),中国政法大学出版社 1998 年版,第 18 页。

④ 语出〔德〕康德:《道德形而上学》,转引自〔德〕拉伦茨:《德国民法通论》(上册),王晓晔、邵建东、程建英、徐国建、谢怀栻译,法律出版社 2003 年版,第 46 页。

四、合同自由的限制

已有的研究显示,合同自由并非不受任何的限制。然而,限制的内容和方式却会因时因地而异。① 在我国《合同法》中,合同自由所承受的限制主要体现在以下几个方面:

(一)对缔约自由和选择相对人自由的限制

对于从事供电、供水、供气、运输和医疗等行业的主体来说,如果他们能够以缔约自由或选择相对人自由为理由而拒绝向某些人提供商品或服务,那么被拒绝的人就很难作出其他的选择,许多最基本的生活需要就无法得到满足和保障。② 有鉴于此,法律上设置了强制缔约的规则,使从事某些行业的主体负有应相对人的请求而订立合同的义务。例如,《合同法》第289条规定,"从事公共运输的承运人不得拒绝旅客、托运人通常、合理的运输要求"。③

(二)对方式自由的限制

合同法对要式行为的规定,可以理解为对方式自由的限制。④

(三)对内容自由的限制

根据《合同法》第52条和第54条的规定,损害国家利益、损害社会公共利益和违反强制性规定的合同属于无效合同,显失公平的合同属于可撤销或变更的合同。在笔者看来,这些规定都和内容自由所受到的限制相关,对于合意变更与合意解除的情形亦可适用。

(四)对格式条款的规制

在比较法上,格式条款有着不同的称谓,例如,德国法称之为一般交易

---

① 参见〔日〕我妻荣:《债权各论》(上卷),徐慧译,中国法制出版社2008年版,第29—30页;王泽鉴:《债法原理》(第一册),中国政法大学出版社2001年版,第74页;韩世远:《合同法总论》(第二版),法律出版社2008年版,第30—31页。

② 参见姚新华:《契约自由论》,载《比较法研究》1997年第1期。

③ 崔建远教授对我国合同法上的强制缔约规则有较为详细的整理,参见崔建远主编:《合同法》(第五版),法律出版社2010年版,第55—61页。

④ 值得一提的是,在比较法上,也有学者对此有不同的解读,例如,德国学者Esser就认为,关于法律行为应依法定方式的要求并不是对方式自由的限制,而只是针对私法自治时的两个典型的弱点(不清楚和太匆忙),所设立的必要条件,参见黄茂荣:《债法总论》(第一册),中国政法大学出版社2003年版,第121页。

条款,日本法称其为普通条款,在我国台湾地区则被称为定型化契约条款。[①]根据《合同法》第39条的规定,格式条款是指内容由一方当事人预先拟订,在缔约时不容相对人协商的条款。格式条款的制度价值主要体现在两个方面:第一,因其可以重复使用,故能节省缔约的成本。第二,就一个与格式条款相关的案例来说,无论是判决理由还是判决结果,都可能为类似案件的解决提供值得借鉴的先例性资源。[②] 然而,由于格式条款的内容是由一方当事人制定的,相对人没有磋商的余地,有时难免会承受不利的法律后果。因此,法律所关注的重点问题在于,如何对格式条款之相对人的利益给予公正的保护。《合同法》对此确立了下列规则:

第一,根据《合同法》第39条的规定,在订立合同的时候,提供格式条款的一方应当以合理的方式,例如采用足以引起对方注意的文字、符号或字体等特别标识[③],来提请对方注意免除或限制其责任的条款,并且应当按照对方的要求,对该条款的含义予以说明。

第二,根据《合同法》第40条的规定,格式条款的制定人免除或减轻自己的责任、加重对方的责任,或排除对方主要权利的,该条款无效。在解释"减轻"、"加重"或"主要权利"等概念的时候,应当以对当事人的权利和义务关系作出公平分配的立法示范作为参照。[④]

第三,根据《合同法》第41条的规定,在格式条款有两个以上解释的情况下,应当作出不利于提供格式条款一方的解释。其原理在于,提供格式条款的一方本有机会在制定的过程中消除该条款的歧义,既然其没有消除,就理应承担因该歧义而产生的风险。[⑤]

第四,在使用格式条款的交易中,拟定人有时会允许相对人就合同中的

---

① 参见王泽鉴:《债法原理》(第一册),中国政法大学出版社2001年版,第86页。
② 参见〔英〕阿蒂亚:《合同法概论》,程正康、周忠海、刘振民译,法律出版社1982年版,第15—16页。
③ 参见《合同法解释(二)》第6条。
④ 参见本书第一章第二节对有名合同之功能的论述。
⑤ 此见解得益于与方流芳教授的交流。在比较法上,"有疑义时,应作不利条款制定人之解释",是合同解释的一项重要原则,参见王泽鉴:《债法原理》(第一册),中国政法大学出版社2001年版,第213页。例如,《国际商事合同通则》第4.6条就规定,"如果一方当事人所提出的合同条款含义不清,则应作出对该方当事人不利的解释"。参见《国际商事合同通则》,对外贸易经济合作部条约法律司编译,法律出版社1996年版。

某些条款进行磋商,而不使用格式条款,这些经过磋商而订入合同的条款就属于非格式条款。① 根据《合同法》第41条的规定,格式条款和非格式条款不一致的,应当以非格式条款为准。其原理在于,"非格式条款融合了相对人的自由意思,更符合公平原则"。②

(五) 小结

从以上的论述中我们不难看出,合同自由所承受的限制并不是对合同自由原理的简单否定,而是在某些情况下对弱者之自由权的一种强化和保护,也是对公正和安全等法律体系中的重要价值所给予的必要的肯定。

第二节 诚实信用原则

一、美国合同法上的诚实信用原则

本节的第一部分旨在考察美国合同法上的诚实信用(Good Faith)原则③,探寻其对我国合同法的借鉴价值。如此选材的缘由有二:其一,在美国法学界,合同法中的诚信原则是一个广受关注,深具实益的话题,国内民法学界对此虽有些许引介④,但精确和细致的程度尚待提高。其二,国内民法

---

① 参见张俊浩主编:《民法学原理》(修订第三版)(下册),中国政法大学出版社2000年版,第731页。

② 同上。

③ 在当前中国民法学的语境中,Good Faith在涉及合同的履行等问题的时候,应译为"诚信",在涉及买受人取得财产权等问题的时候,应译为"善意",本书的研究范围以上述第一种译法所涉的"诚信"为限。相似的进路参见萨默斯(Robert S. Summers):《一般合同法与统一商法典买卖交易中的"诚信原则"》("Good Faith" in General Contract Law and the Sales Provisions of the Uniform Commercial Code, 54 Va. L. Rev. 195, p.195);斯贝戴尔(Richard E. Speidel):《合同履行与执行中的诚信义务》(The Duty of Good Faith in Contract Performance and Enforcement, 46 J. Legal Educ. 537, p.538)。

④ 参见郑强:《合同法诚实信用原则比较研究》,载《比较法研究》2000年第1期;程宗璋:《论英美法上的诚实信用原则及其启示意义》,载《太原理工大学学报(社会科学版)》2003年第1期;徐国栋:《英语世界中的诚信原则》,载《环球法律评论》2004年秋季号。

学界对诚信原则的研究,大多侧重于大陆法传统之内的比较①,而加强对美国法的研究,可以开阔我们的视野,使我们获得更为丰富的思想资源。

(一)诚信原则的概貌

1. 诚信原则的来源和演进

法律史的研究显示,早在1766年,曼斯菲尔德勋爵(Lord Mansfield)就已经将诚信称为在各类合同和交易领域内普遍适用的原则。但是,这一理念层面的原则并没有在英国的法律制度内生根,其对美国法律制度的影响也非常有限。② 从普通法的演进历程来看,自19世纪后半期开始在美国某些州的判例中出现的诚信原则更宜被称为美国法律的"本土资源"。③

在20世纪中期美国《统一商法典》制定过程中,负责起草工作的卢埃林(Karl Llewellyn)对诚信原则在《统一商法典》中的确立贡献甚巨。就思想来源而论,卢埃林,这位美国现实主义法学的杰出代表,主要是受到了德国法,尤其是《德国民法典》第242条所规定的诚实信用(Treu und Glauben)条款的启发。在《统一商法典》公布之后,诚信原则的适用开始突破各州法律体系的界限,其影响力逐渐达至全国范围。④ 需要指出的是,《统一商法典》对诚信的规定并不是对普通法内容的创新,而是将已经存在于判例中的普通法规则以法典化的形式加以确立。法院在处理诚信问题的时候,通常并不

---

① 参见梁慧星:《诚实信用原则与漏洞补充》,载《民商法论丛》(第2卷),法律出版社1994年版;梁慧星:《民法总论》(第三版),法律出版社2007年版,第258—265页;马俊驹、余延满:《民法原论》(第三版),法律出版社2007年版,第39—42页;韩世远:《合同法总论》(第二版),法律出版社2008年版,第33—35页;崔建远:《合同法总论》(上卷),中国人民大学出版社2009年版,第25—28页。

② 参见范斯沃思:《国际商事合同通则、相关国际条约与国家法中的诚信和公平交易义务》(Duties of Good Faith and Fair Dealing Under the UNIDROIT Principles, Relevant International Conventions, and National Laws, 3 *Tul. J. Int'l & Comp. L.* 47, p.51)。

③ 参见范斯沃思:《合同履行中的诚实信用》,孙美兰译,载梁慧星主编:《民商法论丛》(第31卷),法律出版社2004年版,第271—272页;杜布若夫(Harold Dubroff):《合同解释和空白填补中的诚信默示协议》(The Implied Covenant of Good Faith in Contract Interpretation and Gap-Filing, 80 *St. John's L. Rev.* 559, p.562)。

④ 参见范斯沃思:《国际商事合同通则、相关国际条约与国家法中的诚信和公平交易义务》(Duties of Good Faith and Fair Dealing Under the UNIDROIT Principles, Relevant International Conventions, and National Laws, 3 *Tul. J. Int'l & Comp. L.* 47, p.52);杜布若夫:《合同解释和空白填补中的诚信默示协议》(The Implied Covenant of Good Faith in Contract Interpretation and Gap-Filing, 80 *St. John's L. Rev.* 559, p.559)。

对《统一商法典》中的成文规则和普通法中的判例加以特别的区分,只有在普通法规则被取代的情况下才优先适用《统一商法典》中的规则。① 时至今日,绝大多数州的法院都已将诚信原则视为普通法的一部分。②

2. 诚信原则的强制性

从《统一商法典》第 1-102 条第 3 款的规定来看,诚信原则属于强制性的法律规范,当事人不能通过约定来排除其适用。然而,当事人可以约定履行诚信义务的具体标准,只要此种标准并非明显不合理。③

3. 适用诚信原则的合同类型

根据《统一商法典》第 1-203 条,该法调整范围内的每一个合同都应依诚信来履行或执行。尽管《统一商法典》所规制的合同类型是有限的,但对于其调整范围外的合同,法官仍得以《合同法第二次重述》第 205 条或普通法判例为依据,令当事人在履行与执行合同时负有诚信义务。总体而言,在由《统一商法典》《合同法第二次重述》和判例等各类法源所组成的美国合同法体系中,诚信原则的适用并没有因为合同类型的差异而受到实质性的限制。④

4. 适用诚信原则的限制

已有的研究显示,在以下两种情况下,诚信原则的适用会受到的限制:第一,根据《统一商法典》与《合同法第二次重述》中的规定,诚信义务并不适用于合同成立之前的磋商阶段。当然,当事人可以为了诚信磋商而特意

---

① 参见伯顿:《统一商法典第 1—2 编中的诚信》(Good Faith in Articles 1 and 2 of the U. C. C., 35 *Wm. & Mary L. Rev.*, pp. 1533—1534); U. C. C. §1-103.

② 参见伯顿:《违约与普通法义务中的诚信履行》(Breach of Contract and Common Law Duty to Perform in Good Faith, 94 *Harv. L. Rev.* 369, p. 404);戴蒙德、福斯:《关于是否违反诚实信用和公平交易的认定标准》(Proposed Standards for Evaluating When the Covenant of Good Faith and Fair Dealing has been Violated, 47 *Hastings L. J.* 585, p. 585);杜布若夫:《合同解释和空白填补中的诚信默示协议》(The Implied Covenant of Good Faith in Contract Interpretation and Gap-Filing, 80 *St. John's L. Rev.* 559, p. 571)。

③ 参见[美]范斯沃思:《美国合同法》,葛云松、丁春艳译,中国政法大学出版社 2004 年版,第 504—505 页。

④ 参见[美]萨默斯:《美国合同法中诚实信用的界定:概述》,载[美]莱因哈德·齐默曼、[美]西蒙·惠特克主编:《欧洲合同法中的诚信原则》,丁广宇、杨才然、叶桂峰译,法律出版社 2005 年版,第 98 页;弗赖特纳:《比较欧洲合同法原则与统一商法典中的诚信条款》(Comparing the Good Faith Provisions of the PECL and the UCC, 13 *Pace Int'l L. Rev.* 295, pp. 297—300)。

订立合同。① 第二，在合同条款清楚而完备的情况下，法官不会适用诚信原则去改写合同或者使合同归于无效，而是会通过援引显失公平（unconscionability）、胁迫（duress）或禁反言（promissory estoppel）等原则来给予当事人适当的救济。②

5. 诚信的含义——一个承上启下的话题

饶有趣味的是，尽管诚信原则在美国合同法上已经历了多年的成长，但是，对于诚信的含义究竟是什么，学者之间并未形成一致的见解。其中，范斯沃思（E. Allan Farnsworth）、萨默斯（Robert S. Summers）和伯顿（Steven J. Burton）这三位学者的理论具有较强的影响力。对他们的论述进行梳理和比较，可以加深我们对诚信原则的理解。

（二）范斯沃思对诚信含义的论述

已故的范斯沃思教授在美国合同法学界享有很高的声誉③，他对诚信含义的论述可概括为"默示条款"（implied term）理论。④ 现将其内容择要整理如下：

1. 诚信义务的性质、功能和认定标准

根据《统一商法典》第1-203条，每一个受其约束的合同"都包含了履行合同和执行合同时的诚实信用义务"。⑤ 在范斯沃思看来，《统一商法典》中的许多条款都是上述基本原则的具体应用。例如，依第2-305条第2款和第

---

① 参见斯贝戴尔：《合同履行与执行中的诚信义务》（The Duty of Good Faith in Contract Performance and Enforcement, 46 *J. Legal Educ.* 537, pp.537—540）；〔美〕萨默斯著：《美国合同法中诚实信用的界定：概述》，载〔美〕莱因哈德·齐默曼、〔美〕西蒙·惠特克主编：《欧洲合同法中的诚信原则》，丁广宇、杨才然、叶桂峰译，法律出版社2005年版，第109页。

② 参见斯贝戴尔：《合同履行与执行中的诚信义务》（The Duty of Good Faith in Contract Performance and Enforcement, 46 *J. Legal Educ.* 537, p.541）。根据弗赖特纳的研究，这一限制是《统一商法典》与《欧洲合同法原则》在诚信问题上的一个显著差别，参见弗赖特纳：《比较欧洲合同法原则与统一商法典中的诚信条款》（Comparing the Good Faith Provisions of the PECL and the UCC, 13 *Pace Int'l L. Rev.* 295, pp.321—325）。

③ 范斯沃思是《合同法第二次重述》的报告人，参见〔美〕范斯沃思：《美国合同法》，葛云松、丁春艳译，中国政法大学出版社2004年版，序言。

④ 参见范斯沃思：《国际商事合同通则、相关国际条约与国家法中的诚信和公平交易义务》（Duties of Good Faith and Fair Dealing Under the UNIDROIT Principles, Relevant International Conventions, and National Laws, 3 *Tul. J. Int'l & Comp. L.* 47, p.59）。

⑤ 参见〔美〕范斯沃思：《美国合同法》，葛云松、丁春艳译，中国政法大学出版社2004年版，第504页。

2-311 条第 1 款,在买卖合同成立后,如果价格或履行的条款留给了买方或卖方来确定,那么当事人应依诚信而为之。又如,根据第 2-306 条第 1 款,如果将买卖的数量规定为卖方的出产量或卖方的需求量,那么与出产量或需求量相关的义务也应依诚信来界定。就性质而论,诚信义务属于合同中的默示条款,它要求一方当事人在履行中给予合作,以确保另一方当事人基于合同而产生的合理期待不致被剥夺。① 其功能仅限于填补合同空白或者为处理遗漏情况的默示条款提供根据。② 从常理和传统来看,在认定诚信义务时,应当采取独立于个人主观状态的客观标准。该标准与商业上的合理性有着紧密的联系,它立基于社会成员所认同的合宜(decency)与公平(fairness)。③

2. 《统一商法典》中的立法定义

在《统一商法典》中有两处关于诚信的定义:根据第 1-201 条第 19 款,"诚信意指在有关的行为或交易中的事实上的诚实";根据第 2-103 条第 1 款 b 项,"商人的诚信指的是事实上的诚实和对公平交易的合理商务准则的遵循"。④ 显然,第二编买卖中涉及商人的诚信兼具主观与客观的标准,而第一编总则中的诚信则仅包括主观标准。⑤ 考察《统一商法典》的立法经过,可以发现,在 1950 年的草案中并没有专门适用于商人的诚信定义,第一

---

① 参见范斯沃思:《统一商法典中的诚信履行与商业合理性》(Good Faith Performance and Commercial Reasonableness under the Uniform Commercial Code, *30 U. Chi. L. Rev.* 666, pp.666—669)。

② 参见〔美〕范斯沃思:《合同履行中的诚实信用》,孙美兰译,载梁慧星主编:《民商法论丛》(第 31 卷),法律出版社 2004 年版,第 282 页。

③ 参见范斯沃思:《统一商法典中的诚信履行与商业合理性》(Good Faith Performance and Commercial Reasonableness under the Uniform Commercial Code, *30 U. Chi. L. Rev.* 666, pp. 671—672)。

④ 笔者所采用的是郭锐先生的译文,参见〔美〕弗里德:《契约即允诺》,郭锐译,北京大学出版社 2006 年版,第 89 页。

⑤ 徐国栋教授将与合同履行相关的诚信简称为"客观诚信",参见徐国栋:《英语世界中的诚信原则》,载《环球法律评论》2004 年秋季号。在笔者看来,这一称谓是否合宜,有待商榷:一方面,从立法表述上看,《统一商法典》第 2—103 条第 1 款 b 项的定义显然包括主观与客观的标准;另一方面,认定合同履行中的诚信义务究竟应采取客观还是主观标准,在学者之间是一个具有争议的问题,参见〔美〕范斯沃思:《合同履行中的诚实信用》,孙美兰译,载梁慧星主编:《民商法论丛》(第 31 卷),法律出版社 2004 年版,第 282—284 页;伯顿:《统一商法典第 1—2 编中的诚信》(Good Faith in Articles 1 and 2 of the U. C. C. , 35 *Wm. & Mary L. Rev.* 1533, pp.1560—1563)。有鉴于此,笔者认为,不宜将合同履行中的诚信简称为"客观诚信"。

编总则中所规定的诚信不仅意味着"事实上的诚实",还包括对"所从事的交易或贸易中的合理商业准则"的遵守。在美国律师协会的影响下,1952年最终官方版本的《统一商法典》在第一编的诚信定义中去掉了与"合理商业准则"相关的内容,而第二编涉及商人的诚信定义中则增设了相似的表述。在范斯沃思看来,上述修订是《统一商法典》法律结构中的一处硬伤:在合同履行中,诚信义务与遵守合理的商业准则之间的关联被限缩到了相当狭窄的领域。作为贯穿《统一商法典》各个章节的一项基本原则,诚信义务的界定无法以商业中的合理准则作为参照,其功能被大大地削弱了。就诚信的定义而论,1950 的草案显然是更为理想的立法体例。①

然而,一个不应被忽略的细节是,在上述观点发表了三十多年之后,范斯沃思的论调似乎发生了微妙的改变。他在 1995 年发表的一篇著作中表示,"如果能够重新开始,我将彻底放弃履行环境下的'诚实信用'术语,而仅在买卖环境下使用它。对于我而言,'公平'这一术语已经表达了履行环境下需要表达的所有内容。然而,现在重新开始也太迟了"。②

3. 司法判决中的具体含义

通过解析司法判决,范斯沃思指出,诚信义务不仅包括消极的不作为,例如,不任意终止特许协议③,还包括积极的作为。例如,在拉森诉拉森案(Larson v. Larson),丈夫答应其前妻,以其部分收入来供养她生活的需要。然而,"在他 55 岁左右、身体健康时,却自行决定从一份成功的职业上退休,并且没有对其前妻的生活保障提供其他的安排",法院认定他违反了诚信义务。④ 又如,在一个出版合同的案例中,作者和出版商约定,在出版商对作品满意的情况下,他有义务出版并支付版税。若出版商对作品不满意,则有义务告知不满意的具体原因,以便作者能够有机会消除这些因素,将作品改进到满意的程度。如果出版商故意对作者要求告知的请求不予回复,那么该

---

① 参见范斯沃思:《统一商法典中的诚信履行与商业合理性》(Good Faith Performance and Commercial Reasonableness under the Uniform Commercial Code, 30 U. Chi. L. Rev. 666, pp. 673—674)。

② 参见〔美〕范斯沃思:《合同履行中的诚实信用》,孙美兰译,载梁慧星主编:《民商法论丛》(第 31 卷),法律出版社 2004 年版,第 284 页。

③ 同上书,第 278 页。

④ 参见〔美〕范斯沃思:《美国合同法》,葛云松、丁春艳译,中国政法大学出版社 2004 年版,第 507 页。

行为即违反了诚信履约的义务。①

(三) 萨默斯对诚信含义的论述

萨默斯教授任教于康乃尔大学。在 1968 年发表于《弗吉尼亚法律评论》(*Virginia Law Review*)的一篇论文中,萨默斯对判例和《统一商法典》中的诚信原则作了全面的研究②,该论文的研究水准为学界同行所称道。③ 此后,萨默斯又相继发表了一些与诚信相关的著作。④ 他对诚信含义的论述可概括为"排除器"(excluder)理论,兹将其要旨引介如下:

1. 诚信在判决中的含义

萨默斯在考察判决时发现,法官对"诚信"一词的使用具有很大的模糊性。有时,法官只是指出合同当事人的行为要符合诚信,却未对诚信的含义作任何解释,这显然是将诚信作为自明概念来使用。有时,法官对诚信作出了非常宽泛的界定,例如,称其为行事"诚实",或"忠实于自己的义务或责任",然而,这些定义并没有传达出任何具体的信息。对此,人们有理由追问,诚信本身的含义是什么?⑤ 萨默斯对此问题的回答是,诚信这个词本身没有一般性的含义(general meaning or meanings),它只是一个"排除器",其功能在于排除一系列性质各异的恶意(Bad Faith)行为。⑥ 他的论证包括以

---

① 参见范斯沃思:《美国法上的诚信概念》(The Concept of Good Faith in American Law), in 10 SAGGI, COFERENZE E. SEMINARI;〔美〕范斯沃思:《合同履行中的诚实信用》,孙美兰译,载梁慧星主编:《民商法论丛》(第 31 卷),法律出版社 2004 年版,第 278 页。

② 参见萨默斯:《一般合同法与统一商法典买卖交易中的"诚信原则"》("Good Faith" in General Contract Law and the Sales Provisions of the Uniform Commercial Code, 54 *Va. L. Rev.* 195, p. 195)。

③ 吉列特曾经称这篇论文为诚信原则领域最为全面的研究,参见吉列特:《论诚信义务的限制》(Limitation on the Obligation of Good Faith, 1981 *Duke L. J.* 619, p. 619)。即使在与萨默斯的论战中,伯顿也对这篇文章的出色之处作出了中肯的评价,参见伯顿:《再思合同的诚信履行》(More on Good Faith Performance of a Contract, 69 *Iowa L. Rev.* 497, p. 498)。

④ 参见萨默斯:《一般诚信义务的承认和概念化》(The General Duty of Good Faith—Its Recognition and Conceptualization, 67 *Cornell L. Rev.* 810, p. 810);〔美〕萨默斯:《美国合同法中诚实信用的界定:概述》,载〔美〕莱因哈德·齐默曼、〔美〕西蒙·惠特克主编:《欧洲合同法中的诚信原则》,丁广宇、杨才然、叶桂峰译,法律出版社 2005 年版。

⑤ 参见萨默斯:《一般合同法与统一商法典买卖交易中的"诚信原则"》("Good Faith" in General Contract Law and the Sales Provisions of the Uniform Commercial Code, 54 *Va. L. Rev.* 195, pp. 199—200)。

⑥ 同上文,第 201 页。

下要点:第一,对判决进行分析的结果显示,法官有时以"不存在恶意"作为诚信的认定标准。在通常的情况下,诚信的具体含义需要借助法官在特定语境下所排除的内容来确定。第二,从亚里士多德到奥斯丁(J. L. Austin)等哲学家的研究一致认为,有些词语的功能不在于传递一般性的含义,而是将某些具体的事情排除在外。从法官在众多判决中对诚信的使用和阐述可以看出,"诚信"与"自愿"(voluntary)和"真实"(real)等属于同一类型的词语,只具有排除的功能。第三,一般性的诚信定义所面临的困境是,要么由于含义过宽而失之空洞,要么由于含义过窄而不能统摄某些具体的行为。①

如何确定诚信在特定语境中的具体含义呢?萨默斯所采用的方法是,首先找出法官所要禁止的特定的恶意行为,然后再对其作反向的解释。他所列举的恶意行为包括:卖方隐瞒了标的物的瑕疵;建筑方的不完全履行是因故意造成的,尽管他已经基本履行了合同;缔约方公然滥用谈判的优势,强行抬高合同的价款;在雇用了经纪人之后,又故意阻止他促成交易;在减轻对方损失的行为中故意懈怠;以任意而不合理的方式来终止合同;牵强附会地解释合同;反复地要求对方作出履约担保,以至构成搅扰。与此相对照,诚信的含义分别为:充分披露重要事实;已经完成了基本履行,且对履行不符合约定的个别情况并不知情;不滥用谈判优势;合作的行为;勤勉的行为;有正当理由的行为;公允地解释合同;接受已经充分的履约担保。②

2. 对《统一商法典》立法体例的评价

在"如何评价《统一商法典》中的诚信定义"这一问题上,萨默斯与范斯沃思的观点大致相同。③ 萨默斯认为,《统一商法典》中诚信定义的缺陷在于失之过窄,这使得法官难以对某些与"不诚实"(dishonesty)无关的恶意行

---

① 参见萨默斯:《一般合同法与统一商法典买卖交易中的"诚信原则"》,第201—202、206页。

② 参见萨默斯(Robert S. Summers):《一般合同法与统一商法典买卖交易中的"诚信原则"》("Good Faith" in General Contract Law and the Sales Provisions of the Uniform Commercial Code, 54 *Va. L. Rev.* 195, pp. 202—203);中译文参见〔美〕萨默斯:《美国合同法中诚实信用的界定:概述》,载〔美〕莱因哈德·齐默曼、〔美〕西蒙·惠特克主编:《欧洲合同法中的诚信原则》,丁广宇、杨才然、叶桂峰译,法律出版社2005年版,第104页。笔者译文中的某些语句系以上述译文为参照。

③ 参见萨默斯:《一般诚信义务的承认和概念化》(The General Duty of Good Faith—Its Recognition and Conceptualization, 67 *Cornell L. Rev.* 810, pp. 824—825)。

为进行排除。归根结底,这与《统一商法典》的起草人没有将"诚信"视为"排除器"有关。以"排除器"理论为基础,萨默斯对《统一商法典》提出了一些改进建议。例如,去掉《统一商法典》中对诚信的定义①,就如立法者在第二章中没有对"显失公平"(unconscionability)下定义,在第九章中没有对"占有"(possession)下定义一样。又如,修改《统一商法典》的第 1-203 条,使其具有排除各类恶意行为的功能,并通过例子来具体说明法律所禁止的恶意行为。再如,解释诚信义务的工作应当由司法机关而非立法机关来完成。②

(四)伯顿对诚信含义的论述

执教于爱荷华大学的伯顿教授对诚信原则有着深入的研究。③ 他对诚信含义的阐释包括下列内容:

1. 对现存问题的反思

根据伯顿的归纳,在以《统一商法典》为核心的合同法体系中,诚信的含义和功能会随语境的差异而有所不同,例如,第一,就合同的成立而论,诚信与欺诈(Fraud)有关,恶意背信在有些情况下可以被界定为欺诈的同义语。第二,就合同的变更而论,尽管变更合同的协议无须对价即具约束力,但合同的变更必须符合诚信的准则,以逃避合同原有义务为目的而借口进行的"变更",因违反诚信而无效。第三,就合同的执行而论,受害方有"义务"尽力使损失最小化,否则无权就扩大的损失请求救济。第四,就合同履行而论,诚信原则是解释和适用合同条款的基础。伯顿认为,《统一商法典》在立法技术上没有对上述不同含义的诚信进行合理的区分和归类。在他看来,前三类诚信是当事人行使权利的条件,恶意行为所造成的法律后果是,当事

---

① 萨默斯对"诚信"和"善意"进行了区分,并认为在与善意买受相关的领域,对善意(good faith)的定义应当予以保留。

② 参见萨默斯:《一般合同法与统一商法典买卖交易中的"诚信原则"》("Good Faith" in General Contract Law and the Sales Provisions of the Uniform Commercial Code, 54 Va. L. Rev. 195, pp. 210—215)。

③ 斯贝戴尔教授是《统一商法典》第 2 编修订起草委员会的报告人,参见伯顿:《再思合同的诚信履行》(More on Good Faith Performance of a Contract, 69 Iowa L. Rev., p.497)。斯贝戴尔称伯顿是研究诚信问题的最为杰出的学者之一,参见斯贝戴尔(Richard E. Speidel):《合同履行与执行中的诚信义务》(The Duty of Good Faith in Contract Performance and Enforcement, 46 J. Legal Educ. 537, p.540)。

人无法有效地主张《统一商法典》所赋予的权利。而第四类诚信是当事人的义务,恶意履行合同将导致违约责任。①

在诚信履约的问题上,伯顿指出,传统的法学进路在功能层面将诚信履约原则等同于"合同必须信守"(pacta sunt servanda, the obligation to keep agreements)原则。然而,这一进路并不足取,因为它既无助于阐明诚信的含义,又不具备解决纠纷的实益。② 虽然依诚信履约已经成为美国合同法体系中的一个原则,但当时的判例、成文规则和学说并未能提供一个具有可操作性的标准(operational standard),使人们可以对诚信履行和恶意履行进行区分。这就为法官以自己的直觉来进行裁判提供了许可证,该原则在适用中可预见性和一贯性也因此而受到了影响。③

2."重获机会"理论

在伯顿建立的分析框架中,"重获机会"(recapture forgone opportunity)是一个核心概念。从某种意义上说,伯顿提出"重获机会"理论的动因,就是要解决上述现存的问题,其要旨在于从成本分析的角度对期待利益与诚信履约之间的关系作出了新的诠释。众所周知,合同法的一个重要功能就在于保护当事人基于合同而产生的合理期待。根据传统学说,期待利益是受允诺人(promisee)期待通过合同履行而获得的财产或服务等利益,伯顿将这一理解称为收益的视角(benefit perspective)。伯顿则主张,期待利益还包括受允诺人期待允诺人(promisor)为履行合同而付出的成本,并将自己的理解称为成本的视角(cost perspective)。④ 连接期待利益与诚信履行的一个关键点是当事人依合同而享有的自由裁量权(discretion)。在合同的数量、价格

---

① 参见伯顿:《统一商法典第 2 编中的诚信履约》(Good Faith Performance of a Contract Within Article 2 of the Uniform Commercial Code, 67 *Iowa L. J. Rev.* 1, pp. 20—25)。

② 同上书,第 4—5 页;伯顿:《再思合同的诚信履行》(More on Good Faith Performance of a Contract, 69 *Iowa L. Rev.* 497, p. 511)。顺便指出的是,徐国栋教授认为,"伯顿理解的诚信,归根结底,用俗话说就是'说话要算数',用典雅之语说是'契约必须信守'。"令人遗憾的是,徐教授的上述表达并没有引证伯顿的一手资料。参见徐国栋:《英语世界中的诚信原则》,载《环球法律评论》2004 年秋季号。从笔者所引证的文献中不难看出,伯顿的观点刚好与此相反。

③ 参见伯顿:《违约与普通法义务中的诚信履行》(Breach of Contract and Common Law Duty to Perform in Good Faith, 94 *Harv. L. Rev.* 369, pp. 369—371)。

④ 这些成本包括因订立某一合同而放弃的替代性机会(alternative opportunities forgone upon entering a particular contract),参见伯顿:《违约与普通法义务中的诚信履行》(Breach of Contract and Common Law Duty to Perform in Good Faith, 94 *Harv. L. Rev.* 369, pp. 369—372)。

或时间等条款处于待填补的空白状态,需要靠自由裁量权决定的情况下,一方如何行使自由裁量权直接影响着另一方的期待利益能够在多大程度上实现。如果行使自由裁量权的一方拒绝付出对方期待他付出的履约成本,而重新获得了在缔约之际已经放弃的机会,那么他将会因为自己的恶意行为而承担违约责任;相反,如果自由裁量权的行使没有超出双方在订立合同时的合理预期(within the reasonable contemplation of the parties at the time of formation),那么当事人的行为就属于诚信履约。① 以上述理论框架为参照,区分是否诚信履约的关键因素有两个:第一,在订立合同之际,对于享有自由裁量权的一方来说,对方期待他付出的履约成本(放弃的机会)是什么?第二,就合同的履行而论,当事人行使自由裁量权的目的,是不是为了要重新获得在订立合同的时候已经放弃的机会?②

伯顿指出,在分析某些问题的时候,成本视角有着收益视角所不及的优势。例如,生产土豆片的厂家 A 和农场 B 签约,以固定的价格购买固定数量的土豆,条件是 A 对 B 交付土豆的质量满意,认为其适合做土豆片。A 的自由裁量权是合同中的满意条款所赋予的,当 B 交付土豆的时候,A 有权根据自己的判断来决定拒绝还是接受。然而,A 的权利并非不受限制。在 B 的合理期待中,即使土豆的市场价格低于合同的定价,A 也不会因此而拒绝接受 B 的交付而从现货市场寻求替代,因为这是 B 在订立合同的时候已经放弃的机会,也是合同条款将土豆价格固定下来的目的。假设 B 交付土豆的时候,土豆市场的价格下跌,A 以不满意为托词而拒绝接受,而从低价市场中购入土豆。如果从获益的视角出发,人们通常会考虑的问题是,A 是否得到了满意的土豆,B 是否得到了价款,市场价格下跌的事实看似不能作为相关的证据。然而,如果从成本的视角出发,我们就有理由追问,A 拒绝接受土豆的真正原因是什么?是对土豆的质量不满意呢,还是想寻求更低成

---

① 参见伯顿:《违约与普通法义务中的诚信履行》(Breach of Contract and Common Law Duty to Perform in Good Faith, 94 *Harv. L. Rev.* 369, pp. 369, 373)。

② 参见伯顿:《违约与普通法义务中的诚信履行》(Breach of Contract and Common Law Duty to Perform in Good Faith, 94 *Harv. L. Rev.* 369, pp. 373, 390—391);《再思合同的诚信履行》(More on Good Faith Performance of a Contract, 69 *Iowa L. Rev.* 497, pp. 506—507);《统一商法典第 2 编中的诚信履约》(Good Faith Performance of a Contract Within Article 2 of the Uniform Commercial Code, 67 *Iowa. L. J. Rev.* 1, pp. 6, 27—28)。

本的替代呢？这样,市场价格下降的事实自然应作为相关的证据。① 总之,伯顿认为,"重获机会"理论为诚信履约提供了具备可操作性的认定标准,可以让我们更好地解读相关判例中的法律推理,有助于律师和法官的实践工作。②

（五）对学者论述的评析

1. 学者论述的影响力

虽然上述三位学者对诚信含义的理解不完全一致,但是其共识亦是显而易见的,例如,他们都承认有些为诚信原则所禁止的恶意行为与当事人诚实与否无关,都指出了《统一商法典》在立法体例上所存在的问题,并且都提出了相应的修改建议。其对法律制度的影响力至少体现在以下几个方面：

首先,在司法判决中,我们可以发现,法官们多次引用了各位学者的观点。③ 例如,伍德(Wood)法官就曾经以伯顿的"重获机会"理论为参照,以自由裁量权的行使作为切入点来,对诚信和违约的原理作出过阐释。④ 又如,现任联邦最高法院的大法官斯卡利亚(Scalia)在任职于第二巡回法院期间,曾经撰写过一则与诚信履约相关的判决,在论证的过程中,他同时引用了萨默斯和范斯沃思的理论作为判决的理由。⑤ 再如,在 *Foley v. Interactive Data Corp* 一案的判决中,萨默斯和伯顿的理论亦被同时引用。⑥ 可见,在法官们看来,对于某些问题的解决而言,各位学者的理论在功能上是相互兼容的。

其次,相对于《合同法第一次重述》而言,《合同法第二次重述》的一个重要变化就是在第 205 条中增设了诚实信用和公平交易的义务（Duty of

---

① 参见伯顿：《再思合同的诚信履行》（More on Good Faith Performance of a Contract, 69 *Iowa L. Rev.* 497, pp. 505—506）。

② 同上文,第 512 页。

③ 参见范斯沃思：《国际商事合同通则、相关国际条约与国家法中的诚信和公平交易义务》（Duties of Good Faith and Fair Dealing Under the UNIDROIT Principles, Relevant International Conventions, and National Laws, 3 *Tul. J. Int'l & Comp. L.* 47, p. 60）。

④ *Greer Properties Inc. v. LaSalle National Bank*, 874 F. 2d 457.

⑤ *Tymeshare v. Covell*, 727 F. 2d 1145.

⑥ 参见范斯沃思：《美国法上的诚信概念》（The Concept of Good Faith in American Law）, in 10 SAGGI, COFERENZE E SEMINARI。

Good Faith and Fair Dealing)条款。①《合同法第二次重述》的报告人布劳哲（Braucher）教授公开表示，在起草过程中，萨默斯教授的研究对法律表达的形成作出了极大的贡献。② 在《合同法第二次重述》的第205条及其评论中，我们不难发现萨默斯学说的影响，例如，从"排除器"的角度来理解诚信原则的功能，不对诚信作一般性的界定，而是通过若干示例（Illustrations）来说明恶意行为的具体含义。③

最后，需要提及的是《统一商法典》的修订情况。2001年的修订版本对诚信的定义作出了调整，第二编中的定义被删除，第一编第201条第20款将诚信定义为"事实上的诚实，并且遵循与公平交易相关的合理商务准则"（honesty in fact and the observance of reasonable commercial standards of fail dealing）。④ 这种拓宽定义的范围，使其涵盖主观与客观标准的做法是向1950年草案模式的回归，也与范斯沃思在早期所倡导的思路相一致。然而，截至2006年年初，只有16个州采用了《统一商法典》修订版的第一编。在这16个州中，有近乎一半的州没有采纳第一编所修订的诚信定义。可见，绝大多数州所采用的还是2001年之前的诚信定义。⑤

2. 对范斯沃思论述的评析

范斯沃思是最早对诚信原则进行研究的美国学者之一⑥，他对诚信问题的关注长达数十年。然而，就"默示条款"理论本身而言，笔者认为，它的原

---

① 参见范斯沃思：《国际商事合同通则、相关国际条约与国家法中的诚信和公平交易义务》（Duties of Good Faith and Fair Dealing Under the UNIDROIT Principles, Relevant International Conventions, and National Laws, 3 *Tul. J. Int'l & Comp. L.* 47, p. 52）；萨默斯：《一般诚信义务的承认和概念化》（The General Duty of Good Faith—Its Recognition and Conceptualization, 67 *Cornell L. Rev.* 810, p. 810）。

② 参见萨默斯：《一般诚信义务的承认和概念化》（The General Duty of Good Faith—Its Recognition and Conceptualization, 67 *Cornell L. Rev.* 810, pp. 814—815）。

③ 参见〔美〕萨默斯：《美国合同法中诚实信用的界定：概述》，载〔美〕莱因哈德·齐默曼、〔美〕西蒙·惠特克主编：《欧洲合同法中的诚信原则》，丁广宇、杨才然、叶桂峰译，法律出版社2005年版，第110—114页。

④ 参见富勒、艾森伯格：《基础合同法》（*Basic Contract Law*, Eighth Edition, Concise Edition, West 2006, p. 593）。

⑤ 同上。

⑥ 参见萨默斯：《一般合同法与统一商法典买卖交易中的"诚信原则"》（"Good Faith" in General Contract Law and the Sales Provisions of the Uniform Commercial Code, 54 *Va. L. Rev.* 195, p. 196）。

创性和论证的充分程度并不高。一方面,"默示条款"这一表述并不是范斯沃思的原创,在 19 世纪末期的普通法判例中,诚信原则就已经被视为默示协议(implied covenant)。① 范斯沃思既没有充分论证"默示条款"理论如何能对当事人的期待利益给予合理的保护,也没有强调该理论的独特功能。有学者甚至认为,就功能而论,该理论完全可以被以实现当事人的意图为目的的其他理论所取代。② 另一方面,范斯沃思"没有给出一个明确的关于诚信的一般概念"。③ 他强调了诚信与合理商务准则之间的联系,然而,与之相关的问题是,当事人如何证明合理商务准则的存在?在合理商务准则缺失的情况下,如何认定诚信?④ 范斯沃思对此似乎都没有给出明确的回答。除了解析具体的司法判例之外,他并没有在一般性原理的层面为"如何区分合同履行中的诚信与恶意行为"提供具有可操作性的认定标准。⑤ 笔者已经在前文中指出,范斯沃思对诚信问题的看法在晚年发生了微妙的改变。他认为,某些语境中的"诚信"完全可以为"公平"所取代。然而,该取代在合同法体系中将如何成为可能?从功能的角度看,这一取代具有哪些优势?范斯沃思似乎也没有作出充分而有说服力的论证。上述分析或许可以部分地说明,为何有些学者在列举解析诚信问题的常见进路时,没有将范斯沃思的"默示条款"理论列在其中。⑥

3. 对萨默斯论述的评析

如前所述,萨默斯对不同法源中的诚信问题作了相当全面的整理。"排除器"理论的提出不仅颇具新意,而且以丰富的实证材料作为论证的依据。

---

① 参见杜布若夫:《合同解释和空白填补中的诚信默示协议》(The Implied Covenant of Good Faith in Contract Interpretation and Gap-Filing, 80 *St. John's L. Rev.* 559, p.559)。

② 同上文,第 589 页。

③ 参见〔美〕萨默斯:《美国合同法中诚实信用的界定:概述》,载〔美〕莱因哈德·齐默曼、〔美〕西蒙·惠特克主编:《欧洲合同法中的诚信原则》,丁广宇、杨才然、叶桂峰译,法律出版社 2005 年版,第 108 页。

④ 参见伯顿:《统一商法典第 2 编中的诚信履约》(Good Faith Performance of a Contract Within Article 2 of the Uniform Commercial Code, 67 *Iowa L. J. Rev.*1, pp.17—87)。

⑤ 参见伯顿:《违约与普通法义务中的诚信履行》(Breach of Contract and Common Law Duty to Perform in Good Faith, 94 *Harv. L. Rev.* 369, p.369)。

⑥ 参见戴蒙德、福斯:《关于是否违反诚实信用和公平交易的认定标准》(Proposed Standards for Evaluating When the Covenant of Good Faith and Fair Dealing has been Violated, 47 *Hastings L. J.* 585, pp.589—600)。

尤其值得称道的是,萨默斯以哲学家奥斯丁对词语的分析作为自己论证的理论基础,诚可谓用意深远,视角别致。在 1968 年之后,凡研究诚信原则的著作,无论是出于什么样的研究目的,几乎都要引用萨默斯的作品。然而,现有的研究显示,"排除器"理论仍然面临着如下挑战:第一,"排除器"理论是在那些认定恶意行为存在的判决的基础上归纳出来的,但是,在美国合同法体系中也有许多认定当事人诚信履约的判决,法官在援引这些先例来解释诚信义务的时候,显然不需要采用"排除器"式的进路。① "如何界定'排除器'理论的涵盖范围"自然成了一个需要但尚未作出回答的问题,由此可见该理论在规范功能层面的局限。第二,萨默斯采用"排除器"式的进路,对与成立、变更、履行和执行相关的诚信问题进行了归纳。然而,他的研究并没有揭示出诚信在上述不同语境中的含义和功能上的差异。② 从描述功能的角度来看,该理论的类型化完成度还有待提升。第三,帕特森(Dennis M. Patterson)教授从哲学专业的角度指出,萨默斯曲解了奥斯丁的观点。根据奥斯丁的理论,作为"排除器"的词语具有寄生性(parasitic),它的意义只有在与实质性(substantive)概念的关系中才能彰显出来。例如,在"Real Duck"这一表达中,"Real"一词的含义得到了体现。若要论证"诚信"与"Real"同属于"排除器",必须为"诚信"找到一个具有实质内容的概念作为对应物,而这恰恰是 Summers 论证中的缺陷,"诚信"与"各类恶意行为"之间的关系显然不能与"Real"和"Duck"之间的关系相类比。帕特森进一步指出,"排除器"理论无法为法官的类比推理提供充分的资源。③ 如果帕特森的论证是成立的,那么"排除器"理论中论述哲学基础的那部分内容无疑需要被修正甚至重构。遗憾的是,笔者至今未发现萨默斯对帕特森的上述批评作出过任何回应。

4. 对伯顿论述的评析

在笔者看来,与"默示条款"理论或"排除器"理论相比,伯顿所提出的"重获机会"理论具有较强的优势。一方面,伯顿对作为"条件"的诚信和作

---

① 参见伯顿:《再思合同的诚信履行》(More on Good Faith Performance of a Contract, 69 Iowa L. Rev. 497, p.508)。

② 同上文,第 511 页。

③ 参见帕特森(Dennis M. Patterson):《维特根斯坦与法典》(Wittgenstein and the Code, University of Pennsylvania Law Review, Vol.137, No.2, pp.335, 343—352)。

为"义务"的诚信进行了合理的区分,推进了诚信问题的类型化研究。另一方面,在伯顿之前,尚未见其他学者从成本的视角对期待利益与诚信原则之间关系进行过系统的论述。而伯顿建立的分析模式不但具有理论上的原创性,还提供了区分诚信履约和恶意违约提供的认定标准,在司法实践中具有一定的可操作性。尤为可贵的是,伯顿对其理论的局限性亦作出了清楚的表述。就研究范围而论,伯顿并没有对保险和信托关系中的诚信含义给予太多的关注。① 就功能而论,"重获机会"理论并不能为人们提供认定诚信履约的充分必要条件。诚信原则的适用不能单靠演绎式的法律推理,在遵循先例的过程中,必须借助于类比式的法律推理。② 由于语义学和认识论方面的局限,适用诚信原则所带来的不确定性在有些情况下是无法避免的。③

(六) 结语:对借鉴价值的归纳

行文至此,我们可以对美国合同法上诚信原则对我国合同法的借鉴价值作如下的归纳:

第一,就法源而论,美国合同法上的诚信原则是由普通法判例、《统一商法典》和《合同法第二次重述》等多种类型的法源构成的。而在我国现行民法制度中,仅有《民法通则》和《合同法》等法律以成文规则的形式对诚信原则作出了规定④,适用诚信原则的判决不被视为直接的法源。学者们通常将这类差异解读为普通法系与大陆法系传统之间的标志性区别,而不会对其正当性进行追问。⑤ 然而,在面对"诚信"——这一不确定的法律概念时,我们却需要投入更多的反思。对美国法进行考察的结果已经提示我们,尽管存在着《统一商法典》和《合同法第二次重述》这样的成文规则,诚信原则的

---

① 参见伯顿:《违约与普通法义务中的诚信履行》(Breach of Contract and Common Law Duty to Perform in Good Faith, 94 Harv. L. Rev. 369, pp. 394—395)。

② 参见伯顿:《再思合同的诚信履行》(More on Good Faith Performance of a Contract, 69 Iowa L. Rev. 497, p. 508)。

③ 参见伯顿:《违约与普通法义务中的诚信履行》(Breach of Contract and Common Law Duty to Perform in Good Faith, 94 Harv. L. Rev. 369, p. 389)。

④ 参见《民法通则》第4条,《合同法》第6、42、60、92、125条等。

⑤ 其实,学者们的通常做法并非没有值得深思的余地。苏永钦先生早已指出,即使在大陆法系传统内部,如何理解"判决的法源性",也是一个具有很高的研究价值的问题。参苏永钦:《试论判决的法源性》,载氏著:《民法经济法论文集》,著者自版1988年版,第1—60页。

适用和演进依然离不开法官以类比推理的方法来进行遵循先例的操作。我们若要推进诚信原则,理当在法源的层面作出相应的贡献。有鉴于此,最高人民法院完全可以从现有的适用诚信原则的判决中精选出佳作,在《最高人民法院公报》上公布,为司法实践和学术研究提供有益的参照。①

第二,从法律与学说的互动关系来看,美国合同法体系中的模式确有其值得称道之处。一方面,学者的论述对《合同法第二次重述》和司法判决的影响是显而易见的,法官在解释诚信原则的时候可以对范斯沃思、萨默斯和伯顿等学者的作品信手拈来。另一方面,优秀学者在论述诚信原则时总是会对各类法源有着充分而合宜的关注,从不会撇开本国的法源去另谈理论。该模式带给我们的有益启发是,在制度层面,我国法院系统可以考虑逐步地、有条件地承认学者意见对法官判案的影响,并且在判决的说理部分予以公开。② 在研究进路上,我们应当加强法学原理、成文规则和案例这三方面的结合型研究。③

第三,比较不同学者的论述,可以发现,伯顿所提出的"重获机会"模式不但具有较强的理论优势,还具有整合案例和指导实践的功能。当相似的案件事实在中国出现的情况下,我们可以使用由"期待利益"、"成本的视角"、"自由裁量权"和"重新获得已经放弃的机会"等要素所组成的分析模式,以之作为解决诚信履约问题的有益的参照。

在现实的处境中,上述借鉴方案的实现程度无疑会受到各类复杂因素的限制。唯愿上述思考能够在问题意识或论证方法上,略微加深我们对诚信原则的理解。

---

① 如冯象先生所言,"在中国法官和实务工作者眼里,公报案例有不同寻常的权威性……多年来公报案例已渐次获得了准司法解释(quasi-judicial interpretation)的地位,并且一些它'举例说明'的规则也习惯性地被人民法院系统的实践所遵守"。参见冯象:《木腿正义》,中山大学出版社1999年版,第82—83页。

② 在法律实践中,法院(包括最高院在内)在遇到疑难案件时向学者征求意见的做法并不罕见,只是在现行体制中,上述行为无法在判决中予以公开。

③ 已有的研究,可参见骆意:《论诚实信用原则在我国民事司法裁判中的适用——基于对〈最高人民法院公报〉中53个案例的实证分析》,载《法律适用》2009年第11期;张立鹏:《试论诚实信用原则在司法裁判中的适用》,中国政法大学2009年硕士学位论文。

二、我国合同法上的诚实信用原则

早在 1980 年代,我国民法就已经在立法的层面确立了诚实信用原则。根据《民法通则》第 4 条,民事活动应当遵循诚实信用原则。1999 年生效的《合同法》对诚信原则作出了更为详细的规定,其内容可概括如下:

(一) 概括的规定

《合同法》第 6 条规定,"当事人行使权利、履行义务应当遵循诚实信用原则"。值得注意的是,与《合同法》中明确提及诚信原则的其他规定相比,《合同法》第 6 条的独特之处在于,它不仅将诚信界定为一种义务,还对其赋予了限制和内容控制的功能,即,以诚实信用作为权利的内在界限,作为控制权利行使的准则。① 违反诚实信用原则会构成权利滥用。②

(二) 诚信原则与合同的订立

根据《合同法》第 42 条,当事人负有依诚信原则来订立合同的义务,学说上称之为"合同成立前的义务"或"先合同义务"。③ 违反此类义务,应该承担损害赔偿的缔约责任。在现行的规则体系中,违反先合同义务的行为主要有以下几种类型:

第一,假借缔约之名而恶意进行磋商。④ 例如,甲知道乙欲转让餐馆。甲没有购买餐馆的意图,却与乙进行了长时间的谈判,其目的是为了阻止甲将餐馆卖给自己的竞争对手丙。当丙买了另一家餐馆的时候,甲中断了谈判。后来,乙以比丙出价更低的价格将餐馆卖给了丁。甲应该向乙赔偿两种价格的差价。⑤

第二,故意隐瞒真实情况或提供虚假情况。⑥ 根据《民通意见》第 68 条、《合同法》第 52 条和第 54 条的规定,在不损害国家利益的前提下,因上

---

① 参见王泽鉴:《民法总则》(增订版),中国政法大学出版社 2001 年版,第 556 页。
② 同上;姚辉:《诚实信用:民法的"帝王条款"》,载《前线》2002 年第 7 期;隋彭生:《合同法要义》(第二版),中国政法大学出版社 2007 年版,第 19 页。
③ 参见谢怀栻:《民法总则讲要》,北京大学出版社 2007 年版,第 196 页;韩世远:《合同法总论》(第二版),法律出版社 2008 年版,第 34 页。
④ 参见《合同法》第 42 条第 1 款第 1 项。
⑤ 参见《国际商事合同通则》,对外贸易经济合作部条约法律司编译,法律出版社 1996 年版,第 39 页。
⑥ 参见《合同法》第 42 条第 1 款第 2 项。

述欺诈行为订立的合同属于可撤销的合同。值得一提的是,在撤销权消灭的情况下,受损害的缔约方仍然能够以《合同法》第42条的第2项作为请求权基础,让对方承担损害赔偿责任。①

第三,其他违背诚实信用原则的行为。② 现将判决和司法解释对此类行为的阐释列举如下:

(1)浙江省舟山市中级人民法院在"中国工商银行舟山市解放路支行与舟山市普陀商业物资有限公司、舟山金三角股份有限公司借款担保合同纠纷案"的判决中指出,原告与原五金公司在签订保证合同时,五金公司主体实际上已不存在,该保证合同无效。被告金三角公司是保证合同的实际缔约人,其在缔约时明知原五金公司主体实际上已不存在,却仍以五金公司的名义向原告提供保证,其行为违背了诚实信用原则。根据《合同法》第42条的第1款第3项,其应该承担保证合同无效后对原告造成的信赖利益损失的主要过错责任。③

(2)根据《担保法解释》第56条和《物权法》第187条的规定,在抵押权自登记时设立的情况下,如果抵押人在抵押合同签订后,无正当理由拒绝办理抵押登记,那么其行为即违背了诚信原则。对于债权人因此而受到的损害,抵押人应承担赔偿责任。

(3)《合同法解释(二)》第8条规定,"依照法律、行政法规的规定经批准或者登记才能生效的合同成立后,有义务办理申请批准或者申请登记等手续的一方当事人未按照法律规定或者合同约定办理申请批准或者未申请登记的,属于合同法第四十二条第(三)项规定的'其他违背诚实信用原则的行为',人民法院可以根据案件的具体情况和相对人的请求,判决相对人自己办理有关手续;对方当事人对由此产生的费用和给相对人造成的实际损失,应当承担损害赔偿责任"。

(三)诚信原则与合同的履行

根据《合同法》第60条第2款,"当事人应当遵循诚实信用原则,根据合同的性质、目的和交易习惯履行通知、协助、保密等义务",这种义务在学理

---

① 相似的观点参见韩世远:《合同法总论》(第二版),法律出版社2008年版,第112—113页。
② 参见《合同法》第42条第3项。
③ 资料来源于国家信息中心制作的《国家法规数据库》。

上称为附随义务。① 在司法实践中，已有法官对附随义务的含义和具体内容作出了阐释，兹举两例如下：

（1）在"杨艳辉诉南方航空公司、民惠公司客运合同纠纷案"中，徐汇区法院认为：合同义务包括给付义务和附随义务。给付义务是债务人应当履行的基本义务，附随义务是为保证债权人利益的实现而需债务人履行的其他义务。《合同法》第60条第2款是合同法对附随义务作出的规定。

  在客运合同中，明白无误地向旅客通知运输事项，就是承运人应尽的附随义务。只有承运人正确履行了这一附随义务，旅客才能于约定的时间到约定的地点集合，等待乘坐约定的航空工具。上海有虹桥、浦东两大机场，确实为上海公民皆知。但这两个机场的专用代号SHA、PVG，却并非上海公民均能通晓。作为承运人的被告南航公司，应当根据这一具体情况，在出售的机票上以我国通用文字清晰明白地标明机场名称，或以其他足以使旅客通晓的方式作出说明。南航公司在机票上仅以"上海PVG"来标识上海浦东机场，以致原告杨艳辉因不能识别而未在约定的时间乘坐上约定的航空工具，南航公司应承担履行附随义务不当的过错责任。自动打票机并非不能打印中文，机票上打印的"上海"、"厦门"等字，便是证明。虽然"全部使用自动打票机填开机票"是中国民航总局的规定，但怎样根据当地具体情况去执行上级主管部门的规定，使执行规定的结果能更好地为旅客提供服务，更好地履行承运方在承运合同中的义务，却是作为承运人的南航公司应尽的职责。南航公司关于是"按照中国民航总局的规定使用自动打票机填开"、"自动打票机无法在机票上打印中文机场名称，故用机场代码PVG标明"、"作为承运人已尽到义务"的辩解理由，不能成立。②

（2）在"顾骏诉上海交行储蓄合同纠纷案"中，上海市第二中级人民法院认为，根据《商业银行法》第6条与《合同法》第60条的规定，商业银行理应承担防范犯罪分子利用自助银行和ATM机犯罪的义务，应当随时对自助银行和ATM机进行改进，还可以采取不断巡查、明示使用自助银行和ATM

---

① 参见韩世远：《合同法总论》（第二版），法律出版社2008年版，第214页。
② 资料来源于国家信息中心制作的《国家法规数据库》。对此案判决的简要评析，参见韩世远：《合同法总论》（第二版），法律出版社2008年版，第215页。

机时的注意事项、向储户通知犯罪手段或暂停使用等方法来履行防范犯罪的义务,以确保金融管理秩序的正常运转和储户的存款安全。在本案中,被告上海交行没有及时履行通知犯罪手段和保障交易场所安全的义务,是犯罪分子使用盗码器盗取原告顾骏钱款得逞的主要原因,上海交行应承担赔偿责任。①

(四) 诚信原则与合同的终止

《合同法》第92条规定,"合同的权利义务终止后,当事人应当遵循诚实信用原则,根据交易习惯履行通知、协助、保密等义务"。这种义务在学理上称为后合同义务②,其规范意旨在于维护给付的效果,或协助对方处理善后事务。③ 例如,在租赁合同终止后,房主应该允许承租人于一定期间内,在适当的地方张贴迁移启事,当他人问询承租人的情况时,房主有告知的义务。④

(五) 诚信原则与合同的解释

根据《合同法》第125条,合同的解释应该遵循诚实信用原则。其含义可以理解为,综合考虑相关条款、合同目的和交易习惯等因素来确定有争议之条款或有歧义之词句的真实含义,并以公平理念来衡量当事人之间的利益关系。⑤ 以下两则判决的表述,向我们呈现出了诚信原则在司法实践中的具体运作:

(1) 浙江省高级人民法院在"浙江省金华市第一建筑工程公司诉金华市新世纪学校建筑工程承包合同纠纷上诉案"的判决中指出:

> 对于本案所涉建筑工程造价的计价标准,双方当事人争执不一,工程建设施工招标单位新世纪学校在当地政府招投标办事机构的协助下,发出的施工招标通知书中规定了编制投标书工程造价结算按"84

---

① 资料来源于《最高人民法院公报》2005年第4期,第40—44页。对本案判决的评析,参见沈志先、林晓镍:《银行卡信息和密码被窃后的民事责任承担》,载《合同法评论》(总第4辑),人民法院出版社2005年版,第120—129页。

② 参见胡康生主编:《中华人民共和国合同法释义》,法律出版社1999年版,第152页。

③ 参见王泽鉴:《债法原理》(第一册),中国政法大学出版社2001年版,第46页;崔建远:《合同法总论》(上卷),中国人民大学出版社2008年版,第206页。

④ 参见邢建东:《合同法(总则)——学说与判例注释》,法律出版社2006年版,第319页。

⑤ 参见胡康生主编:《中华人民共和国合同法释义》,法律出版社1999年版,第194页。

定额"(1984年《浙江省建筑工程预算定额》《浙江省建筑安装工程费用定额》),投标单位一建公司按该招标文件要求,编制了投标书,经招标单位新世纪学校及招投标办事机构审定中标,双方即按上述招投标过程的要约、承诺内容订立了施工合同。依《合同法》第125条规定的精神,当事人双方订立施工合同的真实意思系以"84定额"为工程造价计价标准,从而实现工程承发包双方以"84定额"计取工程价款所期望的合同目的。现一建公司提出工程造价以"94定额"(1995年颁发的《浙江省建筑工程预算定额》《全国统一安装工程预算定额浙江省单位估价表》《浙江省建筑安装工程费用定额》)为计价标准的主张,与双方当事人订立合同所追求的合同结果不符,且使当事人之间的利益重大失衡,违背了合同法规定当事人应遵循的诚实信用原则,本院依法不予支持。据此,浙江省价格事务所就本案所涉建筑工程以"84定额"为计价依据所作出的工程造价鉴定结论,本院予以确认,新世纪学校应按该结论支付积欠的工程价款。①

(2) 在"中国水利水电第十二工程局诉金华市汇鑫房地产开发有限公司、浙江南北房地产开发公司、上虞市城乡建筑工程公司建筑工程承包合同纠纷案"的判决中,浙江省金华市中级人民法院认为,对于该被告原本担保的数额,其辩称是75元而不是75万元,然从协议书看,协议书中的总标的额是100万元,被告是对该总额中的部分进行担保,依照《中华人民共和国合同法》第125条第1款的规定,"当事人对合同条款的理解有争议的,应当按照合同所使用的词句、合同的有关条款、合同的目的、交易习惯以及诚实信用原则,确定该条款的真实意思",应认定被告的担保总额为75万元。②

---

① 资料来源于国家信息中心制作的《国家法规数据库》。
② 同上。

第二部分

成立、生效和履行

第四章 合同的成立

第一节 要约和承诺

一、要约

（一）要约的要件

根据《合同法》第14条，"要约是希望和他人订立合同的意思表示"，其构成要件可从以下几个方面进行归纳：

1. 由特定人作出

要约必须是由特定人所作出的意思表示，否则，受要约人在接到要约后将无从承诺。[①] 然而，这并不意味着受要约人必然会知道要约人是谁。有时，即使受要约人不能从该意思表示中推断出特定人是谁，也不会影响要约的成立。例如，就自动售货机而论，虽然消费者未必知道谁是真正的要约人，但是，只要他按照要约中的指示完成了承诺，合同履行的目的仍可实现。[②]

2. 内容具体而确定

《合同法》第14条规定，要约的内容应当具体而确定。[③] 此规定可分解

[①] 参见谢怀栻：《民法总则讲要》，北京大学出版社2007年版，第162页。

[②] 参见〔日〕我妻荣：《债权各论》（上卷），徐慧译，中国法制出版社2008年版，第52—53页；韩世远：《合同法总论》（第二版），法律出版社2008年版，第65页。

[③] 这与《联合国国际货物销售合同公约》（以下简称CISG）中的表述有着相似之处，根据CISG第14条，要约应当"十分确定"（sufficiently definite），参见〔德〕彼得·施莱希特里姆：《〈联合国国际货物销售合同公约〉评释》（第三版），李慧妮编译，北京大学出版社2006年版，第62、237、263页。

为两个要点:

第一,要约的内容必须明确,不能含糊不清,否则,受要约人无法承诺。这在学理上称为要约的确定性。例如,以"出售粮食一批"为内容的意思表示就不构成要约,因其没有说明粮食的种类和数量。①

第二,要约的内容必须充分,必须足以涵盖合同的主要条款,否则合同无法成立。这在学理上称为要约的充分性。② 所谓主要条款,又可称为要素或必要之点③,是指合同必须具备的条款,欠缺了它,合同就不能成立。④ 在没有法定或约定的例外的情况下,只有当事人条款、标的条款和数量条款才属于合同的主要条款。⑤

3. 向相对人发出

需要进一步思考的是,相对人是否必须为特定的人呢?首先应该承认的是,在实践中,要约常常是向特定的相对人发出。然而,从解释论的角度来看,特定的相对人却并非要约的成立要件,兹举数例如下:

第一,商业广告显然是向不特定人发出的,而根据我国《合同法》第15条,商业广告在某些情况下亦为要约。⑥

第二,悬赏广告也是向不特定人发出的意思表示,在我国的司法实践中,已有判决将其性质界定为要约。⑦

第三,自动售货机的设置可以解释为向不特定人所发出的要约。⑧ 值得注意的是,有学者指出,在解释上,应该以售货机能够正常运转或有存货为条件(解除条件),在售货机有故障或无存货时,要约失效,顾客即使投入货

---

① 参见谢怀栻:《民法总则讲要》,北京大学出版社2007年版,第164页。
② 同上。
③ 参见隋彭生:《合同法要义》(第二版),中国政法大学出版社2007年版,第92页;黄茂荣:《债法各论》(第一册),中国政法大学出版社2004年版,第100—104页。
④ 参见崔建远主编:《合同法》(第五版),法律出版社2010年版,第81页。
⑤ 参见《合同法解释(二)》第1条。相似的观点,参见李永军:《合同法》(第三版),法律出版社2010年版,第68—70页。
⑥ 参见韩世远:《合同法总论》(第二版),法律出版社2008年版,第68页。值得注意的是,已有学者从立法技术的层面对《合同法》第15条作出了批判,参见朱广新:《合同法总则》,中国人民大学出版社2008年版,第43—45页。
⑦ 参见本章第二节对悬赏广告的论述。
⑧ 参见邱聪智:《新订民法债编通则》(上册)(新订一版),中国人民大学出版社2003年版,第33页。

币也不能成立合同,顾客可以依据不当得利的规定来请求返还其所投入的货币。① 笔者认为,上述观点大体值得赞同,然而,需要指出的是,所谓解除条件,是指"已发生的法律行为于条件不成就时保持其效力,于条件成就时,则失其效力"②,因此,更为严谨的表达应该是,此类要约以售货机不能正常运转或无存货作为解除条件。

4. 有缔约目的

根据《合同法》第 14 条,要约必须以订立合同为目的,其内容应当表明,经受要约人承诺,要约人即受该意思表示的约束。这在学理上称为"受拘束的意旨"。③ 缔约目的是否存在,需要就意思表示的内容,并结合具体的情形来认定。例如,如果表意人已经声明"需要以我方最后确认为准"或"仅供参考",那么该意思表示就不构成要约。又如,为缔约事宜而向他人所作的咨询,或明显的玩笑行为,也不属于要约。④

(二) 要约的效力

1. 要约的撤回

要约的撤回,是指要约人在要约生效之前,阻止要约生效的意思表示。为了保护受要约人的利益,《合同法》第 17 条规定,撤回的意思表示必须在要约到达受要约人之前或者与要约同时到达受要约人,才能产生效力。⑤

2. 要约的生效

《合同法》第 16 条第 1 款规定,要约在到达受要约人时生效。所谓到达,可以理解为,要约送达受要约人所能控制并应当了解的地方,如其住所和信箱等。⑥ 要约效力的内容可从两个方面加以概括:第一,对要约人产生

---

① 参见王泽鉴:《债法原理》(第一册),中国政法大学出版社 2001 年版,第 157 页;韩世远:《合同法总论》(第二版),法律出版社 2008 年版,第 69 页。
② 参见王泽鉴:《民法总则》(增订版),中国政法大学出版社 2001 年版,第 423 页;隋彭生:《合同法要义》(第二版),中国政法大学出版社 2007 年版,第 122—123 页;《合同法》第 45 条。
③ 参见韩世远:《合同法总论》(第二版),法律出版社 2008 年版,第 65 页。
④ 参见谢怀栻:《民法总则讲要》,北京大学出版社 2007 年版,第 162—163 页。
⑤ 参见隋彭生:《合同法要义》(第二版),中国政法大学出版社 2007 年版,第 46 页;韩世远:《合同法总论》(第二版),法律出版社 2008 年版,第 76 页。
⑥ 参见韩世远:《合同法总论》(第二版),法律出版社 2008 年版,第 72 页。

了拘束力,即,要约人不得随意撤销或变更。① 第二,相对人取得了可以承诺的地位,但并不因此而负有必须承诺的义务。除非事先订有预约或法律规定了强制缔约的义务,否则,是否承诺属于相对人的自由。②

(三) 要约的失效

要约的失效,又称要约的消灭,是指要约丧失其法律效力。③ 根据《合同法》第20条的规定,下列情形会导致要约失效:

1. 要约被拒绝

要约的拒绝是指由受要约人发出的不接受要约的通知,在到达要约人时生效。④ 不难看出,此项规则的适用系以要约向特定的相对人发出为前提,在向不特定的相对人发出要约的情况下,要约并不会因为被某人拒绝而归于消灭。⑤

2. 要约被撤销

要约的撤销是指要约人使已经生效但尚未被承诺的要约归于消灭的意思表示。⑥ 根据《合同法》第18条的规定,撤销要约的通知必须在承诺的通知发出之前到达受要约人,方能生效。已有的研究显示,为了保护受要约人对已生效要约的合理信赖,要约的撤销应受到一定的限制。⑦ 根据《合同法》第19条的规定,在下列两种情况下,要约不得被撤销要约:

第一,要约明确规定了承诺的期限,或以其他方式明示要约不可撤销。例如,在要约中规定,"6月7日后价格和其他条件将失效",这就意味着,6月7日是承诺的最后期限。又如,"我方将保持要约中列举的条件不变,直到你方答复为止",属于明示要约不可撤销的意思表示。⑧ 当然,明示要约

---

① 参见张俊浩主编:《民法学原理》(修订第三版)(下册),中国政法大学出版社2000年版,第737页;崔建远主编:《合同法》(第五版),法律出版社2010年版,第47页。
② 参见郑玉波:《民法债编总论》(修订二版),陈荣隆修订,中国政法大学出版社2004年版,第41页。
③ 参见韩世远:《合同法总论》(第二版),法律出版社2008年版,第82页。
④ 参见张俊浩主编:《民法学原理》(修订第三版)(下册),中国政法大学出版社2000年版,第737页。
⑤ 参见谢怀栻:《民法总则讲要》,北京大学出版社2007年版,第171页。
⑥ 参见张俊浩主编:《民法学原理》(修订第三版)(下册),中国政法大学出版社2000年版,第737页;谢怀栻:《民法总则讲要》,北京大学出版社2007年版,第171页。
⑦ 参见朱广新:《合同法总则》,中国人民大学出版社2008年版,第52—53页。
⑧ 参见隋彭生:《合同法要义》(第二版),中国政法大学出版社2007年版,第48页。

不可撤销并不意味着要约永远有效。从《合同法》第 20 条和第 23 条的规定来看,要约有其存续期限。如果受要约人没有在合理的期限内作出承诺,那么要约会自动失效。①

值得注意的是,有些学者认为,"这是一个确定的要约",显示了受拘束的意旨②,属于以明示的方式来表示要约不可撤销。③ 在笔者看来,这一解释难以成立。笔者在本节的上文中已经指出,无论是受拘束的意旨,还是要约的确定性,都属于要约的构成要件,缺乏这些要件,根本谈不上要约的成立,而具备这些要件,也并不表示要约不可撤销,否则势必会得出"所有的要约都不可撤销"的结论,这显然不符合《合同法》第 18 条和第 19 条的明确规定。④

第二,受要约人有理由相信要约是不可撤销的,并且已经为履行合同做了准备工作。例如,当要约中出现了"工地告急,急需水泥 300 吨"、"款到即发货"或"如同意,请尽快发货"等表述的时候,当事人有理由认为该要约是不可撤销的。⑤ 又如,如果受要约人基于合理的信赖而作出了购买材料、办理贷款、购买机票准备去完成工作、与他人签订雇佣合同或不再寻求其他要约等行为,那么应该认定,其已经为履行作了准备工作。⑥

3. 承诺没有在合理的期限内发出并到达要约人

《合同法》第 20 条规定,承诺期限届满,受要约人未作出承诺的,要约失效。而《合同法》第 23 条又规定,承诺应该在规定或合理的期限内到达要约人。笔者认为,根据体系解释的原理,较为合理的解释是,上述两条规定中的"期限"具有相同的含义。因此,承诺不仅要在合理的期限内作出,还应该

---

① 参见隋彭生:《合同法要义》(第二版),中国政法大学出版社 2007 年版,第 48 页。
② 参见韩世远:《合同法总论》(第二版),法律出版社 2008 年版,第 80 页。
③ 参见胡康生主编:《中华人民共和国合同法释义》,法律出版社 1999 年版,第 45 页;朱广新:《合同法总则》,中国人民大学出版社 2008 年版,第 53 页;韩世远:《合同法总论》(第二版),法律出版社 2008 年版,第 80 页;崔建远主编:《合同法》(第五版),法律出版社 2010 年版,第 49 页。
④ 隋彭生教授的观点与笔者相似,他认为,"如果当事人在要约中称:'这是一个确定的要约',仅仅这样表述,不能认为该要约不可撤销。因为,要约本身就是确定的"。参见隋彭生:《合同法要义》(第二版),中国政法大学出版社 2007 年版,第 48 页。
⑤ 参见隋彭生:《合同法要义》(第二版),中国政法大学出版社 2007 年版,第 48 页。
⑥ 同上书,第 48—49 页;韩世远:《合同法总论》(第二版),法律出版社 2008 年版,第 81 页。

在期限届满之前到达要约人,否则,原则上会导致要约的失效。①

4. 要约被实质性变更

根据《合同法》第 30 条的规定,有关合同标的、数量、质量、价款或者酬金、履行期限、履行地点和方式、违约责任和解决争议方法等的变更,属于对要约的实质性变更。被实质变更的要约为新要约。现将与适用此规则相关的几个问题简析如下:

(1) 小幅度的变更是否属于实质性的变更

有观点认为,将履行的期限从三个月变更为四个月,将履行的地点从北京站变更为北京西站,将价格从 1000 元变更为 999 元等,都属于非实质性的变更。② 在笔者看来,此观点难以赞同,理由有二:第一,就文义解释而论,变更幅度的大小属于量的问题,而是否变更则属于质的问题,二者不应混为一谈,而应进行区分。第二,履行的期限、履行的地点和价格等条款都属于合同的重要内容,直接影响到当事人之间的权利义务关系。因此,就目的解释而论,若要公平地保护双方当事人的利益,就不应允许一方当事人对此随意变更。③

(2) 实质性变更的范围是否仅限于《合同法》第 30 条所列举的八项内容

笔者对此问题的回答是否定的。因为无论是就文义解释而论,还是从常理来看,《合同法》第 30 条中的"等"都应该解读为对其他内容的省略。实质性变更的范围不应局限于《合同法》第 30 条所列举的八项内容。例如,法律的选择就属于《合同法》第 30 条没有明确列举的一项实质内容,其对违约责任和解决争议方法等内容都有着重要的影响。因此,对合同所适用的法律的变更,应解释为实质性的变更。④

---

① 相似的观点,参见韩世远:《合同法总论》(第二版),法律出版社 2008 年版,第 82 页;崔建远主编:《合同法》(第五版),法律出版社 2010 年版,第 49 页。对于《合同法》第 29 条所规定的例外情况,笔者将在下文中进行讨论。

② 参见李永军:《合同法》(第三版),法律出版社 2010 年版,第 103 页。需要说明的是,李永军教授本人并不赞同此种观点。

③ 笔者的论述系以李永军教授的研究为参照,参见李永军:《合同法》(第三版),法律出版社 2010 年版,第 103 页。

④ 参见胡康生主编:《中华人民共和国合同法释义》,法律出版社 1999 年版,第 63 页。

（四）要约与要约邀请的区分

要约邀请又称要约引诱（invitation to treat），是邀请他人向自己发出要约的意思表示。① 已有的研究显示，要约邀请和要约在学理上虽有差异，在实践中却不易分辨。② 一般而言，我们可以参照以下原则来进行判断③：

首先，在表意人已经表示其为要约或要约邀请的情况下，应该依照其有效的意思表示。需要进一步澄清的是，如果一个意思表示似乎具备了要约的各项构成要件，却被冠以"要约邀请"，那么这至少显示出，其缔约目的还不够明确，因此，更宜将其解释为要约邀请。反之，如果表意人称该意思表示为要约，但其并不具备要约的各项要件，那么该意思表示充其量也只能构成要约邀请。

其次，在表意人未作出明确表示的情况下，应依照相关的法律规定。例如，根据《合同法》第15条的规定，寄送的价目表、拍卖公告、招标公告、招股说明书、商业广告等通常都属于要约邀请。④ 又如，《商品房买卖合同解释》第3条规定，"商品房的销售广告和宣传资料为要约邀请，但是出卖人就商品房开发规划范围内的房屋及相关设施所作的说明和允诺具体确定，并对商品房买卖合同的订立以及房屋价格的确定有重大影响的，应当视为要约。该说明和允诺即使未载入商品房买卖合同，亦应当视为合同内容，当事人违

---

① 参见《合同法》第15条；胡康生主编：《中华人民共和国合同法释义》，法律出版社1999年版，第36页；Treitel, *The Law of Contract*, 12th Edition (2009 by Peel), Sweet & Maxwell, 2009, p.12.
② 参见王泽鉴：《债法原理》（第一册），中国政法大学出版社2001年版，第157页；李永军：《合同法》（第三版），法律出版社2010年版，第73页。
③ 参见王泽鉴：《债法原理》（第一册），中国政法大学出版社2001年版，第157页。
④ 参见隋彭生：《合同法要义》（第二版），中国政法大学出版社2007年版，第49—50页；马俊驹、余延满：《民法原论》（第三版），法律出版社2007年版，第518—519页；苏号朋：《合同法教程》，中国人民大学出版社2008年版，第52—53页；李永军：《合同法》（第三版），法律出版社2010年版，第77—78、80—82页。

反的,应当承担违约责任"。①

最后,在其他的情况下,应通过对当事人的意思进行解释来认定。可供参照的标准包括:(1)要约的内容必须具体而确定,而要约邀请的内容则无此要求。(2)要约以直接缔约为目的,为的是唤起相对人的承诺,而要约邀请则没有直接缔约的意思,其目的是要唤起相对人的要约。②

二、承诺

(一)承诺的要件

所谓承诺,是指受要约人同意要约的意思表示。③ 其要件可概括如下:

1. 须由受要约人向要约人作出

根据《合同法》第 22 条的规定,承诺通常以通知的方式作出。在交易习惯或要约的内容允许的情况下,承诺也可以通过行动来作出,常见的情形包括以下两种:第一,行使因合同成立而取得的权利。例如,收件人对于并未订购,而由商店寄送的物品加以消费。第二,履行因合同成立而负担的义务。例如,收到寄来的书籍而汇款。④

2. 须在承诺的期限内作出并到达要约人⑤

在要约没有确定期限的情况下,承诺的期限应依照如下规则来确定:对于以对话方式作出的要约,承诺应当即时作出,除非当事人另有约定。对于以非对话方式作出的要约,承诺应该在合理的期限内到达。合理的期限可以解释为下列三段期间的总和,即要约到达相对人的期间、相对人考虑承诺

---

① 我国台湾地区亦有判决指出,要约引诱的内容可构成合同内容的一部分。1998 年度台上字第 1190 号判决谓,"按购屋人倘系受建商预售屋广告之引诱后,进而以此广告之内容与建商洽谈买卖,则该广告内容之记载,显已构成双方买卖契约内容之一部。……广告显示米兰公爵别墅之设计为欧式大门,左右有两根罗马柱,分别嵌铸主人名字之铜牌,另立一尊艺术雕像。若两造系以上开广告内容,合意订立系争买卖契约,则该广告自构成系争买卖契约内容之一部,被上诉人即应履行该契约内容之义务。"参见王泽鉴:《债法原理》(第一册),中国政法大学出版社 2001 年版,第 157—158 页。
② 参见邱聪智:《新订民法债编通则》(上册)(新订一版),中国人民大学出版社 2003 年版,第 33 页;郑玉波:《民法债编总论》(修订二版),陈荣隆修订,中国政法大学出版社 2004 年版,第 39 页。
③ 参见《合同法》第 21 条。
④ 参见王泽鉴:《债法原理》(第一册),中国政法大学出版社 2001 年版,第 180—185 页。
⑤ 参见《合同法》第 20、23 条。

的期间和承诺到达要约人的期间。①

迟延到达的承诺通常被视为新要约。② 在下列情况下,迟延到达的承诺仍为有效的承诺:

第一,要约人及时通知受要约人,确认该承诺有效。③

第二,《合同法》第 29 条规定,"受要约人在承诺期限内发出承诺,按照通常情形能够及时到达要约人,但因其他原因承诺到达要约人时超过承诺期限,除要约人及时通知受要约人因承诺超过期限不接受该承诺的以外,该承诺有效"。有学者指出,此规定旨在保护受要约人对能够及时送达的承诺的信赖。④ 然而,值得追问的是,要约人是否有义务去调查承诺迟延到达的原因？如果没有,那么要约人如何判断在通常的情形下承诺能否及时到达？如果有,那么法律令其承担此义务的合理依据何在？对此,我们不妨就比较法上的相似规则作简要的考察。根据《联合国国际货物销售合同公约》第 21 条,如果载有逾期承诺的信件或其他书面文件表明,它是在传递正常、能及时送达要约人的情况下寄发的,那么该项逾期承诺具有承诺的效力,除非要约人毫不迟延地用口头或书面通知受要约人:他认为他的要约已经失效。⑤《国际商事合同通则》第 2-9 条基本上沿用了《联合国国际货物销售合同公约》的表述⑥,它规定,"如果载有逾期承诺的信件或其他书面文件表明它是在如果传递正常即能及时被送达要约人的情况下发出的,则该逾期的承诺仍具承诺的效力,除非要约人毫不延迟地通知受要约人此要约已经失效"。⑦ 我国台湾地区"民法典"第 159 条规定,"承诺之通知,按其传达方

---

① 参见郑玉波:《民法债编总论》(修订二版),陈荣隆修订,中国政法大学出版社 2004 年版,第 43 页。
② 参见胡康生主编:《中华人民共和国合同法释义》,法律出版社 1999 年版,第 59—60 页;《合同法》第 23 条、28 条。
③ 参见《合同法》第 28 条。
④ 参见胡康生主编:《中华人民共和国合同法释义》,法律出版社 1999 年版,第 61—62 页。
⑤ 参见〔德〕彼得·施莱希特里姆:《〈联合国国际货物销售合同公约〉评释》(第三版),李慧妮译,北京大学出版社 2006 年版,第 265 页。
⑥ 两者英文的表述略有不同,同上书,第 239 页;《国际商事合同通则》,对外贸易经济合作部条约法律司编译,法律出版社 1996 年,附件二第 39 页。
⑦ 参见《国际商事合同通则》,对外贸易经济合作部条约法律司编译,法律出版社 1996 年版,第 28 页。

法,通常在相当时期内可达到而迟到,其情形为要约人可得而知者,应向相对人即发迟到之通知。要约人怠于为前项通知者,其承诺视为未迟到"。不难看出,上述各规则都没有让要约人承担调查迟延原因的义务。以其为参照,笔者认为,在我国合同法上,让要约人承担告知承诺迟到的义务,应该满足下列条件:(1)在传递正常的情况下,承诺能够在期限内到达。这是客观方面的条件。(2)对要约人来说,上述情形是可得而知的,例如,从信件或其他书面文件中可以看出。这是主观方面的条件。对《合同法》第29条作出这样的解释,既可以保护受要约人的合理期待,又能兼顾要约人的权利。[①]

3. 须与要约的内容相一致

根据《合同法》第30条和第31条的规定,承诺的内容须与要约的内容相一致。对要约的内容作出实质性变更的承诺,视为新要约。在承诺对要约的内容作出非实质性变更的情况下,合同仍可成立,其内容以承诺的内容为准,除非要约人及时表示反对,或要约已事先表明不得对其内容作出任何的变更。本书在上文中已经对实质性变更的问题作出了分析。然而,在认定非实质性变更的时候,不一定要采取"排除法"的进路。[②] 参照已有的研究,笔者认为,非实质性的变更包括以下类型:

第一,对要约中的条款作出了解释,使权利义务关系更加明确,但没有增加要约人的负担。[③]

第二,在要约人授权的范围内对要约作出了修改。[④]

第三,增加了对要约人的请求。例如,"如有可能,请明天发货"。[⑤]

[①] 参见郑玉波:《民法债编总论》(修订二版),陈荣隆修订,中国政法大学出版社2004年版,第48页。

[②] 这与"诚信含义的认定"在原理上有着相通之处,如伯顿所言,在阐释美国合同法上的诚实信用原则之含义的时候,并不一定要采用萨默斯所提出的排除器式的进路。参见本书第三章第二节对美国合同法上的诚信原则的论述。

[③] 参见隋彭生:《合同法要义》(第二版),中国政法大学出版社2007年版,第71页。

[④] 同上书,第71—72页。

[⑤] See Arthur L. Corbin, *Corbin on Contracts* (one volume edition), West publishing Co, 1952, p.133.

（二）承诺的效力

1. 承诺的撤回

与要约不同的是，承诺不能撤销，但可以撤回。① 所谓撤回，是指承诺人向要约人作出的防止承诺生效的意思表示。② 根据《合同法》第27条的规定，撤回承诺的通知应该先于承诺通知，或者与其同时到达要约人，才能产生撤回的效力。有效的撤回将导致合同的不成立。

2. 承诺的生效

承诺通知在到达要约人时生效。承诺不需要通知的，在根据交易习惯或要约的要求作出承诺的行为时生效。承诺生效，意味着与要约相合而成立合同。③

三、对"要约—承诺"模式的评析

《合同法》第13条规定："当事人订立合同，采取要约、承诺方式。"如何理解这条规范的性质呢？有学者认为，"从合同法理论看，合同的订立不外乎'要约—承诺'之过程"。④ 然而，对缔约实践的考察结果却显示，"要约—承诺"模式的描述和规范功能是有限的。例如，对于一个由第三方起草，同时由双方当事人签字后才成立的合同，无从辨认要约和承诺。又如，在经过长期谈判最终才就合同的订立形成一致意见的情况下，区分要约和承诺也无甚实益。⑤ 可见，就性质而论，《合同法》第13条不属于强制性规范，而属于任意性规范。"要约—承诺"模式所适用的主要情形是，当事人以交换信件或借助其他媒体，以意思表示的方式来订立合同。其间的一系列意思表示按时间的先后顺序发出，在旅行一段时间之后到达对方的手中。⑥

---

① 参见《合同法》第27条。
② 参见郑玉波：《民法债编总论》（修订二版），陈荣隆修订，中国政法大学出版社2004年版，第49页。
③ 参见《合同法》第25条和第26条；郑玉波：《民法债编总论》（修订二版），陈荣隆修订，中国政法大学出版社2004年版，第49页。
④ 参见王洪：《合同形式研究》，法律出版社2005年版，第123页。
⑤ 参见〔德〕茨威格特、〔德〕克茨：《三大法系的要约与承诺制度》，孙宪忠译，载《外国法译评》2000年第2期，第1页。
⑥ 同上。

第二节 悬赏广告

在我国民法体系内,悬赏广告早已在司法实践的话语中出现。例如,在《民事案件案由规定》中,悬赏广告的纠纷被归在了合同纠纷的名下。又如,《合同法解释(二)》的第 3 条规定,"悬赏人以公开方式声明对完成一定行为的人支付报酬,完成特定行为的人请求悬赏人支付报酬的,人民法院依法予以支持。但悬赏有合同法第五十二条规定情形的除外"。考察司法实践中的案例,有助于我们对悬赏广告的性质和效力等立法未明确规定的问题形成更为深入的理解。本节所以选取吴慈东案、李珉案和鲁瑞庚案作为典型案例,是基于以下考虑:第一,吴慈东案的纠纷事实始于 1983 年,是笔者用《北大法宝》数据库检索到的我国最早的悬赏广告纠纷案。第二,迄今为止,李珉案和鲁瑞庚案是《最高人民法院公报》针对悬赏广告问题刊登的"唯二"案例。通过解析案例,笔者将对悬赏广告的效力等问题进行阐释,并且在此基础上来反思悬赏广告的性质。

一、吴慈东诉岳阳医院给付悬赏广告报酬纠纷再审案

(一)案情简介

吴慈东原系岳阳医院的职工。1983 年,为解决职工住房的问题,岳阳医院动员职工为寻找建房基地提供信息,承诺对为寻找落实建房基地作出直接努力的本院职工奖励住房,但未言明地段、规格和面积等具体信息。1985 年,吴慈东向岳阳医院提供了永嘉路地块(即永嘉大楼现址)可拆迁的信息。后来,建房基地在各方努力下得以落实,吴慈东也被调入该基地联建组工作。1987 年 11 月 24 日,联建组向岳阳医院领导呈报了"关于吴慈东同志的奖励住房问题"的报告,肯定了吴在寻找基地及建房前期设计配套工作中的贡献,建议院领导在吴慈东继续积极主动努力工作基础上,在永嘉路住宅建成后奖励其一套住房,面积不少于 22.4 平方米。院长在此报告上批示表示同意。1990 年 5 月,吴慈东因工作严重失职而给医院造成重大损失。1992 年 5 月,吴慈东又因旷工违纪而被除名。1993 年,永嘉大楼建成,医院以吴慈东已丧失资格为由拒绝奖励其住房。吴慈东于 1993 年 6 月向上海

市徐汇区人民法院起诉。

(二) 一审的情况

原告请求被告给付永嘉大楼不少于22.4平方米的住房一间。

被告辩称:同意奖励原告住房是以其"继续努力工作"为条件的,原告在工作后期严重失职,给医院造成重大损失,且已经不再是本院职工,故不符合此条件,不应奖励其住房。

法院的认为:吴慈东与岳阳医院之间已成立了口头悬赏合同关系。岳阳医院拒绝奖励吴慈东住房的理由不能成立。依照合同的约定,吴慈东有权获得岳阳医院奖励的住房。至于地段和规格等合同未明确约定的事项,法院可酌情判处。

据此判决:岳阳医院应在本判决生效后三个月内提供吴慈东本市范围内12平方米居住面积的住房一间,若逾期未能提供相应住房,则补偿吴慈东房屋款计人民币17920元。

(三) 二审的情况

原被告均不服此判决,向上海市第二中级人民法院提出上诉。吴慈东请求奖励永嘉大楼22.4平方米房屋,岳阳医院则坚持认为奖励房屋是有条件的。

法院认为:吴慈东与岳阳医院之间的口头悬赏合同成立,由于该合同对奖励房屋的地段和规格均无明确约定,所以,原审法院据此酌情判决并无不当。但是,判决对岳阳医院逾期未能提供相应住房则补偿房屋款一节,则缺乏依据,应予撤销。双方的上诉请求均对口头悬赏合同没有约束力,故不予支持。

据此判决:

(1) 撤销一审判决。

(2) 岳阳医院应在本判决生效之日起三个月内提供本市范围内12平方米居住面积住房一间供吴慈东居住使用。

(四) 再审的情况

吴慈东不服二审判决,向上海市高级人民法院申请再审。上海市高级人民法院于1998年6月29日作出民事裁定,指令上海市第二中级人民法院再审。

吴慈东申请再审称:悬赏广告行为有效,岳阳医院应依广告内容及时奖励本人永嘉大楼不少于22.4平方米的住房。请求撤销一、二审判决。

岳阳医院答辩称：1987年11月24日联建组报告中申请奖励吴慈东住房是附条件的，现吴慈东不符合该条件，故不应奖励其住房。请求撤销一、二审判决，对吴慈东的诉讼请求不予支持。

上海市第二中级人民法院在再审中查明了联建组报告中的下列记载：

> 考虑到吴慈东同志在寻找永嘉路住宅建设基地和后来的住宅设计配套等前期工作方面已做了许多工作，作出了一定的贡献；同时希望吴慈东同志在基地后期工作中，还必须继续积极主动地同联建办其他同志团结一致，共同努力工作，使永嘉路住宅早日建成；在上述两个基础上同意在永嘉路住宅建成后给吴慈东同志奖励一套住宅，住房面积不少于22.4平方米。

上海市第二中级人民法院再审认为：

第一，悬赏是悬赏广告人以广告的形式声明对完成悬赏广告中规定的特定行为的任何人，给付广告中承诺的报酬的行为。悬赏广告指定行为的完成人，是悬赏广告中的债权人，其有权请求悬赏广告人按广告的承诺无条件及时履行给付报酬的义务。

第二，在本案中，岳阳医院时任领导在全院职工大会上动员全院职工为寻找建房基地提供信息，言明谁找到落实基地即奖励谁房屋，是岳阳医院对该院范围内不特定的人所发布的广告，该广告内容意思表示明确、真实，之后岳阳医院并未撤销该表示；岳阳医院领导在1987年11月24日报告上的批示又补充了上述广告内容，即明确表示奖励吴慈东不小于22.4平方米住房一套。吴慈东经努力于1985年向岳阳医院提供了现永嘉大楼建房基地，应视为完成了岳阳医院广告指定的行为，有权请求岳阳医院按悬赏广告承诺履行给付报酬的义务，而岳阳医院却无意履行此义务，显属不当。

第三，岳阳医院提出的同意奖励吴慈东22.4平方米住房一套是附条件的，1990年吴慈东在工作中未尽努力，严重失职而丧失奖励条件的辩称，考虑到该条件是一种义务，系岳阳医院单方设置，非悬赏广告之内容，且未经吴慈东同意，故该条件对吴慈东没有约束力。因此，岳阳医院拒绝履行悬赏广告所形成的债务，没有法律依据。

第四，岳阳医院以吴慈东已与其脱离行政隶属关系为由拒绝奖励吴慈东住房,就是拒绝履行因悬赏广告而产生的义务,于法无据。

第五,因悬赏广告未明确奖励住房具体地段、规格,岳阳医院应依悬赏广告中公告的内容奖励吴慈东市区范围内不少于 22.4 平方米住房一套。该住房应为成套使用权房屋,房屋面积为实际居住面积。原审酌情判令岳阳医院奖励吴慈东 12 平方米住房,不符合法律的规定和当事人的约定,有所不当,应予纠正。

据此,依照《民法通则》第 85 条、第 88 条第 1 款等判决如下:

(1)撤销原一、二审民事判决。

(2)岳阳医院在本判决生效之日起三个月内提供给吴慈东上海市市区范围内居住面积不少于 22.4 平方米的使用权住房一套。

(五)笔者的评析

本案的三次审判都认为,岳阳医院的行为属于悬赏广告行为,但判决的理由和判决的结果却不尽相同。兹将相关问题简析如下:

第一,就行为的性质而论,一审和二审都将悬赏界定为合同关系。上海高级人民法院的高明生法官认为,再审根据"单方行为说"来确定了悬赏广告的性质。① 在笔者看来,虽然再审的判决中没有直接出现"合同"或"单方行为"的字样,但是,其所援引的《民法通则》第 85 条和第 88 条第 1 款,却是针对"合同"而非针对"单方行为"的裁判规范。因此,再审判决实际上也是对"合同说"的肯定。

第二,被告于 1983 年作出的奖励住房的意思表示,属于悬赏广告,以本院职工为寻找落实建房基地作出直接努力作为生效的条件。原告在 1985 年所作出的努力已经使该条件成就,被告有义务负有对原告奖励住房。此义务的生效并没有附加任何其他的条件,因此,被告所提出的各种抗辩理由均不成立。三次审判对此均持相同的结论,而再审判决的理由尤其详细而具说服力。

第三,上述悬赏广告虽然于 1985 年生效,但住房的地段、规格和面积等内容在当时并未确定。如何确定被告履行义务的具体内容,应结合其在 1987 年作出的意思表示来判断。该意思表示有两项核心内容:(1)在永嘉路住宅建成后,奖励原告住房一套,面积不少于 22.4 平方米;(2)奖励的条

---

① 参见高明生法官对本案的评析。

件是原告继续积极主动努力工作。

一审法院和二审法院对两项内容的法律效力都没有给予肯定,这无异于将其与被告在1983年作出的意思表示视为相互独立的两回事,而忽略了两次意思表示之间的关联性,似有未尽妥帖之处。① 一审判决和二审判决虽然都将被告的履行义务酌情确定为12平方米,但并未有给出更为具体的理由或判断标准,在说服力上有所欠缺。

再审法院认为,上述意思表示中的第二项内容,即,为奖励设置的条件,其实是为原告设置的义务,在未经原告同意的情况下对其无约束力。这符合私法自治的原理。然而,判决进一步指出,"因悬赏广告未明确奖励住房具体地段、规格,岳阳医院应依悬赏广告中公告的内容奖励吴慈东市区范围内不少于22.4平方米住房一套",这一表述令人费解,如何理解前后两个分句之间的因果关系?前后两个"悬赏广告"是否指称同一事项?悬赏广告的内容究竟是什么?仅凭现有的资料,我们还无法对这些问题给出满意的回答。

笔者认为,在存在"意思表示漏洞"的情况下,不妨把"22.4平方米"的意思表示推定为对1983年被告所做悬赏广告内容的补充,在没有违背交易惯例和公平原则的情况下,可认定其有效。②

二、李珉诉朱晋华、李绍华悬赏广告酬金纠纷上诉案③

(一)案情简介

被告在遗失了装有巨额面值的提货单的公文包之后,于1993年4月12日在《今晚报》上刊登寻包启事,声明"一周内"有知情送还者酬谢15000元。原告在拾到公文包并于4月12日晚得知被告的寻包启事后,立即与被告联系,双方在次日的面谈中对给付酬金的问题发生争议,原告遂向天津市和平区人民法院起诉。

(二)一审的情况

原告请求被告依其许诺支付报酬1.5万元。被告的抗辩理由包括:寻

---

① 高明生法官在对本案的评析中表达了与笔者类似的观点。
② 参见高明生法官对本案的评析。
③ 参见《最高人民法院公报》1995年第2期。

包启示给付酬金不是真实的意思表示；公文包内有被告的单位和本人的联系线索；原告不主动寻找失包人，物归原主，却等待酬金。因此，请求法院驳回原告的诉讼请求。法院的判决包括以下要点：

第一，确认了遗失财产归被告所有，并且原告依公文包内的线索可以与被告取得联系。

第二，根据《民法通则》第79条第2款，原告应将拾得的遗失物归还被告。但是，原告不主动与被告联系，反而在家等待"寻包启示"中许诺的并非真实意思表示的酬金，依照《民法通则》第58条第3项的规定，在违背真实意思的情况下所为的民事行为，应属无效。对原告的诉讼请求不予支持，据此判决驳回原告的诉讼请求。

（三）二审的情况

原告不服一审判决，以原判适用法律不当为由，向天津市中级人民法院提出上诉。天津市中级人民法院对此案作出了以下法律意见：

第一，一审法院的事实认定清楚。

第二，原审被告在"寻包启事"所称给付报酬的许诺并非真实的意思表示，缺乏充分的依据。

第三，悬赏广告，是广告人以广告的方法，对完成一定行为的人给付报酬的行为。只要行为人依法完成了所指定的行为，广告人即负有给付报酬的义务。被告所刊登的"寻包启事"即为一种悬赏广告。其明确表示"一周内有知情送还者酬谢1.5万元"，系向社会不特定人的要约。原告，即悬赏广告中的行为人，在广告规定的"一周内"完成了广告指定的送还公文包的行为，则是对广告人的有效承诺，从而在原被告双方形成了民事法律关系，即债权债务关系。依照《民法通则》第57条关于"民事法律行为从成立时起具有法律约束力。行为人非依法律规定或者取得对方同意，不得擅自变更或解除"的规定，被告负有广告中许诺的给付报酬的义务。

第四，被告辩称"寻包启示"许诺给付报酬不是真实意思表示，事后反悔，拒绝给付原告酬金1.5万元，有违《民法通则》第4条规定的诚实信用原则，是错误的。基于以上理由认定，原告的上诉理由成立，应予支持。一审判决不当，应予纠正。

（四）笔者的评析

与一审判决相比，二审判决主要有两处差异：其一，判定"给付报酬不属

于真实的意思表示"的说法于法无据。其二,用悬赏广告来解释原被告双方的法律关系。现将相关的问题简析如下:

(1) 就"给付报酬不属于真实的意思表示"这一说法而论,被告对其成立负有举证责任。在本案中,被告的意思表示并非由于原告的欺诈、胁迫或乘人之危的行为而作出,显然不应适用《民法通则》第 58 条第 3 项的规定。因此,二审判决的结果堪称妥当。①

(2) 二审法院不但阐明了悬赏广告的含义,还用要约和承诺的概念来解释了行为成立的过程。虽然判决书中并没有出现"合同"或"契约"的字样,但已有多位学者指出,本案将悬赏广告的性质界定为合同。② 笔者在大体上赞同多位学者之主张的同时,亦想指出,从判决的表述来看,"只要行为人依法完成了所指定的行为,广告人即负有给付报酬的义务",同样可以解释为,通过要约和承诺的方式来缔约,并非让债之关系生效的必要条件。不论当事人是否具有相应的行为能力,也不论当事人之间是否具有合意,只要行为人完成了指定的行为,广告人就有义务履行义务。就此而论,二审判决也为"单方行为说"预留了可能性的空间。③ 当然,单就本案而言,采单独行为说还是采合同说,并不会对判决的结果产生实质性的影响。

(3) 二审判决认为,被告拒绝给付原告酬金 1.5 万元,违反了《民法通则》第 4 条规定的诚实信用原则。有学者认为,在法律无详细规定的情况下,以总则中的"诚实信用"原则作为判案依据,"这在将法律解释学具体应用于司法实践上有重大意义,对纠正司法实践中不敢于、也不善于运用基本原则填补法律空白、补充法律漏洞的流弊将产生积极影响"。④ 对此评论,笔者有如下的反思:

---

① 对此问题较为详细的论证,参见葛云松:《李珉诉朱晋华、李绍华悬赏广告酬金纠纷案》,载《北大法律评论》(第 1 卷第 1 辑),法律出版社 1998 年版,第 268—272 页。

② 参见张晓军:《悬赏广告问题研究——李珉诉朱晋华、李绍华悬赏广告酬金纠纷上诉案评释》,载《民商法论丛》(第 6 卷),法律出版社 1997 年版,第 507 页;葛云松:《李珉诉朱晋华、李绍华悬赏广告酬金纠纷案》,载《北大法律评论》(第 1 卷第 1 辑),法律出版社 1998 年版,第 258 页;梁慧星:《裁判的方法》,法律出版社 2007 年版,第 94 页。

③ 相似的观点,参见张晓军:《悬赏广告问题研究——李珉诉朱晋华、李绍华悬赏广告酬金纠纷上诉案评释》,载《民商法论丛》(第 6 卷),法律出版社 1997 年版,第 510 页。

④ 参见张晓军:《悬赏广告问题研究——李珉诉朱晋华、李绍华悬赏广告酬金纠纷上诉案评释》,载《民商法论丛》(第 6 卷),法律出版社 1997 年版,第 507 页。

第一,在本案中,是否存在着有待填补的法律漏洞? 按照王泽鉴教授的界定,法律漏洞是指"关于某一个法律问题,法律依其内在目的及规范计划,应有所规定而未设规定"。① 以此为参照,可以发现,虽然悬赏广告的行为在日常生活中早已存在,但是,在审判的时候,"悬赏广告"的概念还没有在立法层面以成文规则的形式出现。因此,从某种意义上说,二审判决中对悬赏广告的界定,对其成立过程和效力的分析,可以理解为对现行规则中的漏洞的填补。然而,仔细分析二审判决对悬赏广告行为的解释,可以发现,二审法院并没有把悬赏广告和诚实信用原则直接连接在一起,而是通过援引传统民法学说来补充了现行民法体系对悬赏广告之规定的欠缺。

第二,根据法律适用的一般原理,具体规则应该优先于抽象原则的适用。② 就本案而论,在已经论证了合同成立和债权债务关系生效的前提下,《民法通则》第 57 条中关于法律行为具有约束力的规定,第 84 条中关于按照合同产生债的规定,以及第 106 条中关于违反合同义务承担民事责任的规定,既是当事人所应遵循的行为规范,也是法院审判所应当援引的裁判规范。相对于《民法通则》第 4 条中的诚信原则而言,这些规则都是更为具体的规则,理应优先适用。二审判决在没有提及《民法通则》第 84 条和第 106 条的情况下,直接以《民法通则》中的诚信原则作为裁判的依据,这一做法没有遵循"具体规则优先于抽象规则"的原理,在法律论证上难称妥当。这种有意无意地"向一般条款逃避"的现象③,在今后的审判中应尽力予以避免。④

(4) 与一审判决相关,而二审判决却未见正面回答的一个问题是,如何使判决结果和《民法通则》第 79 条所规定的返还义务相协调? 有学者认为,"从法理上说,法律仅强制规定拾得人有返还义务,并没有禁止给付报酬,失

---

① 参见王泽鉴:《法律思维与民法实例:请求权基础理论体系》,中国政法大学出版社 2001 年版,第 51 页。
② 参见梁慧星:《民法总论》(第三版),法律出版社 2007 年版,第 280 页。
③ 对于在适用诚实信用原则的时候如何避免"向一般条款逃避",可参见梁慧星:《诚实信用原则与漏洞补充》,载《民商法论丛》(第 2 卷),法律出版社 1994 年版,第 71 页。
④ 葛云松先生论述此问题的思路与笔者相似,在具体观点上又与笔者有所差异,参见葛云松:《李珉诉朱晋华、李绍华悬赏广告酬金纠纷案》,载《北大法律评论》(第 1 卷第 1 辑),法律出版社 1998 年版,第 275—277 页。

主(广告人)悬赏给付报酬既与法律不抵触,法律应承认其约束力"。① 在笔者看来,上述观点确有其合理的成分。然而,在《物权法》于2007年生效之后,我们需要对此类问题作出更全面的思考。《物权法》对拾得人和权利人的义务都作出了规定,根据《物权法》第109条,遗失物的拾得人应当及时通知权利人领取,或者将遗失物送交有关部门。根据《物权法》第112条规定,权利人悬赏寻找遗失物的,应当按照承诺履行义务。值得进一步思考的是,在拾得人没有及时履行通知或送交之义务的情况下,他是否还有权请求权利人按照悬赏的内容履行给付报酬的义务?已有的《物权法》注释类著作似乎均未对此作出明确的解答。② 笔者认为,我们可以分以下几点对此问题进行思考:

第一,如果拾得人未及时履行通知或送交的义务,其行为已经构成了对遗失物的侵占,那么根据《物权法》第112条第3款的规定,拾得人无权请求权利人按照承诺履行义务。

第二,即使拾得人未及时履行通知或送交的义务,其行为没有构成对遗失物的侵占,那么本于"未履行义务者应承担责任"的法律常理,也应该让拾得人在一定条件下承担不利于自己的法律后果。例如,可参照迟延履行责任的原理,对其可请求给付报酬的数量予以减少。

第三,《物权法》第111条规定,拾得人应当妥善保管遗失物。以此为参照,应当将过失作为拾得人承担责任的必要条件。在非因自己的过失而未及时履行通知或送交义务的情况下,拾得人请求给付报酬的权利不应受到影响。③

---

① 参见张俊浩主编:《民法学原理》(修订第三版)(下册),中国政法大学出版社2000年版,第742页。
② 参见胡康生主编:《中华人民共和国物权法释义》,法律出版社2007年版,第244—249页;黄松有主编:《〈中华人民共和国物权法〉条文理解与适用》,人民法院出版社2007年版,第333—341页;朱岩、高圣平、陈鑫:《中国物权法评注》,北京大学出版社2007年版,第339—340页。
③ 从不同角度对此类问题的论述,参见葛云松:《李珉诉朱晋华、李绍华悬赏广告酬金纠纷案》,载《北大法律评论》(第1卷第1辑),法律出版社1998年版,第264—268页。

三、鲁瑞庚诉东港市公安局悬赏广告纠纷案①

（一）案情简介

1999年12月12日，东港市发生了一起特大持枪杀人案。为尽快破案，东港市公安局在被害人家属同意后，于1999年12月13日通过东港市电视台发布了悬赏通告，主要内容是：

（1）凡是提供线索直接破案的，被害人家属奖励人民币50万元人民币；

（2）凡是提供线索公安机关通过侦查破获此案的，公安机关给予重奖；

（3）凡是提供有关枪支线索侦破此案的，公安机关给予重奖；

（4）凡是能提供线索破案的，即使与犯罪团伙有牵连也可以从轻或免予刑事责任；

（5）对提供线索者，公安机关一律严格保密。

鲁瑞庚看到悬赏通告后，向东港市公安局提供了线索。公安机关认定该线索确与本案有关，决定按照悬赏通告的第2条奖励鲁瑞庚10万元人民币。鲁瑞庚在受领奖励后表示，如果其提供的线索与此案无关，则返回全部金额。此后，有若干犯罪嫌疑人被抓捕或投案自首。

被害人家属已于悬赏通告发布的当天将50万元人民币交给了公安局，但公安局并未将其交给鲁瑞庚。

（二）一审的情况

原告请求被告给付悬赏奖金50万元，赔偿精神损失费5万元。

被告辩称：我局侦破此案的线索及证据，并非完全由原告提供。原告对于被害人家属的奖励和公安局的奖励，只能两者选一。原告已得10万元，就无权再请求50万元，精神损失赔偿的请求也没有事实和法律依据。

丹东市中级人民法院认为：

第一，《民法通则》第84条规定，"债是按照合同的约定或者依照法律的规定，在当事人之间产生的特定的权利和义务关系。享有权利的人是债权人，负有义务的人是债务人。债权人有权要求债务人按照合同的约定或者法律的规定履行义务"。

---

① 参见《最高人民法院公报》2003年第1期。

第二，被告在悬赏通告中作出的第 1 条和第 2 条，是区分不同情况，对提供线索的人给予不同数额报酬的声明，两者不能兼得。原告所提供的线索符合悬赏通告中第 2 条的情形，故应按第 2 条取得悬赏报酬。双方当时并未表明，如果被告根据原告提供线索破案，还应再给付其被害人家属奖励的 50 万元。因此，被告已经履行了自己的义务，原告提出的奖励 50 万元和赔偿精神损失费的要求，于法无据，不予支持。

据此，丹东市中级人民法院驳回了原告的诉讼请求。

(三) 二审的情况

一审宣判后，原告不服，向辽宁省高级人民法院提出上诉。请求撤销一审判决，判令东港市公安局立即给付被害人家属奖励的 50 万元人民币，赔偿精神损失费 5 万元人民币。理由如下：

第一，我提供的线索是东港市公安局获得的唯一、直接、真实、可靠的线索，公安机关并没有排查大量的犯罪嫌疑人，只是对我提供的涉案嫌疑人进行了核对。在我辨认了涉嫌人员照片之后，东港市公安局即作出了抓捕决定，使案件一举告破。至此，我已全部完成了直接提供线索的行为，理应按照通告得到被害人家属奖励的 50 万元人民币。

第二，悬赏通告的第 1 条是被害人家属给予提供破案线索人的奖励，悬赏通告的第 2 条是公安机关给予破案线索人的奖励，通告并没有声明两者不能兼得。被告依据通告第 2 条预付我 10 万元人民币奖金，应属于公安机关的奖励，并不是受害人家属给付的奖励。被告把被害人家属用于奖励提供线索人的 50 万元人民币给付据为己有，违背了在悬赏通告中向社会的承诺。

第三，被告未按悬赏通告的第 5 条对提供线索人严格保密，使我及家人的精神造成了极大的伤害。

东港市公安局认为一审法院的判决正确，应予维持。

辽宁省高级人民法院确认了下列事实：

据当时的东港市公安局局长证实，鲁瑞庚所提供的破案线索，是公安机关获得的唯一重要的线索，根据该线索，公安机关迅速破获了此案。

被害人家属在电视台播出悬赏通告的当天，即将用于奖励提供破案线索的 50 万元奖金交给了被告。据被害人家属及亲属证实，被害人家属同意被告向社会发布通告：愿拿出 50 万元人民币奖励给任何提供有关案件线索的人，使公安机关能够尽快将案件侦破。被害人家属表示：关于50万元人民币能否用于悬赏通告第1条以外的情况，他们与东港市公安局并没有任何的约定。但明确表示：这50万元不是奖励给公安局的，也不是给公安局办案用的。被害人家属现在仍表示同意将这50万元人民币奖励提供破案线索的举报人。

辽宁省高级人民法院认为：

第一，根据《民法通则》第106条第1款："公民、法人违反合同或者不履行其他义务的，应当承担民事责任。"

第二，发布悬赏广告是一种民事法律行为，即广告人以广告的方式发布声明，承诺对任何按照声明的条件完成指定事项的人给予约定的报酬。任何人按照广告公布的条件，完成了广告所指定的行为，即对广告人享有报酬请求权。发出悬赏广告的人，则应该按照所发布广告的约定，向完成广告指定行为的人支付承诺的报酬。本案中东港市公安局通过东港市电视台发布通告中的部分内容，属于悬赏广告。通告虽然是以被告的名义发布的，但由于悬赏给付的报酬，是由被害人家属提供的，通告中的悬赏行为，实际上是受被害人家属委托的行为。被害人家属的本意是以50万元人民币直接奖励能够提供破案线索的举报人，希望能够有助于公安机关迅速破案。被害人家属并没有表示可以区别举报人提供线索的不同情形，给予举报人不同数额的奖励；也没有表示可以将该报酬用于办案或奖励办案人员。被告在悬赏通告中规定了其他悬赏情形，并没有得到被害人家属的授权或者委托。原告按悬赏通告的要求，向被告提供了其知道的重要线索，致使公安机关根据该线索及时破案，即完成了悬赏通告所指定的行为。据此，原告就获得了取得被害人家属支付悬赏报酬的权利。被害人家属对原告按悬赏通告要求所完成提供线索的行为未提出异议，并且已将用于奖励的50万元人民币交给被告，且在案件破获后亦同意将该款奖励给提供线索的举报人，被告应该按照被害人家属的委托和以其名义向社会发布的悬赏通告，及时履行义务，向原告全额给付50万元人民币的报酬。被告以原告所提供的线索不符合悬赏通告所规定的条件为由，拒绝将被害人家属用于奖励的50万元全部给付原告，并将其予以占有，超出了被害人家属的委托权限，也不符合其在悬赏通告中的承诺，没有任何的法律依据。因此，应该支持原告所主张的权利。

第三,关于原告主张按照悬赏通告中第1条和第2条的规定的奖励款可同时兼得,被告应再向其给付50万元报酬的问题,因悬赏广告是按照举报的具体效果,规定以不同的方式给予数额不同的奖励的,并未表示同一举报可以同时兼得其他奖励,原告主张重复奖励的要求不予支持。被告已预付原告奖励款10万元人民币,其余40万元人民币应及时按照悬赏通告及被害人家属的委托给付原告本人。

第四,关于原告要求精神损害赔偿的问题,虽然因双方就给付报酬的数额问题发生纠纷后,直接导致了本案诉讼,使提供线索的情况公开,在客观上产生了不利于保密及保护的情况,给其本人也造成了一定的精神压力。但被告并没有主动向社会披露鲁瑞庚的举报情况,鲁瑞庚也不能提供公安机关未保密的证据支持其主张,故不予支持。

综上,一审判决认定事实不清,证据不足,适用法律不当,应予改判。辽宁省高级人民法院于2002年4月12日作出判决:

(1) 撤销一审判决;

(2) 被告于本判决生效之日起10日内将被害人家属交付的人民币40万元给付原告;

(3) 驳回原告的其他诉讼请求。

(四) 笔者的评析

1. 从现有的评析谈起

对此案的判决,解亘教授有如下评论:

> 在该案中,刑事案件的被害人家属委托公安局发布了悬赏广告。悬赏提供重要破案线索的人。原告按照悬赏广告的要求为破案提供了重要线索,却没有获得相应的奖励款。有意思的是,原告不是以被害人家属为被告,而是以其代理人公安局为被告。二审法院竟然判定由公安局向原告支付其应得的奖励款。按照代理制度的一般理论,公安局只不过是代理人,原告选错了被告。但是在通篇的判决中,法院几乎没有对此看似荒唐的先决性判断作出解释,更没有作出理论上的抽象。更加耐人寻味的是,最高法院居然将其刊载在《公报》上。只要最高法

院没有犯低级错误,这样做就一定有它的考虑。①

从"一般理论"、"几乎"、"看似荒唐"和"只要……就……"等词句的选用中可以看出,解教授的运思堪称严谨而精致。解教授还从抽取先例性规范的角度,对"公安局为被告"的问题给出了颇具新意的回答:

> 在该案件中法院认定了一个重要的细节,即被害人家属早在将悬赏广告发布前就已经将奖励款交给了公安局,而公安局似乎不情愿支付给原告。该案件的定型化事实或许就是:悬赏广告的委托人已经将悬赏款交给了代理人。……定型化结论或许就是:代理人在实体法上有义务支付悬赏款,在程序法上可以成为诉讼当事人。②

在下文中,笔者将尝试对相关的问题给出自己的回答。

2. 悬赏广告行为的内容和效力

本案已经确认的事实是,悬赏广告的内容包括下列两项:第一,凡是提供线索直接破案的,被害人家属奖励人民币 50 万元人民币。第二,凡是提供线索公安机关通过侦查破获此案的,公安机关给予重奖。与此相关的争议焦点是,原告是否有权同时请求两项不同的奖励。二审法院认为,"悬赏广告是按照举报的具体效果,规定以不同的方式给予数额不同的奖励的,并未表示同一举报可以同时兼得其他奖励",因此,没有对原告主张给予支持。笔者认为,二审判决的结果有失妥当,论证理由也不够充分,兹将其简析如下:

首先,虽然广告的两项内容是在同一天公布的,但行为的主体有所不同。第 1 项内容是被害人家属所发出的意思表示,被告的地位只是代为发出意思表示的受托人。第 2 项内容才是被告亲自作出的。因此,在东港市电视台于 1999 年 12 月 13 日发布了悬赏的通告之后,有两个悬赏广告行为被设立,债务人分别为受害人家属和被告,债务生效的条件都和原告提供破案线索有关。

其次,在本案中,将悬赏行为的性质界定为合同或单独行为,并不会对债务生效的认定产生实质性的影响,因此,当我们问,原告提供线索的行为

---

① 参见解亘:《案例研究反思》,载《政法论坛》2008 年第 4 期。
② 同上。

是否构成对被告的有效承诺？或者说原告提供线索的行为是否成就了广告中的条件从而使被告的债务得以生效？这两个问题蕴含着相同的法律效果。笔者对此类问题的回答是肯定的，理由有三：

（1）在一审程序启动之前，被告就已经将第2项表示中的10万元给了原告，这实际上是以行动的方式来承认，原告提供破案线索的行为符合悬赏通知第2项内容所规定的条件。

（2）在一审判决中，法院肯定了被告有给付10万元的义务。虽然此判决在二审中被撤销，但是，在二审判决中，并没有任何论证显示，原告提供线索的行为不符合悬赏通知第2项所规定的条件。

（3）比较悬赏通知中第1项和第2项的内容，可以发现，两者在表述上确有不同，一为"提供线索直接破案"，一为"提供线索公安机关通过侦查破获此案"。然而，比文义表述更为重要的差别是，第1项内容规定的是被害人家属承担债务的条件，第2项内容规定的是被告承担债务的条件。以举重明轻的论证方式为参照①，不难看出，在提供线索通过侦查破案的情况下，被告尚且承担债务，那么在提供线索直接破案，亦即在为破案作出更大贡献的情况下，身为公安机关的被告岂不更应当承担并履行给付奖励的义务吗？

最后，如果我们从合同的角度来理解原告与被告之间的法律关系，可以发现，悬赏通知包含了由被告提供的格式条款。对于悬赏通知中第1项内容和第2项内容之间的关系，原告和二审法院显然有不同的理解，原告以"通告并没有声明两者不能兼得"为由，请求获得两项给付，而二审法院则以通告"并未表示同一举报可以兼得其他奖励"为由，驳回了原告的请求。这一争论看似与举证责任的分配有关，然而，笔者认为，现行的合同法已经为此案提供了合适的裁判规范。根据《合同法》第41条，"对格式条款有两种以上解释的，应当作出不利于提供格式条款一方的解释"。在原告和二审法院的两种不同解释中，原告的解释显然更不利于提供格式条款的被告，理应被法院所采纳。

综上所述，笔者认为，在原告已经获得被害人家属之奖励的前提下，被告仍有义务向原告给付10万元的奖励。

---

① 对举重明轻的论证方式的简介，参见王泽鉴：《举重明轻、衡平原则与类推适用》，载氏著：《民法学说与判例研究》（第八册），中国政法大学出版社1998年版，第7—8页。

3. 以公安局作为被告的合理之处

以上文的分析为参照,笔者认为,在本案中,原告以公安局,而非被害人家属作为被告,确实是一种合理的选择,理由如下:

第一,在悬赏通知发布的同一天,被害人家属就把 50 万元交给了本案的被告——东港市公安局。在审判前后,无论是原告和被告,还是一审和二审的法院,都没有对被害人家属的行为的妥当性提出过任何的质疑。结合相关的事实,笔者以为,在解释上应认定,被害人家属已经将其应尽的义务履行完毕,毫无理由再对其起诉。与此相关的一个重要的法律效果是,在交付之后,人民币的风险已经转移给了被告[①],向原告给付人民币的义务也理应由被告来承担。假设在此之后,已交付给公安局的 50 万元人民币因不可抗力或其他原因而灭失,那么损害也只能让公安局来承担,而绝不能让被害人家属再交付一次。

第二,原告的请求内容,不仅包括让公安局交付 50 万元的奖励,还包括令其赔偿对自己造成的损害,因此,有理由将其选为被告。

四、结语:对悬赏广告之性质的反思与总结

虽然悬赏广告在司法实践中通常被认定为合同,但从上文的分析中可以看出,现行制度仍然为单方行为说预留了足够的空间。从整个民法体系的角度来看,合同说的成立面临着一定的困难,而单方行为说则有其难以被替代的优势,理由如下:

首先,虽然《民事案件案由规定》将悬赏广告的纠纷归入了合同纠纷的名下,《合同法解释(二)》的第 3 条也对悬赏广告的问题作出了规定。但若以此为据来认定悬赏广告的性质属于合同[②],其论证的说服力还有所欠缺。法律解释学的原理提醒我们,体系解释有其局限性。在合同法的范围内来规范悬赏广告的问题,完全有可能是出自法律技术层面的考虑,即,单独制定一部悬赏广告法条文太少,不具有可行性。梁慧星教授对此有详细的说

[①] 根据传统民法的一般原理,货币的所有权随占有的移转而移转,参见郑玉波:《民法物权》,三民书局 1999 年版,第 416—420 页;崔建远:《民法研究的随想》,载《法律科学》2003 年第 5 期。

[②] 崔建远教授所采用的就是这种论式,参见崔建远主编:《合同法》(第五版),法律出版社 2010 年版,第 46 页。

明,他指出,"学者起草的统一合同法的第一个草案,规定了悬赏广告这项制度,后来在讨论草案时,有的人就说悬赏广告不是合同而是单方行为,怎么规定在合同法上?后面几个草案就把它删掉了。现在考虑,悬赏广告还是应该在合同法上规定。因为现实生活当中,悬赏广告还很常见,如果法律不作规定的话,法院裁判就没有条文作根据,还是规定了好,但考虑到悬赏广告虽然重要但毕竟是一个很小的制度,规定了一个、两个条文就够了,不可能专门制定一个悬赏广告法,它虽然不是合同,但毕竟是由意思表示构成的法律行为,与合同最接近,因此规定在合同法上并非毫无理由。这说明法律是有严格的逻辑关系的,但社会生活是复杂的,它不可能严格符合某种逻辑关系……这就是体系解释方法之所以有局限的原因。鉴于体系解释方法有局限性,我们在解释时,就不能仅依体系解释方法得出结论,体系解释方法之外,还要用其他方法"。① 从比较法的角度进行考察,可以发现,虽然瑞士债务法将悬赏广告列在契约一款之内,但通说仍将其解释为单方行为。② 这对我们理解悬赏广告的性质颇具启发意义。

其次,从笔者对"鲁瑞庚诉东港市公安局悬赏广告纠纷案"所作的评析中可以看出,在采合同说的情况下,可以直接适用现行合同法中有关格式条款的规定。然而,在采单方行为说的情况下,根据相似情形应为相同处理的法理,对意思表示的解释仍可参照合同法对格式条款的规定。在遵循法律解释学的基本原理的前提下,同样可以对相关当事人的利益给予公平的保护。

再次,根据《民通意见》第 6 条的规定,"无民事行为能力人、限制民事行为能力人接受奖励、赠与、报酬的,他人不得以行为人无民事行为能力、限制民事行为能力为理由,主张以上行为无效"。因此,在现行民法的体系内,就规则的适用而言,即使采合同说,无行为能力人或限制行为能力人在完成一定行为的情况下亦享有报酬请求权。唯就规则的合理依据而论,须要进一步解释的是,合同的效力为何不会受到行为能力规则的影响。在我国大

---

① 参见梁慧星:《裁判的方法》,法律出版社 2007 年版,第 95—96 页。
② 参见王泽鉴:《债法原理》(第一册),中国政法大学出版社 2001 年版,第 255 页。

陆,采合同说的学者并未对此作出相应的说明。① 在台湾地区,赞同契约说的黄茂荣教授认为,在广告行为由无行为能力人或限制行为能力人完成的情况下,如何对这两类民事主体的利益进行保护,存在着说明上的困难,需要求助于源自德国事实上契约的理论。② 然而,事实上契约的理论不但在德国已经广受批评③,在中国大陆也未得到理论和实务界的普遍认可。④ 因此,直接以其作为合理性依据的做法并不足取。相反,若采单方行为说,那么广告行为的完成就意味着停止条件的成就,行为人因此而享有报酬请求权。对保护无行为能力人或限制行为能力人的利益来说,不存在任何说明上的困难。

最后,合同的成立须有当事人的合意。在当事人不知有悬赏广告而完成了行为的情况下,如何说明合同已经成立,并对交易安全给予充分的保护,合同说面临着较大的困难。⑤ 采纳合同说的黄茂荣教授认为,"行为人应系在其向广告人通知已完成行为,并愿意以广告之内容与之成立悬赏广告的关系时,始因承诺而与广告人成立悬赏广告的契约关系"。⑥ 在笔者看来,这一观点难以对当事人的利益给予周全的保护。我们不妨通过以下的例子来加以说明:设当事人在2月1日完成行为并将其通知广告人(例如,把找到的遗失物送还给广告人),而到了10月1日才知道广告的内容并向广告人请求报酬,广告人却拒绝给付。若将合同成立的时间解释为10月1日,那么广告人不必承担在此之前迟延履行债务的责任,就保护行为人的利

---

① 参见隋彭生:《合同法要义》(第二版),中国政法大学出版社2007年版,第74页;韩世远:《合同法总论》(第二版),法律出版社2008年版,第69—70页;朱广新:《合同法总则》,中国人民大学出版社2008年版,第45—49页;崔建远主编:《合同法》(第五版),法律出版社2010年版,第46页。

② 根据黄茂荣教授的考察,从德国的学说和实务来看,事实上契约的理论的一个重要功能就在于,"为无行为能力人或限制行为能力人所缔结之无效契约,提供效力上的例外依据,以补救其已履行,但事后回复不易或如以回复的方法处理,其结果显为不公的情形"。参见黄茂荣:《债法总论》(第一册),中国政法大学出版社2003年版,第245页。

③ 参见王泽鉴:《债法原理》(第一册),中国政法大学出版社2001年版,第204—209页。

④ 朱庆育博士从法哲学的角度对事实契约的理论提出了深刻的批评意见,参见朱庆育:《意思表示解释理论》,中国政法大学出版社2004年版,第107—122页。

⑤ 参见王泽鉴:《悬赏广告法律性质之再检讨》,载氏著:《民法学说与判例研究》(第二册),中国政法大学出版社1997年版,第63页;黄立:《民法债编总论》,中国政法大学出版社2002年版,第118—119页。

⑥ 参见黄茂荣:《债法总论》(第一册),中国政法大学出版社2003年版,第242页。

益而论,有失公允;若将合同成立的时间解释为2月1日,则无法满足合意的条件。而单方行为说在处理此类问题时则不存在上述困难。这在比较法上也可以找到相应的先例。德国民法学界将悬赏广告的性质界定为单方行为的重要理由之一,就是要使不知有广告而完成一定行为的人也有权请求报酬。① 而英国合同法处理同类问题的进路,也与单方行为说在原理上有着相通之处,即,如果A作出允诺说,若B完成了某项行动,则A会履行自己的义务,那么B完成行动这一事实本身就已经构成了让A承担义务的充分条件,无须再用承诺的概念来对B的行动进行解释。如果B在完成行动时并不知道A曾经作出过上述允诺,那么AB之间就更无协议可言了。②

综上,笔者认为,从政策论和解释论的角度来看,与单方行为说相比,合同说有两个难以克服的弱点:第一,在无行为能力人或限制行为能力人完成广告行为的情况下,难以从法理的层面说明,合同的效力为何不会受到行为能力规则的影响。第二,在不知有广告而完成了行为的情况下,难以说明合同如何成立,且难以对行为人的利益给予周全的保护。在现行民法体系内,将悬赏广告解释为单方行为是更为合理的选择。

---

① 参见王泽鉴:《债法原理》(第一册),中国政法大学出版社2001年版,第255页。
② See *Chitty on Contracts*, 30th Edition, Volume 1, Sweet & Maxwell, 2008, p.5.

第五章 合同的效力

第一节 概 述

一、合同的生效要件

一般而言,已经成立的合同只须具备以下要件即可生效:(1)当事人具有相应的行为能力;(2)意思表示真实;(3)内容合法。① 在某些情况下,合同生效还须具备特别的要件,例如,附生效条件的合同以条件的成就为生效要件;附生效期限的合同以期限的届至为生效要件;因代理而订立的合同以代理人有代理权作为生效要件。②

二、以效力为标准的类型划分

在传统民法学中,以能否完全发生效力为标准,可以将法律行为划分为完全行为和不完全行为。③ 以此为参照,可以把我国民法上的合同划分为效力完全的合同与效力不完全的合同,前者是指能够完全按照当事人的合意发生效力的合同,即有效的合同。后者是指不能够完全按照当事人的合意发生效力的合同,包括无效合同、可撤销的合同和效力未定的合同。④

---

① 参见《民法通则》第55条;郑玉波:《民法总则》,中国政法大学出版社2003年,306页;刘凯湘:《民法总论》(第二版),北京大学出版社2008年版,第273—274页。
② 参见张俊浩主编:《民法学原理》(修订第三版)(上册),中国政法大学出版社2000年版,第255—256页。
③ 参见史尚宽:《民法总论》,中国政法大学出版社2000年版,第323页。
④ 本书将可变更理解为可撤销的特别形态,参见张俊浩主编:《民法学原理》(修订第三版)(上册),中国政法大学出版社2000年版,第283—285页。

三、解析合同效力的两条路径

以上述民法学知识为铺垫,笔者认为,解析合同的效力,有两条可供选择的互通路径。其一,从生效要件入手,着重考察不同生效要件的欠缺对合同效力的影响;其二,着眼于不同效力类型的合同所产生的法律效果,分析相关的权利和义务关系。① 在本章的以下各节中,笔者将沿着上述两条路径,对相关的问题进行研究。

第二节 行为能力

一、行为能力的划分标准

对行为能力划分标准的讨论,可以追溯到罗马法的时代。根据法学前辈周枏教授的考察,对于如何认定当事人是否具有完全的行为能力,罗马法上有两派不同的主张:普罗库路斯派(Proculus)认为,法律应该规定统一的标准;萨比努斯派(Sabinus)则认为,在身体和智力方面,有的人发育得较早,有的人则发育得较晚,因此,标准应该按照各人的实际情况而定。就实际情况而论,萨比努斯派的观点更具合理性,然而,如果真的照此办理,就意味着对每一个法律行为,均须考察当事人的实际情况,这不但缺乏可操作性,也不利于商品的流转和经济的发展。因此,罗马法后来还是采取了普罗库路斯派的意见,制定了统一的标准,即,人到了一定的年龄就被认为具有完全的行为能力,至于精神病患者等情况则作为特例来处理。② 在我国现行的民法体系中,我们仍然可以发现上述法律思想的延续。根据《民法通则》的相关规定,18周岁以上的自然人为完全行为能力人。16周岁以上不满18周岁的自然人,以自己的劳动收入作为主要生活来源的,视为完全行为能力人。③ 10周岁以上的未成年人和不能完全辨认自己行为的精神病人是限制

---

① 与法律适用的逻辑构造部分的民法学知识相对照,则不难发现,"构成要件—法律效果"的模式与本段所提出的"两条路径"在原理上不乏相通之处。
② 参见周枏:《罗马法原论》(上册),商务印书馆1996年版,第18—19页。
③ 参见《民法通则》第11条。

行为能力人。不满 10 周岁的未成年人和不能辨认自己行为的精神病人是无行为能力人。① 比较法的研究显示,这种整齐划一的做法虽然在灵活性方面有所欠缺,却有助于维护交易的安全。②

二、限制行为能力人订立的合同

根据《合同法》第 47 条第 1 款的规定,限制行为能力人订立的合同,如果与自身的年龄、智力和精神健康状况相适应,或者属于纯获利益的合同,那么该合同为有效合同,不需要其法定代理人的事先同意或事后追认。

对于上述有效范围之外的合同,限制行为能力人在订立合同时须由法定代理人代理或事前征得法定代理人的同意,否则,该合同为效力待定的合同③,其生效与否与下列三项因素相关。

(一) 法定代理人的追认权

法定代理人可以行使追认权使合同自始发生效力,也可以拒绝追认从而使合同自始无效。④ 就行为的性质而论,无论是追认还是拒绝追认,都属于有相对人的单独行为,应该向相对人作出。⑤

(二) 相对人的催告权

1. 催告的期间

所谓催告,是指相对人要求法定代理人对是否追认给予明确的答复。⑥根据《合同法》第 47 条第 2 款的规定,相对人有权催告法定代理人在一个月内予以追认。对此,值得进一步阐述的问题有二:

---

① 参见《民法通则》第 12—13 条。

② Basil S Markesinis, Hannes Unberath Angus Johnston, *The German Law of Contract*, Second Edition, Hart Publishing 2006, p. 229.

③ 《民法通则》第 58 条第 1 款第 2 项规定,限制行为能力人依法不能独立实施的行为属于无效行为。然而,根据《合同法》第 47 条和第 52 条的规定以及特别法优于一般法的适用规则,此类合同应为效力待定的合同。

④ 参见《合同法》第 47 条第 1 款;《合同法解释(二)》第 11 条;张俊浩主编:《民法学原理》(修订第三版)(上册),中国政法大学出版社 2000 年版,第 297 页;郑玉波:《民法总则》,中国政法大学出版社 2003 年版,第 440 页。

⑤ 参见《合同法解释(二)》第 11 条。比较法上有观点认为,追认既可以向限制行为能力人作出,又可以向相对人作出,参见郑玉波:《民法总则》,中国政法大学出版社 2003 年版,第 461—462 页;王泽鉴:《民法总则》(增订版),中国政法大学出版社 2001 年版,第 332 页。

⑥ 参见胡康生主编:《中华人民共和国合同法释义》,法律出版社 1999 年版,第 82 页。

第一,如果相对人发出的催告期间不足一个月,自逻辑而言,有可能产生的法律效果包括三类:(1)催告不生效力,如同未发出一样。(2)催告有效,期间以相对人的意思表示为准。(3)催告有效,但期间仍然视为一个月。就规范的目的而论,调整期间的规则应该对双方当事人的利益给予均衡的保护,因此,如果将该催告解释为无效,那么效力待定的状态没有被改变,对双方当事人均无益处。而如果允许催告期间被相对人任意缩短,对限制行为能力人和法定代理人之期限利益的保护又明显不公。相比之下,令催告有效,将其期间视为一个月的解释最为可取。①

第二,如果相对人发出的催告期间超过一个月,那么可以令该催告有效,期间的长度则以相对人的意思表示为准。至于超过一个月的部分,可以解释为相对人自愿给予限制行为能力人和法定代理人的期限利益。

2. 行使催告权之后的法律效果

行使催告权之后的法律效果,可区分为三种情况:若法定代理人追认,则合同自始生效;若法定代理人拒绝追认,则合同自始无效;若法定代理人没有及时作出表示,则视为拒绝追认。②

(三)相对人的撤销权

根据《合同法》第47条的规定,在合同被追认之前,善意相对人有撤销的权利。兹将相关的问题分析如下:

1. 撤销还是撤回

在传统民法学中,撤销的适用对象是已经生效的行为,对于尚未生效的行为,通常适用撤回。③ 我国《合同法》区分对待要约的撤回和撤销,即是对上述学说的肯认。准此以观,《合同法》第47条中的"撤销"应该表述为"撤

---

① 比较法上的相似见解,参见王泽鉴:《民法总则》(增订版),中国政法大学出版社2001年版,第332—333页;施启扬:《民法总则》(修订第八版),中国法制出版社2010年版,第224页。

② 参见《合同法》第47条。

③ 参见郑玉波:《民法总则》,中国政法大学出版社2003年版,第326页;韩世远:《合同法总论》(第二版),法律出版社2008年版,第182页。

回"。① 唯从解释论的角度考虑,本书在下文中仍然沿用"撤销"的表述。

2. 撤销权的主体

《合同法》第 47 条规定,只有善意相对人才享有撤销权。笔者认为,此规定中"善意"包括以下两种情况:(1) 相对人在订立合同时不知道缔约者为限制行为能力人。② (2) 相对人在订立合同时不知道限制行为能力人的行为没有征得其法定代理人的事前同意。③

3. 撤销权的行使和法律效果

根据《合同法》第 47 条和《合同法解释(二)》第 11 条的规定,笔者认为,撤销的通知应该在合同被追认之前到达限制行为能力人或其法定代理人,才能生效。④ 被撤销的合同自始无效。

三、无行为能力人订立的合同

根据《民法通则》第 12 条和第 58 条的规定,无行为能力人订立合同时,须由其法定代理人来代理,否则,该合同无效。⑤ 值得追问的是,如果无行为能力人所订立的是纯获利益的合同,其效力应如何认定?对此问题,学者有不同的观点,例如:梁慧星先生认为,根据《合同法》第 47 条的规定,无行为能力人缔结的合同为效力未定的合同。⑥ 刘凯湘先生则认为,应当通过对《合同法》第 47 条进行目的性扩张的方法来补充法律漏洞,将无行为能力人订立的纯获利益的合同解释为有效的合同。⑦

---

① 本结论亦适用于《合同法》第 48 条的规定。相似的观点参见张谷:《略论合同行为的效力——兼评〈合同法〉第三章》,载王利明主编:《民商法理论争议问题——无权处分》,中国人民大学出版社 2003 年版,第 82 页;韩世远:《合同法总论》(第二版),法律出版社 2008 年版,第 182 页、186 页。

② 参见隋彭生:《合同法要义》(第二版),中国政法大学出版社 2007 年版,第 129 页。

③ 参见郑玉波:《民法总则》,中国政法大学出版社 2003 年版,第 326 页;施启扬:《民法总则》(修订第八版),中国法制出版社 2010 年版,第 224 页。

④ 比较法上的相似见解,参见王泽鉴:《民法总则》(增订版),中国政法大学出版社 2001 年版,第 333 页。

⑤ 我国台湾地区"民法典"第 75、76 条对此有相似的规定,参见王泽鉴:《民法总则》(增订版),中国政法大学出版社 2001 年版,第 313 页;施启扬:《民法总则》(修订第八版),中国法制出版社 2010 年版,第 219 页。

⑥ 参见梁慧星:《民法总论》(第三版),法律出版社 2007 年版,第 200 页。

⑦ 参见刘凯湘:《民法总论》(第二版),北京大学出版社 2008 年版,第 46 页。

上述各观点的说服力是否充分,值得反思。一方面,《合同法》第47条并没有对此问题作出明确的规定,因此,就文义解释而论,以《合同法》第47条为依据来主张无行为能力人订立的合同效力未定,其论证不能成立。另一方面,就法学方法论而言,解释法律、补充法律漏洞和改进现行规定与创设新制度是三种不同的活动①,而结合《民法通则》第58条和《合同法》第47条等相关规则来看,究竟应该采取何种方法来解决此问题,还有待更为具体的论证。

笔者认为,根据《民通意见》第6条的规定,无行为能力人接受奖励、赠与、报酬的,不得以行为人无行为能力为由而认定合同无效。以此为参照,可以对《民法通则》第58条第1款第1项中的无效行为进行限缩解释,把无行为能力人订立的纯获利益的合同排除在无效行为的范围之外,进而根据成立即生效的一般性规定②,将此类纯获利益的合同认定为有效的合同。③

第三节 意思表示

一、概述

所谓意思表示,是指表意人将内心希望产生一定法律效果的意思表示于外部的行为,其构成要素有两个:一个是内心希望产生一定法律效果的意思,即法效意思(学说上又称为效果意思、效力意思或缔约意思),另一个是外在的表示行为。④ 以传统民法学的研究为参照,可以将缔约过程中意思表示的瑕疵分为两类:一类是意思表示不自由,包括因欺诈、胁迫或乘人之危的行为而形成的意思表示,另一类是意思表示不一致,即,因重大误解而形

---

① 参见王泽鉴:《最高法院判决在法学方法论上之检讨》,载李静冰编:《民法的体系与发展》,中国政法大学教材(1991)。
② 参见《合同法》第44条。
③ 相似的观点,参见余延满:《合同法原论》,武汉大学出版社2008年版,第187—188页;王利明主编:《民法》(第五版),中国人民大学出版社2010年版,第112页。
④ 参见施启扬:《民法总则》(修订第八版),中国法制出版社2010年版,第227—228页;黄茂荣:《债法总论》(第一册),中国政法大学出版社2003年版,第80—82页;韩世远:《合同法总论》(第二版),法律出版社2008年版,第136—137页。

成的意思表示。① 在下文中,笔者将逐一考察各类瑕疵及其对合同效力的影响。

二、因欺诈而订立的合同

(一) 欺诈的构成要件

1. 对现行规则的归纳

在现行合同法上,欺诈的成立须具备如下的要件②:

第一,欺诈人有欺诈的故意,即故意使相对人陷于错误,并且故意使其因该错误而作出缔约的意思表示。若甲虽然对乙负有告知义务,但其未尽到义务只是由于过失而非基于故意(例如,甲出售其旧车给乙,甲因误以为乙已知该车曾发生过车祸而未再提及此事),则不构成欺诈。③

第二,欺诈人有欺诈的行为,包括积极的作为,即故意告知虚假情况(例如,声称矿泉水中含有 32 种微量元素却没有达标),也包括消极的不作为,即故意隐瞒真实情况(例如,没有告知报价中不包含附加费和服务费)。④

第三,被欺诈人因欺诈行为而陷于错误(包括因欺诈行为而加深了已有错误的程度,增强了作出缔约之意思表示的决心)。⑤ 若相对人没有因欺诈行为而陷于错误(例如,甲对乙谎称某车是日本原装,而乙明知其不是原装车),则无欺诈可言。⑥

第四,被欺诈人因错误而作出了缔约的意思表示。如果被欺诈人最终没有因错误而作出缔约的意思表示(例如,欺诈人虽然使用种种手段来掩盖其货物的瑕疵,但最终还是为被欺诈人所发现,被欺诈人没有与其订立合

---

① 参见郑玉波:《民法总则》,中国政法大学出版社 2003 年版,第 336、354 页。
② 参见《民法通则》第 58 条,《民通意见》第 68 条,《合同法》第 52、54 条;郑玉波:《民法总则》,中国政法大学出版社 2003 年版,第 354—356 页;梁慧星:《民法总论》(第三版),法律出版社 2007 年版,第 178—179 页。
③ 参见陈自强:《契约之成立与生效》,法律出版社 2002 年版,第 223 页。
④ 参见刘凯湘:《民法总论》(第二版),北京大学出版社 2008 年版,第 336 页。
⑤ 参见〔日〕我妻荣:《新订民法总则》,于敏译,中国法制出版社 2008 年版,第 290 页;胡长清:《中国民法总论》,中国政法大学出版社 1997 年版,第 249 页;施启扬:《民法总则》(修订第八版),中国法制出版社 2010 年版,第 254 页。
⑥ 参见胡长清:《中国民法总论》,中国政法大学出版社 1997 年版,第 248 页;王泽鉴:《民法总则》(增订版),中国政法大学出版社 2001 年版,第 391 页。

同),那么欺诈人的行为虽有可能在刑法上成立诈骗未遂,却不属于合同法上的欺诈。①

2. 第三人为欺诈行为的情形

值得追问的是,如果欺诈是合同当事人之外的第三人所为,其行为是否属于《合同法》第 54 条所规制的欺诈? 我国现行民法并未对此问题作出明确的规定。在比较法上,德国民法和我国台湾地区民法对此类问题的规定近乎一致,《德国民法典》第 123 条规定,"(1) 因受到恶意欺诈或不法胁迫而作出意思表示的人,可以撤销该意思表示。(2) 第三人进行欺诈时,如果意思表示是对他人作出的,则只有在该他人知道或应当知道欺诈时,该意思表示才可被撤销"。② 我国台湾地区"民法典"第 92 条规定,"因被欺诈或被胁迫,而为意思表示者,表意人得撤销其意思表示。但欺诈系由第三人所为者,以相对人明知其事实或可得而知者为限,始得撤销之"。以此为参照,笔者认为,在我国合同法上,如果欺诈是第三人所为,那么只有在另一方当事人知道或应当知道欺诈的情况下,被欺诈人才能根据《合同法》第 54 条以受欺诈为理由来主张撤销合同。此规则所蕴含的利益衡量和价值判断可表述为:与被欺诈人的利益相比,善意无过失的当事人对合同成立的信赖利益更应该受到法律的保护。③ 需要说明的是,如果欺诈行为是合同当事人的代理人、受托人或订约辅助人所为,那么无论合同当事人对欺诈是否知情,有无过失,被欺诈人均享有撤销权。④

(二) 欺诈对合同效力的影响

1.《合同法》对《民法通则》的修正

从《民法通则》第 58 条的规定来看,因欺诈而订立的合同属于无效合

---

① 参见胡长清:《中国民法总论》,中国政法大学出版社 1997 年版,第 248—249 页;郑玉波:《民法则》,中国政法大学出版社 2003 年版,第 356 页;张明楷:《刑法学》(第二版),法律出版社 2006 年版,第 775—780 页。
② 参见齐晓琨:《德国新、旧债法比较研究》,法律出版社 2006 年版,第 380 页。
③ 参见〔德〕拉伦茨:《德国民法通论》(上下册),王晓晔、邵建东、程建英、徐国建、谢怀栻译,法律出版社 2004 年版,第 544 页;郑玉波:《民法总则》,中国政法大学出版社 2003 年版,第 357—358 页。
④ 参见〔德〕拉伦茨:《德国民法通论》(上下册),王晓晔、邵建东、程建英、徐国建、谢怀栻译,法律出版社 2004 年版,第 544—545 页;王泽鉴:《民法总则》(增订版),中国政法大学出版社 2001 年版,第 392 页;陈自强:《契约之成立与生效》,法律出版社 2002 年版,第 224 页。

同。然而,《合同法》对上述规则作出了修正,根据《合同法》第 52 条和第 54 条的规定,因欺诈而订立的合同通常属于可撤销的合同,只有在损害国家利益的情况下才将其定性为无效合同。这一修正不但使现行规则与比较法上的某些立法体例更加接近①,而且在某些情况下,还可以对被欺诈人的利益给予更为周全的保护。例如,甲通过欺诈行为与乙订立了买卖合同,在缔约的时候,价格条件对乙很不利。在进入履行阶段之后,由于市场价格的上涨,合同反而变得对乙颇为有利,此时,如果适用《民法通则》第 58 条第 1 款第 3 项认定该合同无效,那么与履行合同相比,被欺诈人乙无疑会蒙受更大的损失,欺诈人甲却会因此而获得更多的利益。② 如果适用《合同法》第 54 条第 2 款,则不会产生此类的问题。然而,需要进一步思考的是,应该如何理解《合同法》第 52 条所规定的"国家利益"?

2. 再思"国家利益"的含义

对于《合同法》第 52 条第 1 项中"国家利益"的含义,学界并未形成共识。有学者认为,国家利益是指社会公共利益。③ 另有学者认为,国家利益就是国有企业的利益。④ 在笔者看来,这两种观点能否成立,还有待商榷,兹将相关的问题解析如下:

首先,《合同法》第 52 条第 4 项已经规定,损害社会公共利益的合同无效。如果国家利益应解释为社会公共利益,那么立法者完全没有必要在《合同法》第 52 条第 1 项中再对其另行规定。因此,从体系解释的原理来看,很难将国家利益解释为社会公共利益。⑤

其次,在我国现行法律体系中,与救济贫困、救助灾民、扶助残疾人、环境保护、维护生态环境、发展医疗卫生事业和发展教育、科技、文化、艺术、体

---

① 如本节上文所述,根据《德国民法典》第 123 条和台湾"民法典"第 92 条的规定,因受欺诈而为的意思表示,属于可撤销的意思表示。
② 参见韩世远:《合同法总论》(第二版),法律出版社 2008 年版,第 139 页。
③ 参见梁慧星:《民法总论》(第三版),法律出版社 2007 年版,第 179 页;马俊驹、余延满:《民法原论》(第四版),法律出版社 2010 年版,第 205 页。
④ 参见王利明、崔建远主编:《合同法》,北京大学出版社 2000 年版,第 101 页,转引自马俊驹、余延满:《民法原论》(第四版),法律出版社 2010 年版,第 204 页。
⑤ 相似的观点,参见朱广新:《合同法总则》,中国人民大学出版社 2008 年版,第 204 页。

育等事业相关的利益均属于社会公共利益。① 而按照词语的惯常用法,无论我们对国家利益作怎样的界定,都很难将上述各类公共利益通通解释为国家利益。就内容而论,国家利益和社会公共利益之间存在着不可忽略的差异。②

再次,从目的解释的角度来看,将国家利益解释为国有企业的利益,可能与防止国有资产流失的立法目的有关。③ 从事立法工作的学者曾经指出,在经济生活中,有很多人以欺诈的方式订立合同,侵吞国有资产,侵害国家利益,但是,由于受害方当事人害怕承担责任或对国家财产漠不关心,导致了大量国有资产的流失。因此,若不将此类合同认定为无效合同,就不足以保护国有资产。④ 不难看出,这种解释与宪法和政策层面中的"公有制为主体"和"发挥国有企业的主导作用"等话语的精神是完全符合的。⑤ 已有学者指出,在解释《合同法》第52条第1项的规定的时候,"受到广泛关注的一种解释是,我国是以公有制为主体的社会主义国家,一方以欺诈或胁迫手段订立合同,如果损害国家利益的,国家对此要保留能够主动干预的法律手段"。⑥ 考察相关的司法实践,可以发现,有的法官就是采用类似的思路来解释《合同法》第52条第1项的。例如,在新疆维吾尔自治区乌鲁木齐市中级人民法院(2001)乌中经初字第224-1号判决中,乌鲁木齐市中级人民法院认为,"国有企业兼并合同涉及国有资产的处置及国有企业职工的合法权益,其必须符合法律及国家的相关政策,并符合法律规定的程序方具法律效

---

① 参见《信托法》第60条;《公益事业捐赠法》第3条;王轶:《正确理解公共利益,切实维护私人权利》,载《今日中国论坛》2007年第4期。

② 已有学者从法理学的层面对国家利益和公共利益的关系作出了有益的探讨,参见王轶、董文军:《论国家利益——兼论我国民法典中民事权利的边界》,载《吉林大学社会科学学报》2008年第3期。

③ 相似的观点,参见王轶:《民法价值判断问题的实体性论证规则》,载《中国社会科学》2004年第6期。

④ 参见胡康生主编:《中华人民共和国合同法释义》,法律出版社1999年版,第89—90页。

⑤ 参见冀诚:《论所有制概念对中国私法制度的影响》,中国政法大学出版社2010年版,第126—133页。

⑥ 参见顾昂然(时任全国人大常委会法制工作委员会主任):《中华人民共和国合同法讲话》,法律出版社1999年版,第28页,转引自朱广新:《合同法总则》,中国人民大学出版社2008年版,第204页。

力……安置农场与阳光公司签订的兼并合同,其形式不符合法律规定的形式生效要件,其内容不符合国家的土地法律及政策,且存在欺诈行为,故属无效合同"。依照《合同法》第44条第2款、第52条第1项和第58条的规定,判决该兼并合同无效,自判决生效之日起恢复安置农场的法人资格。在新疆维吾尔自治区高级人民法院(2002)新民二终字第21号判决中,负责二审工作的新疆维吾尔自治区高级人民法院进一步指出:

  《国有企业改革中划拨土地使用权暂行规定》中规定:非国有企业兼并国有企业的,应当采取出让或出租方式处置;地价评估结果和土地使用权处置方案应当报有批准权的人民政府土地管理部门确认和审批;企业实行兼并的,土地评估结果不予确认土地使用权处置方案不予批准。《关于企业兼并的暂行办法》规定:被兼并方企业的资产包括有形资产和无形资产,一定要进行评估作价,并对全部债务予以核实。根据以上规定,安置农场在兼并前要对所有的资产进行评估,而阳光公司仅对安置农场的地上附着物进行了评估,对土地使用权是以出让还是租赁方式取得并未约定,亦未进行有效评估并作出处置方案,也就谈不上批准。因此,兼并协议只是对安置农场管理的部分国有资产进行了评估、约定,是不完整的。《国有资产产权登记试行办法实施细则》规定:被兼并企业办理产权注销登记要提交资产处置请求及国有资产管理部门的批复。因此,阳光公司在只提交了部分资产的确认文件的情况下即注销了安置农场法人资格是错误的。兼并协议虽是阳光公司和安置农场双方的真实意思表示,亦经部分相关部门确认,但该协议侵害了国家的利益,即兼并方无偿占用了属于国家所有的土地,应当确认该兼并协议无效。原判决认定兼并协议无效并无不妥,本案予以维持。[①]

然而,就合理性而论,这种解释仍有下列不足之处:(1)如果欺诈行为损害国有企业利益导致合同无效,而欺诈行为损害其他民事主体的利益则

[①] 参见"新疆维吾尔自治区民政厅诉乌鲁木齐市阳光投资集团有限公司兼并合同案"。顺便指出的是,一审判决认为,阳光公司的行为已经构成欺诈行为,杨善明先生在解说此案时也认为,兼并方有欺诈行为,而二审判决则认为,协议是双方的真实意思表示。如何看待欺诈行为和真实意思表示之间的关系,值得进一步研究。

导致合同可撤销,那么这显然与民事主体平等原则之间存在着张力。①
(2)如果合同法对国有资产和非国有资产的保护力度存在着差异,那么如何协调其与"物权平等保护原则"之间的关系②,亦有待进一步的论证。
(3)如江平教授所指出的那样,在司法实践中,像"对国有企业给予特别的保护"这样的表述有时会带来适得其反的效果。在一个真实的案例中,一家香港公司与内地的三家公司发生了纠纷。被告的住所地和合同的签订地都在内地,在一般的情况下,此案的管辖权属于内地的法院。但原告却要选择在香港起诉。根据香港的法律,如果原告能够证明案件在香港以外的法院得不到公平的审理,那么香港法院就有权受理。在解决管辖权争议的过程中,原告所请来的中国法律专家出具了法理意见,认为中国的法院对国有企业有特殊保护的问题。该意见所引用最多的话,就是各级法院院长经常发表在报纸上的话,"我们的法院要为国有企业保驾护航"。在内地的语境中,或许人们不会觉得这句话有什么不妥。但是,在香港的语境中,这句话就意味着,法院的天平是不公平的。既然法院没有提到对民营企业和私人财产进行特殊保护,人们就没有理由期待法院会对不同所有制类型的企业给予平等的保护。这对法院的公信力无疑构成了一种损害。③ 当然,上述几点不足已经涉及了所有制概念和私法平等原则之间的关系,如何解决此问题亦远远超出了民法学本身的研究范围,唯愿宪法学、法理学、法律史和经济学等研究领域的同仁能够协力投入,进行更多的整理与反思。④

在以上反思的基础上,笔者认为,从解释论的角度来看,一方面,应当将国家利益与社会公共利益相区分,另一方面,针对不确定的概念,宜采取与

---

① 相似的观点参见王轶:《民法价值判断问题的实体性论证规则》,载《中国社会科学》2004年第6期;马俊驹、余延满:《民法原论》(第四版),法律出版社2010年版,第204—205页。

② 对于物权平等保护原则的评析,参见赵万一:《论我国物权立法中的平等保护原则》,载《上海大学学报(社会科学版)》2007年第5期;高富平:《平等保护原则和私人物权制度检讨》,载《法学》2007年第5期;尹田:《评我国〈物权法〉对国家财产权利的立法安排》,载《浙江工商大学学报》2008年第1期;王坤:《物权法与非公有制经济产权保护》,载《理论探索》2008年第3期。

③ 参见江平:《〈物权法〉的理想与现实》(上),载《社会科学论坛》2007年第11期。

④ 从民法学和法理学的角度对此问题的初步研究,参见冀诚:《论所有制概念对中国私法制度的影响》,中国政法大学出版社2010年版。

研习诚实信用原则相类似的进路,对学理研究和司法判决中的国家利益的含义进行整理和归纳。从立法论的角度来看,在不改变"损害国家利益导致合同无效"的前提下,应该在法律表达的层面对欺诈和损害国家利益之间的关系进行修正,即,就裁判规范而论,应该以损害国家利益作为合同无效的充分条件,至于损害是否由欺诈、胁迫或其他不当行为造成的,不应对法律效果产生实质性的影响。①

三、因胁迫而订立的合同

(一)胁迫的构成要件

1. 对现行规则的归纳

在现行合同法上,胁迫行为的成立要件可归纳如下②:

第一,胁迫人有胁迫的故意,即,故意使被胁迫人感到恐惧,并且故意使其因恐惧而作出缔约的意思表示。

第二,胁迫人有胁迫的行为,即,对被胁迫人预告危害的行为。所预告的危害包括对被胁迫人及其亲友的生命健康、荣誉、名誉、财产等造成损害。胁迫的行为可以通过语言、动作或表情来作出。需要说明的是,胁迫的行为须属于不当行为,包括目的不当(例如,以检举被胁迫人犯罪相要挟,使其订立不利于自己的合同)和手段不当(例如,以暗杀相威胁,使被胁迫人订立合同)。积极行使权利的正当行为(例如,以起诉相告知)不构成胁迫。③

第三,被胁迫人因胁迫而产生了恐惧,包括在被胁迫人已有恐惧的情况下,胁迫人加强了其恐惧的程度。④ 至于胁迫行为是否足以使被胁迫人产生恐惧,应该根据被胁迫人自身的状况来认定。⑤ 在通常人不会因该胁迫而恐惧,而被胁迫人由于心理上的弱点而产生恐惧的情况下,本于保护被胁迫人

---

① 相似的观点,参见张俊浩主编:《民法学原理》(修订第三版)(上册),中国政法大学出版社 2000 年版,第 282 页。
② 参见《民法通则》第 58 条、《民通意见》第 69 条、《合同法》第 52 条和第 54 条;郑玉波:《民法总则》,中国政法大学出版社 2003 年版,第 360—361 页;梁慧星:《民法总论》(第三版),法律出版社 2007 年版,第 179—180 页。
③ 参见王泽鉴:《民法总则》(增订版),中国政法大学出版社 2001 年版,第 398—400 页。
④ 参见史尚宽:《民法总论》,中国政法大学出版社 2000 年版,第 437 页。
⑤ 参见王伯琦:《民法总则》(八版),台湾正中书局 1979 年版,第 169 页。

的意思自由不受侵害的规范意旨,仍然应该认定该行为构成胁迫。①

第四,被胁迫人因恐惧而作出了缔约的意思表示。如果胁迫人虽然有胁迫的行为,但被胁迫人是基于其他原因而作出意思表示的(例如,不肖子弟强行向父母索取财产,父母却因为疼爱子女的缘故而给予其财产),那么该行为并不构成合同法上的胁迫。②

2. 第三人为胁迫行为的情形

如果胁迫系合同当事人之外的第三人所为,那么被胁迫人是否有权撤销该合同?我国现行民法对此问题没有明确的规定。在笔者看来,上文在讨论欺诈问题的时候曾经援引的德国民法和我国台湾地区民法的规定,仍然值得我们借鉴。根据《德国民法典》第123条的规定,"(1)因受到恶意欺诈或不法胁迫而作出意思表示的人,可以撤销该意思表示。(2)第三人进行欺诈时,如果意思表示是对他人作出的,则只有在该他人知道或应当知道欺诈时,该意思表示才可被撤销"。③ 而我国台湾地区"民法典"第92条亦规定,"因被欺诈或被胁迫,而为意思表示者,表意人得撤销其意思表示。但欺诈系由第三人所为者,以相对人明知其事实或可得而知者为限,始得撤销之"。以上述规定为参照,笔者认为,在我国合同法上,如果胁迫系第三人所为,那么不论合同另一方的当事人是否为善意,有无过失,被胁迫人都可以《合同法》第54条为依据来撤销该合同。此解释的合理性在于,虽然胁迫与欺诈有相似之处,但胁迫对表意人意思自由的影响较欺诈更为严重,法律对于被胁迫人的保护亦须较被欺诈人更为周密。④ 当然,对于合同另一方当事人因为合同被撤销而受到的损害,应该允许其根据侵权法上的规定向胁迫人请求赔偿。⑤

(二)胁迫对合同效力的影响

依照与上述"欺诈"问题相似的规则和原理,因胁迫而订立的合同通常

---

① 相似的观点,参见史尚宽:《民法总论》,中国政法大学出版社2000年版,第437页。
② 参见施启扬:《民法总则》(修订第八版),中国法制出版社2010年版,第256页。
③ 参见齐晓琨:《德国新、旧债法比较研究》,法律出版社2006年版,第380页。
④ 参见王泽鉴:《民法总则》(增订版),中国政法大学出版社2001年版,第398页;施启扬:《民法总则》(修订第八版),中国法制出版社2010年版,第257页。
⑤ 参见《侵权责任法》第6条;王伯琦:《民法总则》(八版),台湾正中书局1979年版,第170页;王泽鉴:《民法总则》(增订版),中国政法大学出版社2001年版,第400—401页。

属于可撤销的合同,在损害国家利益的情况下,其为无效合同。

四、因乘人之危而订立的合同

(一) 乘人之危的认定

1. 对构成要件的初步归纳

乘人之危的构成须具备以下要件[①]:

第一,表意人陷于危难的处境之中,急需救助。例如,急等着原材料用于生产,否则将蒙受巨大的损失;又如,船舶遭遇海难急需援救;再如,急需金钱给家人治病。

第二,行为人利用表意人的危难处境,向其提出了苛刻的合同条件。如果不存在行为人的故意(例如,行为人在不了解对方危难处境的情况下与之订立了合同),则不属于乘人之危。

第三,表意人被迫接受了苛刻的合同条件,作出了缔约的意思表示。

第四,表意人因订立合同而使其利益受到了严重的损害。

值得注意的是,如何理解乘人之危和显失公平之间的关系,学者之间有不同的观点,需要作进一步的讨论。

2. 乘人之危与显失公平之间的关系

在比较法上,有立法例将乘人急迫等情形和内容显失公平都作为"暴利行为"的构成要件。[②] 例如,《德国民法典》第 138 条第 2 项规定,"法律行为,系乘他人之强制情况、无经验、欠缺判断能力或显然之意志薄弱,使其对自己或他人为财产上利益之约定或给付者,而此财产利益与给付相较,显失公平时,尤应无效"。[③] 又如,台湾"民法典"第 74 条规定,"法律行为,系乘他人之急迫、轻率或无经验,使其为财产上之给付,或为给付之约定,依当时情形显失公平者,法院得因利害关系人之声请,撤销其法律行为,或减轻其

[①] 参见《民法通则》第 58 条、《民通意见》第 70 条、《合同法》第 54 条;隋彭生:《合同法要义》(第二版),中国政法大学出版社 2007 年版,第 188—189 页;韩世远:《合同法总论》(第二版),法律出版社 2008 年版,第 167 页;刘凯湘:《民法总论》(第二版),北京大学出版社 2008 年版,第 340 页。

[②] 参见胡长清:《中国民法总论》,中国政法大学出版社 1997 年版,第 203—204 页;黄立:《民法总则》(修正四版),台湾元照出版公司 2005 年版,第 340—345 页。

[③] 译文摘自黄立:《民法总则》(修正四版),台湾元照出版公司 2005 年版,第 340 页。

给付"。

在我国合同法学界,也有学者以显失公平作为乘人之危的构成条件。例如,隋彭生先生认为,"乘人之危是为了获取过分的利益,如果行为人没有获得过分利益,其与相对人订立的合同不是显失公平的,而相对人又急需合同,合同不应以乘人之危为由予以变更或者撤销"。[1] 在笔者看来,就交易的结果而论,乘人之危的确常与显失公平相类似。[2] 然而,在构成要件的层面,二者之间仍存在着一定的区别。首先,对比《民法通则》第58条第1款第3项和第59条第1款第2项之规定的不同,以及《合同法》第54条第1款第2项与第2款之表述的差异,即可看出,在我国合同法上,乘人之危和显失公平是两种不同的行为,乘人之危的认定虽然应该以《民通意见》第70条为参照,却无须满足《民通意见》第72条所规定的显失公平的条件。其次,就损害的类型而论,显失公平所涉及的损害是财产上的损害[3],而因乘人之危所受到的损害却有可能包括非财产上的损害。例如,因被迫签约而使人身自由权受到限制,又如,甲遭遇危难,乙趁机向甲提议,购买甲的祖传字画。甲对先人所作的字画有特殊的感情,且向来以此为荣,但终因情势所迫而同意出售。在此情况下,虽然买卖合同的价格合理,不构成显失公平,但甲仍然受到了非财产上的损害,因此,可以认为,该合同是因乘人之危而订立的。[4] 综上,笔者认为,在我国合同法上,显失公平并非乘人之危的构成要件。[5]

(二)乘人之危对合同效力的影响

从《合同法》第54条对《民法通则》第58条所作出的修正来看,因乘人之危而订立的合同属于可撤销的合同。

---

[1] 参见隋彭生:《合同法要义》(第二版),中国政法大学出版社2007年版,第190页。
[2] 参见刘凯湘:《民法总论》(第二版),北京大学出版社2008年版,第340页。
[3] 参见《民通意见》第72条。
[4] 参见韩世远:《合同法总论》(第二版),法律出版社2008年版,第167—168页。
[5] 相似的观点,参见余延满:《合同法原论》,武汉大学出版社2008年版,第225—226页;崔建远:《合同法总论》(上卷),中国人民大学出版社2008年版,第299—301页。

五、因重大误解而订立的合同

（一）误解的概念

1. 误解的含义和类型

根据《民通意见》第71条的规定,可以将《合同法》第54条中的"误解"解释为错误认识,其大致相当于台湾民法中的"错误"①,是指表意人在进行表示的时候,因为认识不正确或欠缺认识,致使内心的效果意思和外部的表示行为不一致,其特征为"意思"和"表示"非故意的不一致。② 误解可分为以下两大类型③:

第一,意思表示内容的错误,即,意思形成过程中的认识上的错误。可再分为以下类型:

（1）对当事人的认识错误,包括对当事人本身的认识错误（例如,本来想和甲缔约,却误和乙订立了合同）和对当事人资格的认识错误（例如,误以为专攻理科的"博士—Ph.D."为哲学专家,而聘请其讲授哲学课程）。

（2）对标的物的认识错误,包括对标的物本身的认识错误（例如,错把《现代法语》当成《现代语法》来购买）、对标的物性质的认识错误（例如,错把真迹当作赝品来出售）、对标的物价格的认识错误和对标的物数量的认识错误。

（3）对合同性质的认识错误,例如,把连带责任保证错当作一般保证。

（4）对履行地点、履行期限和履行方式的认识错误。

第二,表示行为的错误,即,表意人如果知道事情的实情,就不会作出意思表示。包括笔误（例如,书写收据的时候,错把千元写为万元）和口误（例如,本来想说租赁,却说成了借贷）等。

需要指出的是,虽然意思表示内容的错误和表示行为的错误之区分为

---

① 参见台湾"民法典"第88条;郑玉波:《民法总则》,中国政法大学出版社2003年版,第342—352页;崔建远:《合同法总论》（上卷）,中国人民大学出版社2008年版,第302页。
② 参见施启扬:《民法总则》（修订第八版）,中国法制出版社2010年版,第246页;黄立:《民法总则》（修正四版）,台湾元照出版公司2005年版,第285页。
③ 参见《民通意见》第71条;张俊浩主编:《民法学原理》（修订第三版）（上册）,中国政法大学出版社2000年版,第293页;郑玉波:《民法总则》,中国政法大学出版社2003年,施启扬:《民法总则》（修订第八版）,中国法制出版社2010年版,第247—248页。

多数学者所采用,但二者之间其实并不存在排他性的区分标准,因为,对于意思表示内容的错误,如果表意人知其实情,同样也不会作出意思表示。就规则的适用而论,无须对二者作严格的区分。①

2. 传达的错误

传达的错误,又称误传,是因传达人的不实表示而产生的错误。例如,邮电局在发电报的时候将买入误译为卖出。又如,传达人在口头传话时因记忆有误而传错。② 在我国台湾地区民法上,错误的意思表示由台湾地区"民法典"第 88 条所调整,误传的意思表示为台湾地区"民法典"第 89 条所规范,二者均属于可撤销的意思表示。③ 在我国民法上,《民通意见》第 77 条对误传作出了以下的相关规定,"意思表示由第三人义务转达,而第三人由于过失转达错误或没有转达,使他人造成损失的,一般可由意思表示人负赔偿责任。但法律另有规定或双方另有约定的除外"。有学者据此指出,重大的误传可以撤销,而撤销权人应对第三人信赖利益的损失负赔偿责任。④ 笔者认为,上述观点值得赞同,理由在于:第一,符合"避免意思与表示不一致"的规范意旨。第二,在效力的层面,符合"相似情形应为相同处理"的法理。因此,就解释论而言,可以将误传列为《合同法》第 54 条所规定的误解的一个类型。⑤ 唯撤销权属于形成权,因一方的意思表示即可生效,其法律效果于相对人会有较大的影响,其发生事由也须由法律作出明确的规定。因此,从立法论的角度来看,宜对重大误传的行为可以撤销作出明确的规定。

---

① 参见黄立:《民法总则》(修正四版),台湾元照出版公司 2005 年版,第 286 页。
② 参见张俊浩主编:《民法学原理》(修订第三版)(上册),中国政法大学出版社 2000 年版,第 293 页;刘得宽:《民法总则》(增订四版),中国政法大学出版社 2006 年版,第 227 页。
③ 参见黄立:《民法总则》(修正四版),台湾元照出版公司 2005 年版,第 285—299 页;施启扬:《民法总则》(修订第八版),中国法制出版社 2010 年版,第 249—252 页。
④ 参见张俊浩主编:《民法学原理》(修订第三版)(上册),中国政法大学出版社 2000 年版,第 293—294 页。在我国民法学界,多位学者都认为重大的误传是可以撤销的,但其在论述的过程中并没有以《民通意见》第 77 条作为参照。参见梁慧星:《民法总论》(第三版),法律出版社 2007 年版,第 177—178 页;韩世远:《合同法总论》(第二版),法律出版社 2008 年版,第 169 页;苏号朋:《合同法教程》,中国人民大学出版社 2008 年版,第 132 页。
⑤ 在台湾地区民法学界,也有学者将传达错误列为错误态样的一种,参见王泽鉴:《民法总则》(增订版),中国政法大学出版社 2001 年版,第 372 页。

3. 动机的错误

动机的错误是指对合同内容以外的事项的错误。在现实生活中,确有合同是因为动机错误而订立的。例如,甲为了装潢其新家而购买了一巨幅油画,回家后才发现,画框根本无法穿过其家门。又如,丙购买了一个结婚礼物准备赠与丁,没想到婚礼尚未举行,新人已告分飞。再如,误以为某歌星能歌善舞票房必高,而与其签订高薪演出合同,不料演出时观众寥寥无几。① 以传统民法学的研究为参照,笔者认为,在我国合同法上,动机的错误不属于《合同法》第 54 条所规定的误解,因动机的错误而订立的合同原则上不得撤销。其原理在于,动机只是合同成立的间接原因,而不是意思表示的组成部分,若合同的效力能够为动机的错误所左右,则交易的安全将难以确保。当然,如果动机已经表示于外部,且构成了意思表示的一部分,那么该动机的错误应该解释为意思表示内容的错误。②

(二) 重大误解的构成要件

在以上论述的基础上,可以对重大误解的构成要件作如下的归纳③:

1. 表意人因误解而作出了缔约的意思表示

如果误解与合同的成立之间不存在因果关系,那么该误解不会对合同的效力构成影响。④

2. 该误解为重大误解

以传统民法学的研究为参照,笔者认为,在我国合同法上,重大误解的特征可从以下两个方面加以概括:

第一,从社会一般观念来看,误解在交易上具有客观重要性。为了保护交易的安全,不应让轻微的错误(例如,误以为某甲所编的《六法全书》为某

---

① 参见黄立:《民法总则》(修正四版),台湾元照出版公司 2005 年版,第 299 页;施启扬:《民法总则》(修订第八版),中国法制出版社 2010 年版,第 247 页。

② 参见郑玉波:《民法总则》,中国政法大学出版社 2003 年版,第 307 页;施启扬:《民法总则》(修订第八版),中国法制出版社 2010 年版,第 247 页。

③ 参见韩世远:《合同法总论》(第二版),法律出版社 2008 年版,第 170 页。

④ 参见隋彭生:《合同法要义》(第二版),中国政法大学出版社 2007 年版,第 158—159 页。

乙所编而购买了一册)影响合同的效力。①

第二,就结果而论,合同的履行结果将会使表意人蒙受较大的损失。例如,错把真迹当成赝品出卖了。②

(三)重大误解对合同效力的影响

根据《民法通则》第59条和《合同法》第54条的规定,因重大误解而订立的合同,属于可撤销的合同。

第四节 内 容

合同的内容,其含义大致相当于合同的标的,可以理解为当事人在订立合同时所欲发生的法律效果。③ 在我国合同法上,与内容合法相关的规范和要求可归纳为以下几个方面:

一、不得违反强制性规定

对于强制性规范的含义、类型及其对合同效力的影响,本书在第二章中已作出了较为详细的论述。值得注意的是,从法律位阶的角度来看,能够用来判定合同无效的强制性规范特指全国人大及其常委会制定的法律和国务院制定的行政法规,至于地方性法规和行政规章则不包括在内。④

二、不得损害社会公共利益

(一)社会公共利益的确定

笔者在本章第三节中已经指出,在我国现行法律体系中,社会公共利益不能等同于国家利益。已有的研究显示,社会公共利益具有可还原性的特

---

① 参见王泽鉴:《民法总则》(增订版),中国政法大学出版社2001年版,第383页;刘得宽:《民法总则》(增订四版),中国政法大学出版社2006年版,第226页;施启扬:《民法总则》(修订第八版),中国法制出版社2010年版,第250页。

② 参见《民通意见》第71条;隋彭生:《合同法要义》(第二版),中国政法大学出版社2007年版,第159页。

③ 参见郑玉波:《民法总则》,中国政法大学出版社2003年版,第307页。

④ 参见《合同法解释(一)》第4条。

点,即,最终能够还原为特定群体民事主体的私人利益。在法律实践当中,可以通过立法和司法这两个途径来确认公共利益,兹列举如下:

第一,立法途径。例如,根据《信托法》第60条和《公益事业捐赠法》的第3条的规定,与救济贫困、救助灾民、扶助残疾人、环境保护、维护生态环境、建设社会公共设施和发展医疗卫生、教育、科技、文化、艺术、体育等事业相关的利益,都属于社会公共利益。

第二,司法途径。例如,在郑州市二七区人民法院于2006年审理的一起与经济适用房指标转让相关的案件中,法院认为,"经济适用房是政府为解决中低收入家庭住房问题而兴建的具有社会保障性质的住房,其销售对象有着严格的限制,只有符合条件的家庭才拥有经济适用房的购买资格,且即使拥有购买资格的家庭也不一定最终能实际购买到经济适用房。被告虽具有郑飞公司经济适用房的购买资格,但其将购买资格通过协议赠与没有购买资格的原告,使原本不符合条件的原告实际占有了房屋,扰乱了我国经济适用房的管理秩序,损害了公共利益,故该赠与合同无效"。[1]

(二)损害社会公共利益对合同效力的影响

根据《民法通则》第58条和《合同法》第52条的规定,损害公共利益的合同为无效合同。

三、不得显失公平

(一)显失公平的构成要件

有学者认为,在我国合同法上,显失公平的构成不要求有主观要件,只须具备客观要件,即,双方当事人的权利、义务明显不对等,使一方遭受重大的损害。[2] 其主要理由可概括为两个方面:其一,《民法通则》和《合同法》都没有对主观要件作出规定,在我国合同法上,主观要件的唯一规范依据就是《民通意见》。而从《合同法》的立法过程以及《合同法》的最终文本中可以看出,立法者的立场其实是否定了《民通意见》对主观要件的规定。其二,主

---

[1] 参见王轶:《正确理解公共利益,切实维护私人权利》,载《今日中国论坛》2007年第4期。

[2] 参见梁慧星:《民法总论》(第三版),法律出版社2007年版,第209页;韩世远:《合同法总论》(第二版),法律出版社2008年版,第170页。

观要件实际上限制了显失公平的适用范围,使得立法目的近乎落空;而不要求主观要件,则可免除受害人就显失公平的原因进行举证的负担,充分保护受害人的利益并保证公平、等价有偿等民法基本原则在实践中的贯彻和运用。①

上述观点的说服力是否充分,值得商榷。

首先,就法源的类型而论,《民通意见》具有法律渊源的地位,在实践中是被作为法律渊源援用的②,只是其不能脱离《民法通则》等法律而单独适用。因此,从裁判规范的角度来看,《民通意见》第72条涉及当事人主观方面的内容,完全可以解释为《民法通则》对主观要件所作出的规定。

其次,从《合同法》的制定过程以及最终文本中,并不能看出其否定了《民法通则》所规定的主观要件,理由有三:(1) 从事立法工作的学者在解释《合同法》第54条的时候指出,在考察是否构成显失公平的时候,必须把主观要件和客观要件结合起来考虑。③ 因此,很难看出,立法者的立场是在否定《民通意见》对主观要件的规定。(2) 仅通过《合同法草案第三稿》和《合同法》之间的条文差异的对比,不足以对《合同法》所规范的内容作出确定的解释。例如,《合同法草案第三稿》第55条规定的"情势变更"并没有在《合同法》的最终文本中出现④,然而,在《合同法》制定之前,湖北省高级人民法院就在"武汉市煤气公司诉重庆检测仪表厂煤气表装配线技术转让合同、煤气表散件购销合同纠纷案"中对情势变更原则作出了阐释⑤;在《合同法》生效之后,伴随着相关司法解释的出台,情势变更原则已经更为明确地在我国合同法体系内得到了承认。⑥ 同理,单凭"《合同法草案第三稿》第39条规定的主观要件没有出现在《合同法》的最终文本中"这一点⑦,我们亦无

---

① 参见韩世远:《合同法总论》(第二版),法律出版社2008年版,第170—174页。
② 参见龙卫球:《民法总论》(第二版),中国法制出版社2002年版,第35页。
③ 参见胡康生主编:《中华人民共和国合同法释义》,法律出版社1999年版,第98页。
④ 参见梁慧星:《关于中国统一合同法草案第三稿》,载《民商法论丛》(第7卷),法律出版社1997年版,第724页;《合同法》。
⑤ 参见吴合振主编:《最高人民法院公报案例评析:民事卷/经济案例》,中国民主法制出版社2004年版,第182—193页。
⑥ 参见崔建远主编:《合同法》(第五版),法律出版社2010年版,第128—129页。
⑦ 参见梁慧星:《关于中国统一合同法草案第三稿》,载《民商法论丛》(第7卷),法律出版社1997年版,第722页;《合同法》。

法得出"合同法不承认主观要件"的结论。(3) 从本章第三节的论述中可以看出,在《合同法》没有对欺诈、胁迫和重大误解等概念的构成要件作出明确规定的情况下,《民通意见》对上述概念的解释仍然为合同法体系所承认。本着"相似情形应为相同处理"的法理,完全可以将《民通意见》对显失公平的规定作为合同法体系内的有权解释。相反,如果一方面不接受《民通意见》对显失公平之主观要件的规定,而另一方面却又接受《民通意见》对欺诈、胁迫和重大误解等概念的解释①,那么就应该说明,决定其取舍的合理标准究竟是什么②,否则其论证难以成立。③

再次,从比较法的角度来看,《民通意见》第72条的规定可以找到相似的先例,有国外立法例就将主观方面的乘他人无经验等因素和客观方面的显失公平都作为"暴利行为"的构成要件。④ 例如,《德国民法典》第138条第2项规定,"法律行为,系乘他人之强制情况、无经验、欠缺判断能力或显然之意志薄弱,使其对自己或他人为财产上利益之约定或给付者,而此财产利益与给付相较,显失公平时,尤应无效"。⑤ 又如,台湾"民法典"第74条规定,"法律行为,系乘他人之急迫、轻率或无经验,使其为财产上之给付,或为给付之约定,依当时情形显失公平者,法院得因利害关系人之声请,撤销其法律行为,或减轻其给付"。不应忽略的是,笔者尚未发现有任何资料曾经指出,在上述立法例所处的合同法体系中,主观方面的要件使得公平原则的运作受到了阻碍。

复次,在合同自由的前提下,法律对于合同内容的形成,原则上不应该加以干预。⑥ 在行为能力和意思表示等其他生效要件都没有瑕疵的情况下,

---

① 从行文中可以看出,在阐释欺诈、胁迫、乘人之危和重大误解等概念的时候,梁慧星先生和韩世远先生都是把《民通意见》中的相关规定作为合同法体系内的有权解释来对待的,参见梁慧星:《民法总论》(第三版),法律出版社2007年版,第176—180页;韩世远:《合同法总论》(第二版),法律出版社2008年版,第157—170页。

② 在梁慧星先生和韩世远先生的著作中,笔者并没有发现相应的说明。

③ 在论证原理上,本段中的论述与王轶先生的主张具有相通之处,即,"在没有足够充分且正当理由的情况下,应当坚持强式意义上的平等对待",参见王轶:《民法价值判断问题的实体性论证规则》,载《中国社会科学》2004年第6期。

④ 参见胡长清:《中国民法总论》,中国政法大学出版社1997年版,第203—204页;黄立:《民法总则》(修正四版),台湾元照出版公司2005年版,第340—345页。

⑤ 译文摘自黄立:《民法总则》(修正四版),台湾元照出版公司2005年版,第340页。

⑥ 参见施启扬:《民法总则》(修订第八版),中国法制出版社2010年版,第214页。

合同的效力原则上也不应该只因为客观层面的内容问题而受到影响。① 已有的研究显示,抛开主观方面的因素,无条件地讨论给付和对待给付之间是否公平,不但缺乏明确的客观的判断标准,而且也难以与竞争市场和价值规律的观念相协调。②

最后,在司法实践中,已经有判决对主观方面的要件作出了肯定。例如,在家园公司诉森得瑞公司合同纠纷案中,天津市第二中级人民法院认为,"认定显失公平可以从以下两个方面进行考察:一是考察合同对一方当事人是否明显不公平。……二是要考察合同订立中一方是否故意利用其优势或者对方轻率、没有经验"。

综上,笔者认为,主观方面是显失公平制度中不可或缺的考量因素。显失公平的构成要件可从以下两个方面加以归纳:

1. 合同内容方面的要件

就内容而论,显失公平的合同须明显违反公平和等价有偿原则。③ 其含义可以概括为,合同履行的结果对一方明显有利,对另一方则明显不利,即,另一方会因此而蒙受重大的损失。在判断获益和受损是否严重失衡的时候,应该综合考量商品和服务的质量、季节、地区、履行方式和交易习惯等具体因素。④

需要说明的是,合同的内容是否显失公平,应该根据合同成立时的情况来加以判断。如果在合同成立之后,履行完毕之前,发生了非可归责于当事

---

① 隋彭生先生与笔者有相似的见解,他指出,"合同利益是否均衡,对价是否相当,取决于当事人的意志,公平原则应受到自由原则的限制。合同的公平性,应当在自由、自愿的前提下判断。如果双方当事人的主体地位平等,交易手段正当,意思表示并无瑕疵,那么,选择、决定合同条款的自由就不应当受到法律干涉,即使这种决定、选择的结果是利益悬殊的。法院或仲裁机关如果强行变更合同的条款,则实际上是迫使一方接受他从未准备接受的合同条款……此为对合同的不恰当的干预;如果撤销了合同,等于否认合意的结果,给当事人以反悔的权利,这样则不利于交易安全。以上观点并不是说,合同自由是无限制的,而只是强调要处理好自由与公平的关系"。参见隋彭生:《合同法要义》(第二版),中国政法大学出版社 2007 年版,第 170 页。

② 参见张俊浩主编:《民法学原理》(修订第三版)(上册),中国政法大学出版社 2000 年版,第 290 页;王泽鉴:《民法总则》(增订版),中国政法大学出版社 2001 年版,第 74—75 页;隋彭生:《合同法要义》(第二版),中国政法大学出版社 2007 年版,第 172 页。

③ 参见《民通意见》第 72 条。

④ 参见刘凯湘:《民法总论》(第二版),北京大学出版社 2008 年版,第 340—341 页;隋彭生:《合同法要义》(第二版),中国政法大学出版社 2007 年版,第 178—179 页。

人的情势变动,致使继续履行合同会显失公平,则应通过情势变更原则来解决,而不该适用《合同法》第 54 条中的显失公平规则。①

2. 当事人主观方面的要件

根据《民通意见》第 72 条的规定,显失公平的合同的一方当事人须有利用自己的优势或利用对方经验不足的故意。② 对此规则,笔者有如下的思考:

第一,有学者认为,利用自己的优势,是指利用自己在经济上的优势地位,使对方难以拒绝对其明显不利的缔约的意思表示。③ 在笔者看来,一方面,优势并非仅限于经济上的优势。如家园公司诉森得瑞公司合同纠纷案的终审判决所言,"所谓利用优势,是指一方利用其在经济上或其他方面的优势地位,使对方难以拒绝对其明显不利的合同条件"。另一方面,已有的研究显示,何谓利用自己在经济上的优势地位,在实践中颇难把握。众所周知,在缔约谈判的过程中,当事人自然会充分利用包括信息和技巧在内的各种优势,尽量争取对自己有利的条件。若将此类情况都认定为利用自己的优势,则显然违背市场交易的基本常识。④ 台湾地区法学前辈洪逊欣在《中国民法总则》一书中曾经指出,"法律行为之当事人,在某种程度内,姑不妨利用他人之特殊情形而为有利于自己之行为。但为维持当事人之间之协同关系,其程度须受交易上习惯及诚实信用原则之支配,应有一定之界限,并不得违反公平及其他人类共同生活之理想"。⑤ 笔者认为,洪逊欣先生的观点有助于我们更好地理解合同法中的显失公平规则。至于是否构成"利用自己在经济上的优势地位",则须结合具体的案情加以分析。以上文提到的家园公司诉森得瑞公司合同纠纷案为例,天津市第二中级人民法院在判决中指出,

本案二审争议焦点是:上诉人家园公司与被上诉人森得瑞公司之

---

① 参见余延满:《合同法原论》,武汉大学出版社 2008 年版,第 225 页;崔建远主编:《合同法》(第五版),法律出版社 2010 年版,第 128—131 页。
② 参见胡康生主编:《中华人民共和国合同法释义》,法律出版社 1999 年版,第 98 页。
③ 参见余延满:《合同法原论》,武汉大学出版社 2008 年版,第 225 页;苏号朋:《合同法教程》,中国人民大学出版社 2008 年版,第 133 页。
④ 参见隋彭生:《合同法要义》(第二版),中国政法大学出版社 2007 年版,第 175 页。
⑤ 摘自朱广新:《合同法总则》,中国人民大学出版社 2008 年版,第 184 页。

间签订的加盟特许经营合同、解除合同协议书中设定的竞业禁止和保守商业秘密条款对家园公司是否显失公平。……本案中,虽然被上诉人森得瑞公司在签约时似乎占有一定的优势,但上诉人家园公司签订合同时并非处于急迫的情形,其作为专业从事房地产中介业务的公司也不存在没有行业经验的问题。虽然该合同属于森得瑞公司提供的格式文本,但对于合同条款中的有关词语,包括竞业禁止条款中的"关系人"、"关联企业"的含义,合同均作有明确的释义。在订立合同之时,家园公司对此内容时明知的,且未提出任何异议。因此,加盟特许经营合同的订立体现了双方当事人意思自治的原则,该合同一旦成立,即应对双方当事人产生法律约束力。此后,双方在协商一致的基础上共同订立了解除合同协议书。在该协议书中,家园公司再次作出"遵守合同约定的竞业禁止义务和保守商业秘密的条款"的承诺,亦应严格依约履行。特别需要注意的是,森得瑞公司在签约时似乎占有一定的优势,但随着合同的订立、履行,特别是家园公司对森得瑞公司业务秘密的实际占有,森得瑞公司的所谓优势地位即不复存在,合同双方实际上处于平等的地位。另外,对于《解除合同协议书》第五条中约定的保守商业秘密的义务,因属于合同附随义务范畴,既不属于显失公平,也不违反合同法的规定。

第二,从比较法的角度来观察,可以发现,《德国民法典》第 138 条第 2 项规定,"法律行为,系乘他人之……欠缺判断能力或显然之意志薄弱,使其对自己或他人为财产上利益之约定或给付者,而此财产利益与给付相较,显失公平时,尤应无效"。[①] 我国台湾地区"民法典"第 74 条规定,"法律行为,系乘他人之轻率……使其为财产上之给付,或为给付之约定,依当时情形显失公平者,法院得因利害关系人之声请,撤销其法律行为,或减轻其给付"。以上述规则为参照,笔者认为,在我国合同法上,利用他人的轻率,包括欠缺判断能力(例如,为了购买不必要的东西而承担远超过其给付能力的义务)和显然的意志薄弱(例如,因为烟酒成瘾而使判断力受到影响),都可以解释

---

① 译文摘自黄立:《民法总则》(修正四版),台湾元照出版公司 2005 年版,第 340 页。

为利用自己的优势。① 例如,利用他人个性上的轻率,把价值一百元的东西卖到上千元。②

第三,从逻辑上讲,利用对方没有经验(例如,理发店对外来无经验的顾客,推荐价格昂贵的理发项目)③,可视作利用自己的优势的一种具体类型。④ 在一般的情况下,没有经验是指由于年龄太轻或智力不足等原因而欠缺一般的生活经验或交易经验。⑤ 如果只是对特定的生活或经济领域欠缺经验或知识(例如,汽车购买人不如专家了解汽车),则不属于没有经验。在特殊的情况下,对特定的生活领域欠缺经验或知识(例如,刚迁入生活条件迥异的国家或地区),也可解释为没有经验。⑥

(二)显失公平对合同效力的影响

根据《民法通则》第59条和《合同法》第54条的规定,显失公平的合同属于可撤销的合同。

四、不得恶意串通,损害他人利益

(一)恶意串通,损害他人利益的构成要件

恶意串通,损害他人利益的行为须具备以下两个要件:

第一,在缔约的过程中,有两个或两个以上的主体合谋实施了违法的行为。例如,甲为国有企业,乙为私有企业,甲乙之间签订了资产转让合同。为了达到非法的目的,双方故意低估了资产的价值。

第二,行为的结果将会使得国家、集体或第三人的利益受到损害。例如,委托人甲委托代理人乙购买耕牛,乙和第三人丙恶意合谋,将病牛按健康牛的价格卖给了甲,甲的利益因此受到了损害。⑦

---

① 参见黄立:《民法总则》(修正四版),台湾元照出版公司2005年版,第343—344页;〔德〕梅迪库斯:《德国民法总论》,邵建东译,法律出版社2001年版,第542页。
② 参见刘得宽:《民法总则》(增订四版),中国政法大学出版社2006年版,第204页。
③ 参见施启扬:《民法总则》(修订第八版),中国法制出版社2010年版,第214页。
④ 参见隋彭生:《合同法要义》(第二版),中国政法大学出版社2007年版,第169页。
⑤ 天津市第二中级人民法院在"家园公司诉森得瑞公司合同纠纷案"的判决中已经指出,"所谓没有经验,是指欠缺一般生活经验或者交易经验"。
⑥ 参见黄立:《民法总则》(修正四版),台湾元照出版公司2005年版,第344页。
⑦ 参见隋彭生:《合同法要义》(第二版),中国政法大学出版社2007年版,第146页;刘凯湘:《民法总论》(第二版),北京大学出版社2008年版,第325页。

（二）恶意串通，损害他人利益对合同效力的影响

根据《民法通则》第 58 条和《合同法》第 52 条的规定，恶意串通，损害他人利益的合同为无效合同。

五、不得以合法形式掩盖非法目的

（一）以合法形式掩盖非法目的之合同的含义

以合法形式掩盖非法目的的合同，又称伪装合同[1]，是指行为人通过表面合法的行为来掩盖非法目的，从而对法律进行规避的合同。此类行为可以分解为两个部分：其一是表面的、起伪装作用的、看似具有合法性的合同。其二是被掩盖的、行为人旨在追求的非法目的。例如，债务人为了规避强制执行，与相对人合谋，假装订立买卖合同，将财产所有的名义转移给相对人。[2]

（二）以合法形式掩盖非法目的对合同效力的影响

根据《民法通则》第 58 条和《合同法》第 52 条的规定，以合法形式掩盖非法目的的合同为无效合同。

第五节　条件和期限

一、条件

（一）条件的含义和要件

条件是合同的当事人所约定的事实，其成就与否不能确定，其目的是为了控制合同效力的发生或消灭。条件须符合下列要件[3]：

1. 须为当事人所约定

条件必须是当事人所约定的事实。法律所规定的条件（如《合同法》第 47 条中的法定代理人的同意）在学说上称为法定条件，附法定条件的合同并非《合同法》第 45 条所规定的附条件的合同。[4]

---

[1] 参见胡康生主编：《中华人民共和国合同法释义》，法律出版社 1999 年版，第 92 页。

[2] 参见张俊浩主编：《民法学原理》（修订第三版）（上册），中国政法大学出版社 2000 年版，第 279 页。

[3] 同上书，第 265 页。

[4] 参见黄立：《民法总则》（修正四版），台湾元照出版公司 2005 年版，第 359 页。

2. 须合法

条件的内容必须合法。以内容违法的事实作为条件（例如，"如果你将某人杀死，我就给你100万元"，是以犯罪行为作为条件；又如，"如果你终身不结婚，我每月供你生活费5000元"，是以限制他人的婚姻自由作为条件；再如，"如果你不与你的母亲来往，我每月给你1000元"，是以侵害亲属关系作为条件）①，属于无效的条件。《民通意见》第75条规定，附条件的民事行为，如果所附的条件违背法律规定，应当认定该民事行为无效。据此，笔者认为，无效条件的法律效果是导致整个合同无效。②

3. 须尚未发生

条件必须是尚未发生的事实，否则其无法控制合同效力的发生或消灭。以已经实现或者已经确定不实现的事实为内容的条件，在学说上称为虚伪条件或既成条件，例如，甲与丙约定，如果乙今年出国，则赠与其机票一张，孰不知在约定的时候，乙已经出国了。③ 此行为的效力如何，我国民法无明确的规定。就比较法而论，《日本民法典》第131条规定，"条件于法律行为当时，已经成就者，其条件为停止条件时，其法律行为视为无条件，为解除条件时，无效。条件之不成就，在法律行为当时已确定者，其条件为停止条件时，其法律行为无效，为解除条件时，视为无条件"。④ 我国台湾地区民法上亦有判例采相同的见解。⑤ 笔者认为，在我国合同法上，上述规则可以作为处理同类问题的参照。

---

① 参见谢怀栻：《民法总则讲要》，北京大学出版社2007年版，第146页。
② 有学者与笔者的观点相似，但在论证的过程中并未提及《民通意见》第75条的规定，参见谢怀栻：《民法总则讲要》，北京大学出版社2007年版，第146页；余延满：《合同法原论》，武汉大学出版社2008年版，第203页。
③ 参见黄立：《民法总则》（修正四版），台湾元照出版公司2005年版，第360页；施启扬：《民法总则》（修订第八版），中国法制出版社2010年版，第264页。
④ 摘自施启扬：《民法总则》（修订第八版），中国法制出版社2010年版，第264页。
⑤ 1979年台上字第2861号判例谓："……法律行为所附条件，系属过去既成之事实者，……并无其实之条件存在。故纵令当事人于法律行为时，不知其成否已经确定，亦非'民法'第99条所谓条件。我民法关于既成条件虽未设明文规定，然……条件之成就于法律行为成立时已确定者，该条件若系解除条件，则应认该法律行为无效"；1980年台上字第2717号判例亦指出，"两造买卖行为所附之解除条件，于法律行为成立当时，其条件成否业已确定，乃学说上所称既成条件，此项解除条件之成就，既在法律行为时业已确定，自应解为当事人有不欲为买卖行为之意思，其买卖契约应属无效"。摘自黄立：《民法总则》（修正四版），台湾元照出版公司2005年版，第360页。

4. 其发生与否，须不能确定

条件必须是发生与否不能确定的事实。这一要件有两重含义：第一，条件是否会发生，在约定的时候还不能确定。确定会发生的事实在民法上可以作为期限，但不得作为条件。第二，条件必须是有可能发生的事实。以按照社会观念通常不能实现的事实为内容的条件，如石头开花或太阳从西边出来等，在学说上称为不能条件。① 《民通意见》第 75 条规定，"附条件的民事行为，如果所附的条件是违背法律规定或者不可能发生的，应当认定该民事行为无效"。如本节上文所言，无论是生效条件还是解除条件，其无效都导致整个合同无效。因此，运用文义解释的方法，可以得出的结论是，无论是生效条件还是解除条件，如果其为不能条件，那么整个合同都会因之而无效。然而，从比较法的角度进行观察，则会发现不同的规则，例如，《日本民法典》第 133 条规定，"附不能之停止条件之法律行为，无效。附不能之解除条件之法律行为，视为无条件"。② 在我国台湾地区民法上，学者们在阐释本土同类问题的时候，或以《日本民法典》第 133 条的规定为参照③，或虽未提及，却在解释上主张相同的规则。④ 以上述立法例和学说为参照，笔者认为，在解除条件为不能条件的情况下，更为合宜的做法是，先将《民通意见》第 75 条中"所附的条件"限缩解释为"所附的生效条件"以排除其适用，进而将该合同解释为无条件的合同。⑤ 用目的解释的方法来衡量，这种解释不

---

① 参见黄立：《民法总则》（修正四版），台湾元照出版公司 2005 年版，第 360—361 页；施启扬：《民法总则》（修订第八版），中国法制出版社 2010 年版，第 263 页。

② 摘自施启扬：《民法总则》（修订第八版），中国法制出版社 2010 年版，第 263 页。

③ 参见胡长清：《中国民法总论》，中国政法大学出版社 1997 年版，第 287 页；史尚宽：《民法总论》，中国政法大学出版社 2000 年版，第 483 页；郑玉波：《民法总则》，中国政法大学出版社 2003 年版，第 382 页；刘得宽：《民法总则》（增订四版），中国政法大学出版社 2006 年版，第 253 页；施启扬：《民法总则》（修订第八版），中国法制出版社 2010 年版，第 263 页。

④ 参见王伯琦：《民法总则》（八版），台湾正中书局 1979 年版，第 180 页；梅仲协：《民法要义》，中国政法大学出版社 1998 年版，第 130 页；王泽鉴：《民法总则》（增订版），中国政法大学出版社 2001 年版，第 426 页；黄立：《民法总则》（修正四版），台湾元照出版公司 2005 年版，第 360—361 页。

⑤ 有学者与笔者的观点相似，却没有提供解释论意义上的论证过程，参见隋彭生：《合同法要义》（第二版），中国政法大学出版社 2007 年版，第 120 页；余延满：《合同法原论》，武汉大学出版社 2008 年版，第 203 页。

但更有可能接近当事人的真意,还符合有效解释的规则。①

(二)生效条件和解除条件

根据《合同法》第 45 条的规定,条件可分为生效条件和解除条件。

1. 生效条件

生效条件,又称为停止条件、延缓条件或开始条件②,是限制合同效力发生的条件。③ 例如,甲对乙说,如果你今年在核心期刊上发表一篇论文,我就赠与你一台笔记本电脑,就是一个附生效条件的赠与合同。附生效条件的合同在条件成就时生效,在条件不成就时确定的不生效力。④

2. 解除条件

解除条件,又称为消灭条件或终止条件⑤,是限制合同效力消灭的条件。⑥ 例如,甲对乙说,这本书送给你,供准备考试的时候使用,如果你这次考试顺利通过,就将该书还给我,就是一个附解除条件的赠与合同。附解除条件的合同在条件成就时失去其效力,在条件不成就时确定的维持其原有的效力。⑦

(三)条件成就和条件不成就的拟制

条件成就,是指条件的内容得以实现(例如,论文在今年得以发表)。《合同法》第 45 条规定,如果当事人为了自己的利益,以不正当的行为阻止条件成就(例如,甲和乙约定,在乙出国留学的时候赠与机票一张。为了避免赠与机票,甲故意销毁了乙的证件,导致乙无法出国),那么该条件视为已

---

① 笔者认为,《合同法解释(一)》第 3 条的规定,就体现出了有效解释的规则。对目的解释和有效解释之关系的说明,参见隋彭生:《合同法要义》(第二版),中国政法大学出版社 2007 年版,第 423—424 页;韩世远:《合同法总论》(第二版),法律出版社 2008 年版,第 629—630 页。

② 参见刘凯湘:《民法总论》(第二版),北京大学出版社 2008 年版,第 298 页;施启扬:《民法总则》(修订第八版),中国法制出版社 2010 年版,第 262 页。

③ 参见张俊浩主编:《民法学原理》(修订第三版)(上册),张俊浩执笔,中国政法大学出版社 2000 年版,第 266 页。

④ 参见郑玉波:《民法总则》,中国政法大学出版社 2003 年版,第 377 页。

⑤ 参见胡康生主编:《中华人民共和国合同法释义》,法律出版社 1999 年版,第 78 页;施启扬:《民法总则》(修订第八版),中国法制出版社 2010 年版,第 262 页。

⑥ 参见张俊浩主编:《民法学原理》(修订第三版)(上册),张俊浩执笔,中国政法大学出版社 2000 年版,第 266 页。

⑦ 参见施启扬:《民法总则》(修订第八版),中国法制出版社 2010 年版,第 266—268 页。

成就。这在学说上称为条件成就的拟制,其立法目的在于制裁不当行为,保护因条件成就而享受利益的当事人。① 条件的不成就,是指条件的内容确定地不实现(例如,本次考试没有通过)。《合同法》第 45 条第 2 款规定,如果当事人为了自己的利益,以不正当的行为促成条件成就(例如,借用人与出借人约定,以某日不能清偿借款为条件,借用人将自己所有的房屋廉价出售给出借人。出借人为了促使条件的成就,故意阻止第三人用合理的价格向借用人购房,以致到了某日借用人无力偿还借款),那么该条件视为不成就。这在学说上称为条件不成就的拟制,同理,其立法目的亦在于制裁不当行为,并保护因条件不成就而享受利益的当事人。②

二、期限

(一) 期限的含义和要件

期限是合同的当事人所约定的,将来确定会发生的事实,其目的是为了控制合同效力的发生或消灭。期限须符合以下的要件:

第一,期限须由当事人约定。法律所规定的期限(如《合同法》第 214 条中的 20 年)并非《合同法》第 46 条所调整的期限。③

第二,期限必须是尚未发生的事实,其原理与条件相同。

第三,期限必须是将来会确定发生的事实。这是期限与条件的根本差异。

(二) 生效期限和终止期限

根据《合同法》第 46 条的规定,控制合同效力的期限包括生效期限和终止期限。生效期限,又称始期,其功能类似于生效条件。附生效期限的合同在期限届至时生效。终止期限,又称终期,其功能类似于解除条件。附终止

---

① 参见张俊浩主编:《民法学原理》(修订第三版)(上册),张俊浩执笔,中国政法大学出版社 2000 年版,第 267 页;施启扬:《民法总则》(修订第八版),中国法制出版社 2010 年版,第 265 页。

② 参见张俊浩主编:《民法学原理》(修订第三版)(上册),张俊浩执笔,中国政法大学出版社 2000 年版,第 268 页;施启扬:《民法总则》(修订第八版),中国法制出版社 2010 年版,第 266 页。

③ 参见施启扬:《民法总则》(修订第八版),中国法制出版社 2010 年版,第 270 页。

期限的合同在期限届满时失效。①

第六节 无权代理

在传统民法学上,广义的无权代理包括狭义的无权代理(以下简称无权代理)和表见代理。② 下文将依次讨论其与合同效力的关系。

一、因无权代理而订立的合同

(一)无权代理的构成要件

合同法上的无权代理行为须符合下列要件③:

第一,代理人以被代理人的名义作出了缔约的意思表示。

第二,代理人的行为欠缺相应的代理权。具体包括三种情况:(1)被代理人根本就没有授予代理权;(2)被代理人虽然授予了代理权,但代理行为却超越了代理权的范围;(3)曾经存在的代理权在订立合同的时候已经终止。

(二)无权代理对合同效力的影响

因无权代理而订立的合同属于效力待定的合同,其法律效果可从以下三个方面进行解析④:

1. 被代理人与相对人之间的法律关系

(1)被代理人的追认权

被代理人可以行使追认权使合同自始发生效力,也可以拒绝追认从而使合同自始无效。无论是追认还是拒绝追认,都属于有相对人的单独行为,

---

① 参见张俊浩主编:《民法学原理》(修订第三版)(上册),中国政法大学出版社 2000 年版,第 270 页;余延满:《合同法原论》,武汉大学出版社 2008 年版,第 207—208 页。

② 参见王泽鉴:《民法总则》(增订版),中国政法大学出版社 2001 年版,第 467 页。

③ 参见《合同法》第 48 条。

④ 参见《合同法》第 48 条;张俊浩主编:《民法学原理》(修订第三版)(上册),中国政法大学出版社 2000 年版,第 332—334 页。

应该由被代理人向相对人作出。①

（2）相对人的催告权

所谓催告，是指相对人要求被代理人对是否追认给予明确的答复。相对人有权催告被代理人在一个月内予以追认。如果相对人发出的催告期间不足一个月，应令催告有效，将其期间解释为一个月。如果相对人发出的催告期间超过一个月，可以令该催告有效，期间的长度则以相对人的意思表示为准。至于超过一个月的部分，可以解释为相对人自愿给予被代理人的期限利益。② 行使催告权之后的法律效果，可区分为三种情况：若被代理人追认，则合同自始生效；若被代理人拒绝追认，则合同自始无效；若被代理人没有及时作出表示，则视为拒绝追认。

（3）相对人的撤销权

在合同被追认之前，善意相对人有撤销的权利。所谓"善意"，是指相对人在订立合同时不知道对方是无权代理人。③ 撤销的通知应该在合同被追认之前到达无权代理人或被代理人，才能生效。④ 被撤销的合同自始无效。

（4）相对人的赔偿责任

根据《民法通则》第66条第4款的规定，若相对人明知代理人无代理权，仍与之订立合同，并因此对被代理人造成了损害，那么该恶意相对人和无权代理人应该向被代理人承担连带的赔偿责任。⑤

2. 无权代理人和相对人之间的法律关系

在被代理人追认的情况下，合同确定生效，无权代理转化为有权代理。在代理人和相对人之间不发生效果归属关系。在没有获得被代理人追认的情况下，无权代理人应当向相对人承担责任。唯就责任的成立和法律效果而论，尚有下列问题需要作进一步的思考。

---

① 参见《合同法解释（二）》第11条，比较法上有观点认为，追认的行为既可以向无权代理人作出，也可以向相对人作出，参见王泽鉴：《债法原理》（第一册），中国政法大学出版社2001年版，第303页。
② 详细的论证理由，可参照本章第二节对《合同法》第47条的阐释。
③ 参见胡康生主编：《中华人民共和国合同法释义》，法律出版社1999年版，第84—85页。
④ 参见《合同法解释（二）》第11条。
⑤ 参见梁慧星：《民法总论》（第三版），法律出版社2007年版，第231页。

(1) 此责任的成立是否以相对人的善意和无过失为必要

有学者认为,从《民法通则》第 66 条第 4 款的反对解释中可以看出,此责任的成立以相对人的善意为要件。① 唯此论证理由能否成立,还有待斟酌。从《民法通则》第 66 条的具体内容来看,第 1 款规定,"没有代理权、超越代理权或者代理权终止后的行为,只有经过被代理人的追认,被代理人才承担民事责任。未经追认的行为,由行为人承担民事责任";第 4 款规定,"第三人知道行为人没有代理权、超越代理权或者代理权已终止还与行为人实施民事行为给他人造成损害的,由第三人和行为人负连带责任"。就文义解释而论,第 4 款中虽然出现了"知道(恶意)",但其所规定的是相对人(第三人)和行为人对他人的连带责任,并不涉及第 1 款中的行为人向相对人所承担的责任,因此,在"反对解释"和"行为人向相对人承担责任"之间就不存在相关性。从比较法的角度进行观察,可以发现,《德国民法典》《日本民法典》和台湾地区"民法典"都明确规定,无权代理人承担责任,须以相对人善意为要件。② 在笔者看来,"恶意人法律上常不加保护"是民法上的常理。③ 正像胡长清先生所指出的那样,"如相对人明知其无代理权,而竟贸然与其为一定之行为,则咎由自取,殊无予以保护之理由"。④ 因此,在解释《合同法》48 条的时候,应该以相对人的善意作为要件。

值得进一步思考的是,在承认善意要件的前提下,是否还须以相对人无过失为必要? 对此,比较法上有不同的观点,例如,我妻荣先生在论述日本

---

① 参见韩世远:《合同法总论》(第二版),法律出版社 2008 年版,第 188 页。
② 《德国民法典》第 179 条规定,"(1) 以代理人名义订立契约者,若不能证明其代理权,并经本人拒绝追认时,该订立人依相对人之选择,负履行或损害赔偿之义务。(2) 代理人不知其无代理权者,对于相对人因信其有代理权所受之损害,负赔偿之义务,但其数额,不得超过相对人因契约有效所得利益之程度。(3) 相对人明知或可得而知无代理权者,代理人无责任。代理人之行为能力被限制时,亦同;但已得法定代理人之同意者,不在此限"。摘自郑玉波:《民法总则》,中国政法大学出版社 2003 年版,第 435 页。《日本民法典》第 117 条规定:(1) 作为他人之代理人而订立契约者,不能证明其代理权,且未经本人追认时,对相对人之选择对之任履行或损害赔偿之责。(2) 前项规定,于相对人明知其无代理权,或因过失而不知,或以代理人名义订立契约者无其能力时,不适用之"。摘自郑玉波:《民法总则》,中国政法大学出版社 2003 年版,第 435 页。台湾"民法典"第 110 条规定,"无代理权人,以他人之代理人名义所为之法律行为,对于善意的相对人,负损害赔偿之责任"。
③ 参见郑玉波:《民法总则》,中国政法大学出版社 2003 年版,第 435—436 页。
④ 参见胡长清:《中国民法总论》,中国政法大学出版社 1997 年版,第 321 页。

民法上无权代理人向对方当事人承担责任之要件的时候指出,对方当事人须不知道称代理人者无代理权的情况,且须对不知无过失。① 而王泽鉴先生和施启扬先生在阐释台湾地区"民法典"的时候则认为,善意相对人有无过失,在所不问。② 胡长清先生还从比较法的角度指出,"在外国民法有以相对人非因过失不知其无代理权,为无权代理人负责之要件者(德民第 179 条第 3 项、日民第 117 条第 2 项),我民既未特设明文,自难为同一之解释"。③ 两相比较,笔者认为,在我国合同法上,无须以善意相对人的无过失作为无权代理人承担责任的要件④,理由在于:一方面,在法律表达的层面,现行民法并没有将相对人无过失作为责任的成立要件;另一方面,在法律实践的层面,已有司法判决指出,在相对人有过失的情况下,无权代理人仍然应该就自己的行为向相对人承担责任。⑤

(2) 此责任的成立是否以无权代理人存在过失为必要

《民法通则》第 66 条和《合同法》第 48 条中并没有对代理人是否须有过失的问题作出明确的规定。以比较法上的研究为参照⑥,笔者认为,可以将无权代理人向被代理人所承担的责任解释为一种法律特别规定的责任,其成立不以无权代理人有过失为必要。⑦

(3) 此责任的承担方式是什么

以《德国民法典》第 179 条和《日本民法典》第 117 条的规定为参照⑧,笔者认为,无权代理人应该依照善意相对人的选择,来承担履行合同或赔偿

---

① 参见〔日〕我妻荣:《新订民法总则》,于敏译,中国法制出版社 2008 年版,第 356 页。
② 参见王泽鉴:《债法原理》(第一册),中国政法大学出版社 2001 年版,第 305 页;施启扬:《民法总则》(修订第八版),中国法制出版社 2010 年版,第 299 页。
③ 参见胡长清:《中国民法总论》,中国政法大学出版社 1997 年版,第 321 页。
④ 相似的观点,参见隋彭生:《合同法要义》(第二版),中国政法大学出版社 2007 年版,第 136 页。
⑤ 参见南京市中级人民法院在"雨发公司诉栖霞山拆船厂购销合同不存在表见代理返还多付贷款案"中的判决。
⑥ 参见胡长清:《中国民法总论》,中国政法大学出版社 1997 年版,第 320 页;施启扬:《民法总则》(修订第八版),中国法制出版社 2010 年版,第 299 页;〔日〕我妻荣:《新订民法总则》,于敏译,中国法制出版社 2008 年版,第 356 页。
⑦ 相似的观点,参见梁慧星:《民法总论》(第三版),法律出版社 2007 年版,第 231 页。
⑧ 参见陈卫佐:《德国民法总论》,法律出版社 2007 年版,第 359 页;〔日〕山本敬三:《民法讲义 I:总则》,解亘译,北京大学出版社 2004 年版,第 252 页。

损失的责任。就赔偿损失而言,在一般的情况下,其范围不但包括对信赖利益的赔偿,还包括对履行利益的赔偿。然而,在无权代理人非因过失而不知其欠缺代理权的情况下(例如,代理权的授予者是无行为能力的精神病人),其赔偿范围则应仅以信赖利益为限。① 对于"不知代理权存在欠缺"这一事实,应该由无权代理人承担举证责任。②

3. 无权代理人和被代理人之间的法律关系

(1) 代理行为对被代理人有利的情况

如果代理行为对被代理人有利,那么二者的关系取决于被代理人是否追认。若被代理人追认,则意味着其对代理人作出了授权的意思表示,二者之间应适用调整其基础关系(例如委托、承揽、雇佣或合伙等)的法律规定。若被代理人不追认(例如,甲在探亲期间,其住宅因暴风雨而遭受了毁损。乙以甲的名义与丙订立了修葺房屋的承揽合同,价格合理,且不违反甲明示或可得而知的意思,但甲对乙的代理行为不予承认),则无权代理人对被代理人享有无因管理请求权。③

(2) 代理行为对被代理人不利的情况

如果代理行为对被代理人不利,且造成了损害,那么无权代理人应向被代理人承担赔偿责任。④ 需要强调的是,此责任的承担与被代理人是否追认并无关联。即使在被代理人追认的情况下,代理人仍须依其内部关系对被代理人承担赔偿责任。在现实的生活中,追认并不当然意味着代理行为对本人有利,有时,被代理人只是为了避免更大的损失,才就代理行为向相对人进行追认。例如:甲公司的业务专业人员乙,超越其代理权的范围,与客户丙订立了合同。甲为了维持信用而对其代理行为进行追认。如果甲因此而受到了损害,那么他可以根据违约责任的规定,向乙请求赔偿损失。⑤

---

① 参见王泽鉴:《债法原理》(第一册),中国政法大学出版社 2001 年版,第 305—306 页。
② 参见陈卫佐:《德国民法总论》,法律出版社 2007 年版,第 359 页。
③ 参见王泽鉴:《债法原理》(第一册),中国政法大学出版社 2001 年版,第 308 页。
④ 如前所述,在相对人为恶意的情况下,恶意相对人应该和无权代理人一起,向被代理人承担连带责任。
⑤ 参见王泽鉴:《债法原理》(第一册),中国政法大学出版社 2001 年版,第 309 页。

二、因表见代理而订立的合同

（一）表见代理的构成要件

对比《合同法》第 48 条和第 49 条的规定，可以看出，表见代理与无权代理均须具备"代理人以被代理人的名义作出了缔约的意思表示"和"代理人的行为欠缺相应的代理权"这两项要件。与无权代理所不同的是，表见代理的相对人有理由相信行为人有代理权。依照《合同纠纷指导意见》第 13 条，"表见代理制度不仅要求代理人的无权代理行为在客观上形成具有代理权的表象，而且要求相对人在主观上善意且无过失地相信行为人有代理权"。据此，可以对其构成要件及相关的问题作如下的归纳和解析：

1. 在客观方面，无权代理行为须形成了具有代理权的表象（权利外观）。[1]

以比较法上的研究为参照，可以将权利外观分为以下三个常见的类型[2]：

第一，被代理人以自己的积极行为造成了代理权存在的表象。例如，无权代理人持有被代理人出具的盖章的空白合同或介绍信等证明文件。

第二，被代理人知道他人以其代理人的名义订立合同，却不表示反对。例如：甲建筑公司将其承包的部分工程转包给了乙，乙雇佣丙当作工人，并向丁购买建筑所用的材料，都是以甲公司的名义。甲公司知道，但并不在意，没有作出反对的意思表示。

第三，被代理人虽然限制或撤回了代理权，但给相对人留下的权利外观却是代理权没有被限制或撤回。常见的例子是"外部授权，内部限制或撤回"。例如，甲对丙表示授予乙代理权，向其购买 AB 两幅图画。日后，甲对乙撤回此项授权或者限制乙只购买图画 A，但乙仍然向丙购买 AB 两幅图画。

---

[1] 参见董学峰法官对"雨发公司诉栖霞山拆船厂购销合同不存在表见代理返还多付贷款案"的评析意见；张俊浩主编：《民法学原理》（修订第三版）（上册），中国政法大学出版社 2000 年版，第 327 页。

[2] 参见董学峰法官对"雨发公司诉栖霞山拆船厂购销合同不存在表见代理返还多付贷款案"的评析意见；王泽鉴：《债法原理》（第一册），中国政法大学出版社 2001 年版，第 313—318、322 页；龙卫球：《民法总论》（第二版），中国法制出版社 2002 年版，第 587—588 页。

2. 在主观方面,相对人须善意且无过失地相信行为人具有代理权

笔者认为,上述主观要件的含义,是指具有一般交易常识和社会经验的相对人,在尽到应有的注意义务的前提下,仍然不知道行为人无代理权,因此对代理权存在的表象产生了合理的信赖。根据《合同纠纷指导意见》第14条的规定,应该综合考虑缔约和履约过程中的各类因素来判断合同相对人是否尽到合理的注意义务,还应考虑缔约的时间、签字的名义、是否盖有相关的印章、印章的真伪、标的物的交付方式和地点、买卖和租赁的标的、借款的用途、建筑单位对项目经理的行为是否知情、是否参与合同的履行等因素,对合同相对人是否善意且无过失作出综合的分析和判断。

3. 构成要件在审判实践中的运用

对于如何认定是否构成表见代理,最高人民法院著有两则判决,向我们展示了《合同法》第49条在审判实践中的具体运作,可供参考:

(1) 在"中国银行合肥市桐城路分理处与安徽合肥东方房地产有限责任公司等借款、抵押担保合同纠纷上诉案"中,最高人民法院认为:

> 构成表见代理应同时具备行为人具有代理权的客观表象和相对人善意无过失两个方面的要件。在本案中,合利公司在以东方公司名义向庐州信用社申请贷款和抵押的过程中,出具了东方公司的授权委托书、该公司的公章、财务专用章、合同专用章、营业执照副本、贷款证以及全套贷款资料,在客观上形成了合利公司具有申请贷款和提供抵押的代理权表象。尽管东方公司在合利公司与庐州信用社签订借款合同和抵押合同之前,曾函告丁华俊和丁华荣收回其授权委托,以及丁华俊回函称其所拿东方公司印章仅为办理土地使用权变更之用,但上述函件往来行为并未对外公示,且东方公司在合利公司以其名义向庐州信用社申请贷款之前也未能实际收回其公章、贷款证等物品,故东方公司的撤销委托授权行为未能改变前述合利公司具有代理权的客观表象,合利公司的申请贷款和抵押行为符合表见代理的客观要件。但是,对于东方公司的首次大额贷款,庐州信用社既未根据《贷款通则》关于对首次贷款的企业应当审查其上年度的财务报告的规定,审查东方公司的财政部门或会计(审计)事务所核准的上年度财务报告等材料,也未依照《城市房地产抵押管理办法》关于中外合资企业的房地产抵押须经

董事会通过之规定,要求合利公司提供东方公司董事会同意抵押贷款的批准文件。该事实表明,庐州信用社在审查东方公司贷款资格时存在疏忽或懈怠。在合利公司以东方公司名义向庐州信用社申请贷款时,向其出具了《"翠竹园"小区整体转让协议书》及相关材料,并以该"翠竹园"小区整体转让协议书约定转让的小区土地使用权为3000万元贷款提供抵押,对此,庐州信用社既应当知道东方公司与合利公司之间存在"翠竹园"小区整体转让行为,也应当根据合利公司出具的《"翠竹园"小区整体转让协议书》第五条关于合利公司根据东方公司的全权委托书,组建经营、管理、销售财务机构,以保证"翠竹园"小区项目的所有交接之规定,推定出东方公司出具的授权委托书并非全权授权而是有限授权,却仍然同意接受存在权利瑕疵的抵押物并发放抵押贷款,可谓存在重大过失。此外,庐州信用社同意接受丁华荣以该3500万元借款中的500万元偿还合利公司的关联公司即华侨经济开发公司在上诉人处的借款利息行为,不仅违反了《贷款通则》第25条关于"不得发放贷款用于收取利息"禁止性规定,也在一定程度上说明上诉人与丁华荣之间存在主观上恶意串通和客观上损害东方公司利益的行为。综观现有事实和相关证据,虽然本案因存在合利公司具有代理权的客观表象而符合表见代理的客观要件,但由于庐州信用社在审查"翠竹园"小区转让协议和授权委托书以及在缔结抵押贷款和信用贷款合同过程中,在判断合利公司是否具有代理权问题上,存在疏忽懈怠的重大过失乃至一定程度的恶意,并不符合表见代理制度关于相对人须为善意无过失的要件,因此,合利公司的无权代理行为不能构成表见代理,本案系争借款合同和抵押合同为无效合同,对东方公司不具有法律约束力,应由合利公司承担无权代理的法律后果。故上诉人关于丁华荣以东方公司名义缔结贷款合同和抵押合同构成表见代理的主张不能成立,本院不予支持。东方公司关于合利公司的无权代理行为不构成表见代理的主张有理,本院予以支持。①

(2) 在"兴业银行广州分行与深圳市机场股份有限公司借款合同纠纷

---

① 参见最高人民法院(2000)经终字第220号民事判决书。感谢北京外国语大学法学院的叶桂峰博士提供此案例。

案"中,最高人民法院指出:

> 表见代理是行为人没有代理权、超越代理权或者代理权终止后继续以代理人名义订立合同,而善意相对人客观上有充分的理由相信行为人具有代理权,则该代理行为有效,被代理人应按合同约定承担其与相对人之间的民事责任。但是,在相对方有过错的场合,不论该种过错是故意还是过失,无表见代理适用之余地。因本案基本授信合同及相关贷款合同,均为以合法的形式掩盖非法目的的无效合同,且兴业银行广州分行在本案所涉贷款过程中具有过错,故本案不适用合同法关于表见代理的规定,深圳机场公司和兴业银行广州分行应根据各自的过错程度承担相应的民事责任。①

(二) 对举证责任之规定的反思

《合同纠纷指导意见》第13条规定,"合同相对人主张构成表见代理的,应当承担举证责任,不仅应当举证证明代理行为诸如合同书、公章、印鉴等有权代理的客观表象形式要素,而且应当证明其善意且无过失地相信行为人具有代理权"。在笔者看来,上述规定对"善意且无过失"之举证责任的分配是否合理,还有待商榷。理由如下:

第一,就举证责任分配的原理而论,对于消极事实(包括相对人对真实信息不知情和相对人无过失等),主张者通常并不对其承担举证责任。这是待证事实分类说对举证责任分配的重要贡献。② 就可能性来说,证明消极事实的存在绝非易事,而证明积极事实的存在则相对容易。此外,举证责任的这种分配方式还包含着对生活经验的肯定,符合法律推定的原理。正如吴国喆教授所指出的那样:

> 就对生活经验的肯认而言,当事人在面对虚假信息传递途径而为法律行为时,通常表现为对虚假信息的不知情,一个理性之人若知悉真情,是不会主动从事这样一个明显会带来麻烦的法律交易的,因为自己所追求的交易目的很可能落空。基于这种生活经验,法律有了如下的推定:在通常情况下,理性的交易主体面对虚假表象而进行交易时推定

---

① 参见最高人民法院(2008)民二终字第124号民事判决书。
② 参见吴国喆:《善意认定的属性及反推技术》,载《法学研究》2007年第6期。

其处于善意状态。①

第二,从比较法的角度来看,(1)以《日本民法典》为参照,表见代理可分为第109规定的源于代理权授予表示的表见代理、第110条规定的逾越代理权的表见代理和第112条规定的代理权消灭后的表见代理这三个类型。② ① 在源于代理权授予表示的表见代理,判例和学说均认为,相对人恶意或有过失的证明责任应该由本人承担。其原理在于,有了代理权授予的表示,通常就可以相信代理权的存在。③ ② 在逾越代理权的表见代理,善意和无过失的举证责任如何分配,日本学者之间有不同的看法。依照山本敬三的观点,善意无过失的证明责任应该由相对人负担。④ 我妻荣则认为,恶意的举证责任应该由本人承担。⑤ ③ 在代理权消灭后的表见代理,有学者认为,相对人应该就自己的善意承担证明责任,本人应该就相对人的过失承担证明责任。而包括几代通、四宫和夫、能见善久、近江幸治、北川善太郎和川井健在内的多数学者均认为,本人应该就相对人的恶意或过失承担举证责任,其原理在于,代理权的消灭属于本人和代理人之间的事情,相对人在多数情况下是无法弄清的。⑥ 我妻荣也认为,恶意的举证责任应该由本人来承担。⑦ (2)依照我国台湾地区"民法典"第169条,"由自己之行为表示以代理权授予他人,或知他人表示为其代理人而不为反对之表示者,对于第三人应负授权人之责任。但第三人明知其无代理权或可得而知者,不在此限"。学者普遍认为这是对表见代理的规定。在讨论举证责任的时候,黄立先生认为,无须让相对人承担证明自己善意且无过失的举证责任。⑧ 王泽鉴

---

① 参见吴国喆:《善意认定的属性及反推技术》,载《法学研究》2007年第6期。
② 参见〔日〕山本敬三:《民法讲义Ⅰ:总则》,解亘译,北京大学出版社2004年版,第265—284页;〔日〕我妻荣:《新订民法总则》,于敏译,中国法制出版社2008年版,第339—351页。
③ 参见〔日〕山本敬三:《民法讲义Ⅰ:总则》,解亘译,北京大学出版社2004年版,第270页。
④ 同上书,第278页。
⑤ 参见〔日〕我妻荣:《新订民法总则》,于敏译,中国法制出版社2008年版,第350页。
⑥ 参见〔日〕山本敬三:《民法讲义Ⅰ:总则》,解亘译,北京大学出版社2004年版,第284页。
⑦ 参见〔日〕我妻荣:《新订民法总则》,于敏译,中国法制出版社2008年版,第350页。
⑧ 参见黄立:《民法债编总论》(修正三版),台湾元照出版公司2006年版,第171—172页。

先生则明确指出,"第三人明知其无代理权或可得而知者,本人不负授权人之责任,故本人对此应负举证责任"。① 可见,在笔者所考察的上述范围之内,依多数学者的意见,在多数情况下,应该由本人就相对人恶意或者有过失承担举证责任。

综上,笔者认为,《合同纠纷指导意见》第 13 条对举证责任的规定既与比较法上的通例相左,又缺乏法理上的依据,在实践中,宜通过法律解释学的方法来限缩其适用范围。就政策论而言,更为合理的规则可表述为,在一般的情况下,应该推定相对人善意且无过失,让本人就相对人的恶意或有过失承担举证责任。在有特殊理由的情况下,应推定相对人恶意或有过失,由相对人来证明自己善意或无过失。

(三) 表见代理的法律效果

根据《合同法》第 49 条的规定,在表见代理,被代理人没有追认与否的选择,而是必须对代理行为负责,向善意相对人承担因代理行为产生的合同义务。其规范意旨在于保护善意相对人对权利外观的合理信赖,维护交易安全。②

值得注意的是,有观点认为,在成立表见代理的情况下,仍然应该承认相对人的选择权,即,相对人可以主张与有权代理相同的法律效果,也可以依无权代理的相关规定来撤销其行为。③ 在笔者看来,上述观点的说服力是否充分,有待商榷,理由如下:

首先,上述观点与台湾学者对表见代理的阐释有着相似之处。然而,自规范比较的意义而言,我国《合同法》第 49 条的规定与台湾地区"民法典"中的相关规定在法律表述的层面不尽相同④,因此,无需作同样的解释。

---

① 参见王泽鉴:《债法原理》(第一册),中国政法大学出版社 2001 年版,第 322 页。
② 参见张俊浩主编:《民法学原理》(修订第三版)(上册),中国政法大学出版社 2000 年版,第 327—328 页;王泽鉴:《债法原理》(第一册),中国政法大学出版社 2001 年版,第 313 页。
③ 崔建远等著:《民法总论》,清华大学出版社 2010 年版,第 112 页;马俊驹、余延满:《民法原论》(第四版),法律出版社 2010 年版,第 238—239 页;陈华彬:《民法总论》,中国法制出版社 2011 年版,第 462—463 页;刘凯湘:《民法总论》(第三版),北京大学出版社 2011 年版,第 366 页;梁慧星:《民法总论》(第四版),法律出版社 2011 年版,第 242—243 页。
④ 参见台湾地区"民法典"第 107 条和 169 条;郑玉波:《民法总则》,中国政法大学出版社 2003 年版,第 425—428 页;郑玉波:《民法债编总论》(修订二版),陈荣隆修订,中国政法大学出版社 2004 年版,第 67—69 页。

其次,就权利的性质而论,撤销权属于形成权,其成立和行使的条件均须由法律作出明确的规定。对比《合同法》第48条和第49条的不同规定则可发现,在表见代理的情况下,法律并没有赋予相对人以撤销权。从文义解释的角度来看,主张相对人有撤销权的观点缺乏明确的法律依据。

最后,已有的研究提醒我们,在成立表见代理的情况下,相对人有理由信赖行为人有代理权。一方面,如果在缔约之际,相对人看重被代理人的人身专属性的资质,那么法律只要尊重其意思,让被代理人对其承担合同义务,就已经对其做到了充分的保护。若仍允许相对人按照无权代理的规定来撤销其行为,则有违禁反言之原理。另一方面,如果在缔约之际,相对人并不看重被代理人的人身专属性的资质,那么,在市场等因素于缔约之后发生变化,交易条件对相对人不利的情况下,若允许相对人按照无权代理的规定来撤销其行为,则无异于给与其逃避责任的机会。①

综上,我们可以对表见代理的法律效果作出如下的总结:第一,就外部关系而论,表见代理行为并不会影响合同的效力。因表见代理行为而订立的合同属于有效的合同,不但被代理人无权选择是否追认,而且相对人也无权选择是否撤销。② 第二,就内部关系而论,被代理人在向相对人承担责任之后,有权向无权代理人追偿因表见代理行为而遭受的损失。③

第七节 对无效、可撤销和效力待定的归纳与比较

一、无效合同

(一) 无效的含义:自始无效、确定无效和当然无效

合同的无效通常是指自始无效、确定无效和当然无效。自始无效,是指

---

① 张谷:《略论合同行为的效力》,载王利明主编:《民商法理论争议问题——无权处分》,中国人民大学出版社2003年版,第88—89页。
② 相似的观点,参见胡康生主编:《中华人民共和国合同法释义》,法律出版社1999年版,第85—86页;隋彭生:《合同法要义》(第二版),中国政法大学出版社2007年版,第136—137页;崔建远:《合同法总论》(上卷),中国人民大学出版社2008年版,第356页;韩世远:《合同法总论》(第三版),法律出版社2011年版,第217—218页。
③ 参见《合同法解释(二)》第13条。

从成立时起就没有法律约束力。① 确定无效,是指不仅在成立时不发生效力,而且在成立以后,也再没有发生效力的可能,即,无效的性质不会因为无效的原因在事后的消灭而改变。当然无效,是指无效结果的发生不以当事人的主张为必要,也不以法院或仲裁机构的确认和宣告为要件。②

(二) 无效的法律效果

合同的无效特指不发生与当事人的合意相一致的效力,并不意味着不产生任何法律效果。根据现行民法的相关规定,可以将合同无效的法律效果表述如下:第一,尚未履行的不必履行。第二,正在履行的停止履行。第三,在已经履行的情况下:(1) 根据履行后的实际情况来承担返还财产或折价补偿的责任;(2) 由当事人根据各自的过错程度向对方承担赔偿损失的责任;(3) 如果因恶意串通而损害了国家、集体或第三人的利益,那么应当追缴当事人因此而取得的财产,将其收归国库,或返还给集体或第三人。③

二、可撤销的合同

(一) 撤销权

1. 撤销权的主体

根据《合同法》第 54 条的规定,对于可撤销的合同,受损害方享有撤销权。这里的损害未必是财产或人身上的损害,意思自由所受到的不正当的干扰亦属于损害的范畴。具体而言,撤销权的主体包括因欺诈、胁迫或乘人之危而作出不自由的意思表示的当事人,因重大误解而导致意思与表示不一致的当事人和显失公平行为的受害人。④

2. 撤销权的行使

撤销权是形成权,撤销权人行使权利属于单方行为,无须征得相对人的同意。根据《民法通则》第 59 条和《合同法》第 54 条的规定,撤销权必须依

---

① 参见《民法通则》第 58 条和《合同法》第 56 条。
② 参见张俊浩主编:《民法学原理》(修订第三版)(上册),中国政法大学出版社 2000 年版,第 276 页。
③ 参见《民法通则》第 61 条,《合同法》第 58、59 条;寇志新:《民法总论》,中国政法大学出版社 2000 年版,第 243 页。
④ 参见张俊浩主编:《民法学原理》(修订第三版)(上册),中国政法大学出版社 2000 年版,第 284 页。

照诉讼或仲裁程序来行使,才能产生撤销的法律效果。①

3. 撤销权消灭的原因

(1) 因除斥期间届满而消灭

根据《合同法》第55条第1项的规定,如果撤销权人自知道或应当知道撤销事由之日起一年内没有行使撤销权,那么撤销权会因为除斥期间的届满而消灭。

值得注意的是,在因胁迫而订立的合同的情况下,胁迫有可能是一个持续的状态。如果胁迫的事由在合同成立后持续存在,那么当事人实际上并无行使撤销权的可能性。因此,不妨以比较法上的立法例为参照②,在解释上认为,在胁迫状态终止后的一年内,受胁迫人享有撤销权。③

(2) 因权利人放弃而消灭

根据《合同法》第55条第2项的规定,如果撤销权人在知道撤销事由之后,明确表示或以自己的行动放弃了撤销权(例如,在合理的期限内请求相对人实际履行合同,又如,请求相对人承担赔偿损失的违约责任),撤销权即归于消灭。④

(二) 可撤销的合同的法律效果

就性质而论,可撤销的合同属于效力不完全的合同。在被撤销之前,其已经生效。在撤销权消灭之际,其转变为确定有效的合同。在被撤销之后,其与无效合同的法律效果几乎相同,差别仅在于,恶意串通损害他人利益的合同不属于可撤销的合同,因此,合同在被撤销之后不会产生与追缴财产相关的问题。

(三) 可撤销和可变更的关系

可变更合同中的"变更"可以分解为两个部分:一为撤销原有的意思表

---

① 参见张俊浩主编:《民法学原理》(修订第三版)(上册),中国政法大学出版社2000年版,第285页;韩世远:《合同法总论》(第二版),法律出版社2008年版,第175页。

② 《德国民法典》第124条规定,在胁迫的情形,撤销期间自急迫的情势停止时起算。参见《德国民法典》(第2版),陈卫佐译注,法律出版社2006年版。台湾地区"民法典"第93条规定,撤销应于胁迫终止后,一年内为之。

③ 参见隋彭生:《合同法要义》(第二版),中国政法大学出版社2007年版,第154页;韩世远:《合同法总论》(第二版),法律出版社2008年版,第176页。

④ 参见崔建远:《合同法总论》(上卷),中国人民大学出版社2008年版,第312页。

示,二为形成新的意思表示。因此,可以把变更理解为撤销的特别形态。①

根据《民通意见》第 73 条与《合同法》第 54 条的规定,当事人请求变更的,人民法院或仲裁机构不得撤销,只能决定是否同意其变更。当事人请求撤销的,人民法院或仲裁机构可以酌情变更或撤销。然而,从民事诉讼中的处分原则来看②,此规定并不合理。从保护诉请自由和保障诉权的角度来看,在当事人请求撤销的情况下,法院或仲裁机构不应变更,只能决定是否同意撤销。③

三、效力待定的合同

限制行为能力人订立的须法定代理人同意的合同,和因无权代理而订立的合同,都属于效力待定的合同。此类合同的法律效果具有以下两个特征:第一,合同虽然成立,但是否生效处于不确定的状态。第二,合同效力的确定取决于他人是否同意,若他人同意(如法定代理人的追认或被代理人的追认)则生效,若他人不同意(如法定代理人拒绝追认、被代理人拒绝追认或相对人行使撤销权)则确定地不生效力。④

四、比较与总结

在前文论述的基础上,可以对无效合同、可撤销的合同和效力待定的合同在效力层面的差异作出如下的总结:

第一,就具体的效力而论,无效合同在成立之初即属于无效。可撤销的合同在撤销前已经生效,因撤销权的消灭而转为确定有效,经撤销而溯及无效。效力待定的合同虽然成立,但是否有效尚处于不确定的状态。

第二,就效力与他人的关系而论,无效合同为当然无效,不以特定人的主张为必要。可撤销的合同,须经过撤销权的行使才能无效。效力待定的合同,其效力的确定取决于他人是否同意,他人同意则有效,他人不同意则

---

① 参见张俊浩主编:《民法学原理》(修订第三版)(上册),中国政法大学出版社 2000 年版,第 285 页。
② 参见江伟主编:《民事诉讼法》(第四版),中国人民大学出版社 2008 年版,第 58—61 页。
③ 参见刘凯湘:《民法总论》(第二版),北京大学出版社 2008 年版,第 342 页。
④ 参见郑玉波:《民法总则》,中国政法大学出版社 2003 年版,第 459—463 页。

确定地不生效力。

第三,就效力与时间的关系而论,无效合同不会因为时间的经过而变为有效。可撤销的合同因撤销权除斥期间的届满而变为确定的有效。效力待定的合同不会单纯因为时间的经过而使效力变得确定。

第四,就立法政策而论,造成效力差异的原因与各类合同所欠缺的生效要件的性质有关。大致来说,如果所欠缺的要件关乎私法自治的界限和根本原则(例如,损害国家利益、损害公共利益、违背强制性规定、欠缺相应的行为能力等),就令该合同无效。如果所欠缺的要件主要关乎民事主体之间的私人利益(如意思表示不自由、意思表示不一致和内容显失公平),就令该合同可撤销,为的是给当事人重新斟酌的机会,由其自己来决定是否维持该合同的效力,并通过除斥期间的设置,促使法律关系早日确定。如果所欠缺的只是像他人同意这样的程序性要件,那么就令其效力待定,由他人来决定是否使该合同发生效力。[①]

[①] 参见郑玉波:《民法总则》,中国政法大学出版社 2003 年版,第 439—440 页;张俊浩主编:《民法学原理》(修订第三版)(上册),中国政法大学出版社 2000 年版,第 298—299 页。

第六章 合同的履行

第一节 合同履行的基本规则

一、履行的主体

合同的义务是否必须由债务人亲自履行？《合同法》对此问题未作一般性的规定。[①] 在比较法上，已有立法例对此问题作出了回答。例如，《日本民法典》第474条规定，"债务之清偿，得由第三人为之；但依其债务之性质不许之者，或当事人有反对之意思表示者，不在此限。无利害关系之第三人不得反于债务人之意思为清偿"。[②] 我国台湾地区"民法典"第311条也规定，"债之清偿，得由第三人为之；但当事人另有订立或依债之性质不得由第三人清偿者，不在此限"。笔者认为，上述立法例所蕴含的原理值得借鉴。在现实生活中，绝对禁止第三人履行合同既无必要，也缺乏可行性。在不损害债权人利益的前提下，法律应该允许第三人履行合同。[③]

在下列情况下，合同应该由债务人亲自履行：第一，当事人约定，合同不得由第三人履行。第二，对于具有人身专属性质的合同义务，例如学者的演讲和名演员的演出等，必须由债务人亲自履行。[④] 第三，法律特别规定，合同应当由债务人亲自履行。例如，依照《合同法》第400条前半部分的规定，委

[①] 参见朱广新：《合同法总则》，中国人民大学出版社2008年版，第232—233页。
[②] 摘自郑玉波：《民法债编总论》（修订二版），陈荣隆修订，中国政法大学出版社2004年版，第474页。
[③] 参见隋彭生：《合同法要义》（第二版），中国政法大学出版社2007年版，第200页。
[④] 参见郑玉波：《民法债编总论》（修订二版），陈荣隆修订，中国政法大学出版社2004年版，第475页。

托合同的受托人应当亲自处理委托事务。需要指出的是,虽然使用了"应当"一词,但上述规定却并非强制性规定。根据《合同法》第400条后半部分的规定,在委托人同意的情况下,受托人可以转委托。

二、履行的标的

《合同法》第60条第1款规定,"当事人应当按照约定全面履行自己的义务"。据此,合同的履行应当以全部履行为原则①,对于债务人的部分履行,债权人可以拒绝接受。如果部分履行不会损害债权人的利益,那么债权人有义务接受。② 在笔者看来,此义务属于由诚实信用原则所派生的协助履行的义务。③ 需要加以说明的是:第一,因部分履行债务而给债权人增加的费用,由债务人负担。④ 第二,为了避免让债权人承受合同义务以外的负担,就举证责任而论,债务人应当证明,债权人的利益不会因为部分履行而受到损害。如果债务人不能证明此事实,那么债权人仍然可以拒绝接受部分履行。⑤

三、履行的地点

(一) 确定履行地点的规则

履行地,又称给付地或清偿地,是债务人应为履行行为的地点。⑥ 根据《合同法》第61条和第62条的规定,履行地点的确定应遵循下列规则:

首先,根据合同的约定来确定。

其次,没有约定或约定不明的,可以通过在事后签订补充协议的方式来确定。

再次,在无法达成补充协议的情况下,可以通过合同的有关条款或交易

---

① 参见张俊浩主编:《民法学原理》(修订第三版)(下册),中国政法大学出版社2000年版,第707页。
② 参见《合同法》第72条。
③ 参见《合同法》第60条第2款。
④ 参见《合同法》第72条。
⑤ 相似的观点,参见朱广新:《合同法总则》,中国人民大学出版社2008年版,第237—238页。
⑥ 参见郑玉波:《民法债编总论》(修订二版),陈荣隆修订,中国政法大学出版社2004年版,第487页。

习惯来确定。在笔者看来,《合同法》第 61 条中的"合同的有关条款",是指没有直接约定履行地,却有助于确定履行地的相关合同条款。所谓"通过合同的条款",可以理解为,综合运用整体解释和目的解释的方法。① 例如,按照合同之债的性质,房屋装修工程施工合同应该在房屋所在地履行;修理汽车的承揽合同则应在汽车修理厂履行。②

最后,在履行地点仍然无法确定的情况下,应适用以下的规则:(1) 给付货币的,以债权人的住所地为履行地。(2) 交付不动产的,以不动产所在地为履行地。(3) 其他标的,以债务人住所地为履行地。这在比较法上称为"往取债务主义"。③

（二）确定履行地点的实益

确定合同的履行地,具有下列实益:

第一,在当事人就合同的价款或报酬没有明确约定,又无法通过补充协议、合同的有关条款或交易习惯来确定的情况下,应该参照订立合同时履行地的市场价格来确定。④

第二,合同债务的提存,以合同履行地的公证处作为提存部门。⑤

第三,根据全面履行的要求,如果在履行期限内,债务人没有在履行地履行债务,那么其行为可能会构成履行迟延或履行不能。

第四,根据《民事诉讼法》第 24 条的规定,因合同纠纷而提起的诉讼,由被告住所地或合同履行地的法院来管辖。

四、履行的期限

（一）履行期限的确定

履行期,又称清偿期或给付期,是债务人应为履行行为的时期。⑥ 根据

---

① 对整体解释和目的解释的含义及其相互关系的说明,参见隋彭生:《合同法要义》(第二版),中国政法大学出版社 2007 年版,第 422—424 页;韩世远:《合同法总论》(第二版),法律出版社 2008 年版,第 628—639 页。
② 参见韩世远:《合同法总论》(第二版),法律出版社 2008 年版,第 223 页。
③ 同上。
④ 参见《合同法》第 62 条第 2 项。
⑤ 参见《提存公证规则》第 2 条和第 4 条。
⑥ 参见郑玉波:《民法债编总论》(修订二版),陈荣隆修订,中国政法大学出版社 2004 年版,第 490 页。

《合同法》第 61 条和第 62 条的规定,如果履行的期限无法通过约定、补充协议、合同的有关条款和交易习惯加以确定,那么债务人可以随时履行,债权人也可以随时请求履行,但均应给对方必要的准备时间。在适用上述规则的时候,还应留意法律对某些合同的履行期限所作出具体的规定。例如,在借款合同中,如果支付利息的期限无法通过《合同法》第 61 条的规定来确定,那么,"借款期间不满一年的,应当在返还借款时一并支付;借款期间一年以上的,应当在每届满一年时支付,剩余期间不满一年的,应当在返还借款时一并支付"。[1]

(二)提前履行的问题

债务人提前履行债务的,债权人可以拒绝接受。[2] 基于与前述"部分履行"相似的原理和规则,如果提前履行不会损害债权人的利益,那么债权人有义务接受。由此而使债权人增加的费用,由债务人负担。[3] 对于"提前履行不会损害债权人利益"这一事实,债务人理应承担举证责任。

第二节　合同履行中的抗辩权

一、同时履行抗辩权

(一)概述

《合同法》第 66 条规定,"当事人互负债务,没有先后履行顺序的,应当同时履行。一方在对方履行之前有权拒绝履行其要求。一方在对方履行债务不符合约定时,有权拒绝其相应的履行要求"。学界普遍认为,这是对同时履行抗辩权的规定。据此,可以将其界定为,在没有先后履行顺序的双务合同中,一方当事人在对方有违约行为的情况下,可以拒绝履行自己债务的

---

[1] 参见《合同法》第 205 条。
[2] 参见《合同法》第 60 条第 1 款和第 71 条。
[3] 参见《合同法》第 71 条。

权利。①

依照传统民法学的研究,同时履行抗辩权(又称不履行抗辩权)的法理基础,是与双务合同的牵连性相关的公平原则。所谓牵连性,可以理解为,双务合同的债务具有互为对待给付的特点,即,互为因果且相互报偿。就履行而论,如果债务人自己不为对待给付,而仅请他人给付,则有欠公平。法律赋予被请求人这种抗辩权,旨在通过权利的对抗来实现交易的公平。同时履行抗辩权的功能不在于否认对方的合同权利,而是要通过暂时的拒绝履行,来督促对方履行债务,确保自己债权的实现。②

(二) 同时履行抗辩权的成立要件

1. 双方因同一双务合同而互负债务

在比较法上,《德国民法典》320 条、《日本民法典》第 533 条和我国台湾地区"民法典"第 264 条都规定,同时履行抗辩权的成立,以当事人因双务合同而互负债务作为要件。③ 笔者认为,虽然《合同法》第 66 条中没有出现"双务合同"的字样,但在解释上仍然应该以双务合同作为同时履行抗辩权的成立要件。理由在于,不完全双务合同和单务合同不具有履行上的牵连

---

① 参见朱广新:《合同法总则》,中国人民大学出版社 2008 年版,第 251 页;《合同法》第 107 条和第 108 条。有学者对同时履行抗辩权的界定与笔者有所不同,例如,崔建远先生一方面认为,《合同法》第 67 条规定的先履行抗辩权应该与《合同法》第 66 条规定的同时履行抗辩权与相区分;另一方面又将同时履行抗辩权界定为,"双务合同的当事人一方在相对人未为对待给付之前,可拒绝履行自己的债务之权"。参见崔建远:《履行抗辩权探微》,载《法学研究》2007 年第 3 期;崔建远主编:《合同法》(第五版),法律出版社 2010 年版,第 137、143 页。笔者认为,这一定义与我国台湾地区民法学者对同时履行抗辩权的界定大致相同,参见史尚宽:《债法总论》,中国政法大学出版社 2000 年版,第 577 页;郑玉波:《民法债编总论》(修订二版),陈荣隆修订,中国政法大学出版社 2004 年版,第 347 页。就解释现行《合同法》而论,该定义的范围失之过宽,因为照此定义,《合同法》第 67 条规定的权利亦属于同时履行抗辩权的范畴。

② 参见〔日〕我妻荣:《债权各论》(上卷),徐慧译,中国法制出版社 2008 年版,第 83 页;郑玉波:《民法债编总论》(修订二版),陈荣隆修订,中国政法大学出版社 2004 年版,第 344—347 页;邱聪智:《新订民法债编通则》(下册)(新订一版),中国人民大学出版社 2004 年版,第 367 页;王泽鉴:《同时履行抗辩权:第 264 条规定之适用、准用和类推适用》,载氏著:《民法学说与判例研究》(第六册),中国政法大学出版社 1998 年版,第 139—140 页。

③ 参见郑玉波:《民法债编总论》(修订二版),陈荣隆修订,中国政法大学出版社 2004 年版,第 348 页。

性，不存在成立同时履行抗辩权的基础。①

值得追问的是，因违约、合同被解除、合同被撤销或合同无效而相互负有的损害赔偿或返还不当得利等债务，是否在《合同法》第66条的调整范围之内？笔者认为，从文义解释和体系解释的角度来看，《合同法》第66条所规定的债务应该是指第一次的义务，而非第二次的义务。② 然而，本于《合同法》第5条规定的公平原则以及相似情形应为相同处理的法理，如果因违约或解除等原因而相互负有的债务在实质上具有履行上的牵连关系，那么可以通过扩张解释或类推的方法来适用《合同法》第66条的规定。③

2. 双方的债务没有先后履行的顺序

根据《合同法》第66条的规定，没有先后履行顺序，就意味着双方应当同时履行。提起"同时"，人们很容易会想到"一手交钱，一手交货"的场景。已有的研究则进一步指出，在日常生活中，有些债务在履行上存在着少许的时间差，但根据交易习惯，也被认为履行是同一时刻完成的。因此，判断是否同时履行的时候，应该立足于交易的观念，而不能拘泥于事实上的观察。④ 在合同实务中，同时履行可以指在同一时刻履行，也可以指在同一天或同一个月履行。⑤

3. 被请求方的债务已届履行期

按照合同的约定，在履行期届至之前，被请求方并没有履行合同的义务，也无须援引同时履行抗辩的规则。

---

① 相似的观点，参见韩世远：《合同法总论》（第二版），法律出版社2008年版，第248页。比较法上的相似见解，参见孙森炎：《民法债编总论》（下册），法律出版社2006年版，第666页；邱聪智：《新订债法各论》（中），姚志明校订，中国人民大学出版社2006年版，第176页。

② 对于第一次义务和第二次义务，洪逊欣先生有简洁而精准的说明："依义务之相互关系而区别时，义务复可分为第一次的义务和第二次的义务两种。前者系原已存在，非待义务人之不履行而后始发生之义务；后者，系因第一次的义务不履行而发生之义务。例如，原有义务，系第一次的义务；因债务不履行而发生之损害赔偿义务，乃第二次的义务"。参见洪逊欣：《中国民法总则》，第65页，转引自王泽鉴：《债法原理》（第一册），中国政法大学出版社2001年版，第38页。

③ 比较法上的相似见解，参见郑玉波：《民法债编总论》（修订二版），陈荣隆修订，中国政法大学出版社2004年版，第348页；邱聪智：《新订民法债编通则》（下册）（新订一版），中国人民大学出版社2004年版，第368—370页；孙森炎：《民法债编总论》（下册），法律出版社2006年版，第666—669页。

④ 参见朱广新：《合同法总则》，中国人民大学出版社2008年版，第252页。

⑤ 参见隋彭生：《合同法要义》（第二版），中国政法大学出版社2007年版，第219页。

4. 请求方有违约行为

多位学者在讨论同时履行抗辩权的构成要件的时候,都将请求方的违约行为表述为未履行债务或履行债务不符合约定。① 在笔者看来,请求方的违约行为不仅包括现实违约中的不履行和不完全履行,还包括预期违约行为。例如,在"胡昌伦与韩凤房屋买卖合同纠纷上诉案"中,成都市武侯区人民法院认为:

> 胡昌伦、韩凤、成都市武侯区众泰融房屋信息咨询服务部三方签订的《购房合同书》合法、有效。韩凤支付购房款与胡昌伦办理委托公证的义务应当同时履行。韩凤按照合同的约定向胡昌伦支付了定金1万元,此后韩凤未在双方约定的日期向胡昌伦支付剩余购房款,胡昌伦也未在双方约定的日期办理委托公证。韩凤提交的电话录音证据经公证机关公证,其内容与韩凤提供的证人证言相互佐证,可以证明胡昌伦在双方约定交付房款办理公证日之前即表示自己将不履行合同,并且收回了保存于成都市武侯区众泰融房屋信息咨询服务部的房屋产权证书。韩凤有权在履行期限届满时拒绝履行相对义务,并要求胡昌伦承担违约责任。②

(三)同时履行抗辩权的效力

同时履行抗辩权的效力体现为,阻却对方的请求权,使自己免于承担履行迟延的违约责任。③ 依照《合同法》第66条的规定,在请求方不完全履行的情况下,被请求方"可以拒绝相应的履行要求"。至于何谓"相应的履行要求",则应该按诚实信用原则来进行解释。例如,在出售A车的买卖合同中,买受人已经交付了80%的价金,出卖人仍可以根据同时履行抗辩权而拒

---

① 参见韩世远:《合同法总论》(第二版),法律出版社2008年版,第251页;苏号朋:《合同法教程》,中国人民大学出版社2008年版,第192页;朱广新:《合同法总则》,中国人民大学出版社2008年版,第252—253页;马俊驹、余延满:《民法原论》(第四版),法律出版社2010年版,第581—582页。

② 参见四川省成都市中级人民法院(2008)成民终字第1480号民事判决书。

③ 参见张俊浩主编:《民法学原理》(修订第三版)(下册),中国政法大学出版社2000年版,第769页;郑玉波:《民法债编总论》(修订二版),陈荣隆修订,中国政法大学出版社2004年版,第350页。

绝交付 A 车。① 又如，在修理汽车的承揽合同中，承揽人已经将汽车全部修好，但车尾的一个红灯不亮。这时，定作人不能拒绝给付全部的报酬。理由在于，虽然承揽人有不完全履行的行为，但残余的部分极其轻微，在交易上称不上重要，所以定作人至多只能保留"将红灯修亮"这一部分的报酬。②

二、先履行抗辩权

（一）先履行抗辩权的含义

《合同法》第 67 条规定，"当事人互负债务，有先后履行顺序，先履行一方未履行的，后履行一方有权拒绝其履行要求。先履行一方履行债务不符合约定的，后履行一方有权拒绝其相应的履行要求"。学界通常认为，这是对先履行抗辩权（后履行抗辩权）的规定。③ 依此为参照，可以将先履行抗辩权的含义表述为，在有先后履行顺序的双务合同中，如果先履行的一方有违约行为，那么后履行的一方有拒绝履行相应债务的权利。④

（二）先履行抗辩权与同时履行抗辩权的比较

对比《合同法》第 66 条和第 67 条的规定，可以发现，先履行抗辩权和同时履行抗辩权有许多相似之处：二者的法理基础都是与双务合同的牵连性相关的公平原则。就法律效果而论，二者均可阻却对方的请求权，使自己免于承担履行迟延的违约责任。二者均须满足的成立要件包括双方因同一双务合同而互负债务、被请求方的债务已届履行期和请求方有违约行为。二者的差异主要体现在构成要件对履行顺序的要求，在同时履行抗辩权，双方的债务没有先后履行的顺序；在先履行抗辩权，双方的债务有先后履行的顺序，且请求方有先履行的义务。值得注意的是，在司法实践中，当事人究竟是援引《合同法》第 66 条还是第 67 条来进行抗辩，似乎并不会对最终的法

---

① 参见邱聪智：《新订民法债编通则》（下册）（新订一版），中国人民大学出版社 2004 年版，第 370 页；《合同法》第 167 条。

② 参见郑玉波：《民法债编总论》（修订二版），陈荣隆修订，中国政法大学出版社 2004 年版，第 349 页。

③ 参见朱广新：《先履行抗辩权之探究》，载《河南省政法管理干部学院学报》2006 年第 4 期；崔建远主编：《合同法》（第五版），法律出版社 2010 年版，第 137 页；胡康生主编：《中华人民共和国合同法释义》，法律出版社 1999 年版，第 116 页。也有学者将其称为"顺序履行抗辩权"，参见马俊驹、余延满：《民法原论》（第四版），法律出版社 2010 年版，第 582 页。

④ 参见朱广新：《合同法总则》，中国人民大学出版社 2008 年版，第 258 页。

律效果产生实质性的影响。例如,在"甘肃兰州红丽园商贸有限责任公司诉甘肃诚信电线电缆有限责任公司房屋租赁合同纠纷案"中,红丽园公司(上诉人、原审原告、反诉被告)主张,"双方签订房屋租赁合同后,红丽园公司即支付了一个月租金,试营期间发现承租房存在严重的质量问题,导致开业至今无法使用。……甘肃省工程质量监督总站接受甘肃省高级人民法院委托对诉争房屋质量监测并作出甘建发(2001)012号鉴定报告,认为该房屋存在严重质量问题。建议建设单位对该楼进行整体可靠性鉴定。根据该鉴定结论诚信公司(上诉人、原审被告、反诉原告)违约在先,根据《合同法》第66条、第111条规定,诚信公司违约在先,红丽园公司拒付租金的行为不构成违约"。最高人民法院认为:

> 依据《建筑法》第60条第2款规定:"建筑工程竣工时,屋顶、墙面不得留有渗透、开裂等质量缺陷。"诚信公司履行上述义务是红丽园公司使用承租房屋的前提条件,由于诚信公司未履行法定义务已违反国家法律强制性规定,且不符合租赁房屋的使用条件,应认定诚信公司违约在先。根据《合同法》第67条规定,……红丽园公司拒付租金的行为是行使后履行抗辩权的行为,……不承担违约责任,诚信公司应承担违约赔偿责任。①

可见,虽然红丽园公司在主张自己权利的时候所援引的是《合同法》第66条,而非《合同法》第67条,但最高人民法院最终却以《合同法》第67条作为裁判规范,作出了支持红丽园公司之诉讼请求的判决。

三、不安抗辩权

(一) 概述

不安抗辩权是指在双务合同中,负有先履行义务的一方当事人如果有确切的证据证明,对方有丧失或可能丧失履约能力的情形,那么其有权中止履行自己的义务。② 参照已有的研究,可以将不安抗辩权的法理基础概括为以下两个方面:第一,对方的履约能力已经或很有可能恶化,难以期待其在

---

① 参见最高人民法院(2002)民一终字第4号民事判决书。
② 参见《合同法》第68条和第69条;韩世远:《合同法总论》(第二版),法律出版社2008年版,第267页;朱广新:《合同法总则》,中国人民大学出版社2008年版,第263—264页。

将来为对待给付。这时候如果还强令此方当事人先为给付,显然有背于双务合同等价有偿的基本原理。① 第二,先履行义务的承担,是一种授予信用的行为。授予信用于他人,意味着对他人的高度信赖,法律保护这种信赖,可以帮助先履行方免受对待给付不能实现的风险。②

(二) 不安抗辩权的成立要件

不安抗辩权的成立,须符合以下要件③:

第一,双方因同一双务合同而互负债务。

第二,一方应当先履行债务。

第三,后履行方有丧失或可能丧失履约能力的情形,具体包括:(1) 经营状况严重恶化。例如,某商业银行在发放贷款前,由于市场骤然变化而使该企业的产品难以销售,可能导致其无力还贷。④ (2) 发生了通过移转财产和抽逃资金来逃避债务的行为。例如,甲公司为了逃债,将现存的资金和一些设备抽调出来重新组建了另一公司,导致其完全丧失了偿债的能力。⑤ (3) 丧失商业信誉。例如,乙因盗窃被判刑三年,刑满释放后又因盗窃小额物品被拘留两次,并且没有正当职业。⑥ (4) 其他情形。例如,某公司邀请一明星歌手演出,约定先付演出费10万元,后来,该歌手因生病住院而难以在约定的时间参加演出。⑦

(三) 不安抗辩权的行使和效力

1. 不安抗辩权的行使

先履行方在行使不安抗辩权的时候,应注意以下两个问题:

(1) 举证责任

对于"后履行方有丧失或可能丧失履约能力的情形"这一事实,先履行

---

① 参见郑玉波:《民法债编总论》(修订二版),陈荣隆修订,中国政法大学出版社2004年版,第350页。

② 参见黄立:《民法债编总论》(修正三版),台湾元照出版公司2006年版,第568—569页;隋彭生:《合同法要义》(第二版),中国政法大学出版社2007年版,第232页。

③ 参见《合同法》第68条;韩世远:《合同法总论》(第二版),法律出版社2008年版,第266页。

④ 参见胡康生主编:《中华人民共和国合同法释义》,法律出版社1999年版,第119页。

⑤ 参见韩世远:《合同法总论》(第二版),法律出版社2008年版,第270—271页。

⑥ 参见苏号朋:《合同法教程》,中国人民大学出版社2008年版,第196—197页。

⑦ 参见胡康生主编:《中华人民共和国合同法释义》,法律出版社1999年版,第119页。

方理应承担举证责任。如果先履行方在没有确切证据的情况下就中止了合同的履行,那么其应当向后履行方承担违约责任。① 例如,在"沛时投资公司诉天津金属工具公司中外合资合同纠纷上诉案"中,投资公司在上诉中认为,"原审适用法律错误。本案一审时《合同法》已实施,该法第 68 条和第 69 条确立了不安抗辩制度,第 108 条和第 94 条确立了预期违约制度。我公司在投入前三期资金后,仍被排除在合资公司之外,工具公司(被上诉人)以其行为表明不履行合资合同义务,我公司在此情况下不再投资,属行使不安抗辩,并不违约"。最高人民法院在判决中指出:

> 本案可以适用我国合同法中有关不安抗辩和预期违约的规定。根据《合同法》第 68 条、第 69 条有关不安抗辩的规定,应当先履行债务的当事人行使不安抗辩权首先要有确切证据证明对方存在法定的几种有丧失或者可能丧失履行债务能力的情形,其次要尽及时通知对方的义务。而本案中投资公司与工具公司并不存在谁先履行债务的问题,投资公司也没有通知工具公司要中止履行合资合同,因此不符合合同法有关不安抗辩的规定。同时,工具公司已将作为出资的设备和房产交合资公司实际使用,只有少部分房产未办理过户手续,其履行了主要债务而不是不履行主要债务,因此,也不符合《合同法》第 94 条对预期违约的规定。故投资公司上诉提出其不按约投入第四、第五期资金……属行使不安抗辩,因而可以免责的理由不能成立,本院不予支持。②

(2) 通知义务

根据《合同法》第 69 条的规定,先履行方中止合同履行的,应当及时通知对方。其规范意旨在于尽量减少对方因此而遭受的损害,也便于对方在获得通知后及时安排相应的措施(例如,提供适当的担保)。先履行方因违反通知义务而导致对方受损的,应当向对方承担赔偿损失的责任。③

2. 不安抗辩权的的效力

(1)《合同法》第 69 条的规定

在依法行使权利的情况下,先履行方可以中止履行合同义务而不承担

---

① 参见《合同法》第 68 条。
② 参见最高人民法院(2002)民四终字第 3 号民事判决书。
③ 参见韩世远:《合同法总论》(第二版),法律出版社 2008 年版,第 274 页。

违约责任。在中止履行之后,如果对方提供了适当的担保,那么先履行方应当恢复履行。如果对方在合理期限内没有恢复履行能力并且没能提供适当的担保,那么先履行方有权解除合同。①

(2)《合同纠纷指导意见》第17条的规定、

依照《合同纠纷指导意见》第17条的规定,在先履行方已经履行了全部的交付义务,并请求付款方支付尚未到期的价款的情况下,如果先履行方能够证明付款方以言语或行动明确表示其不履行给付价款的义务,或有丧失履约能力的情形(例如被吊销营业执照、被注销、被有关部门撤销、处于歇业状态等),那么法院可以判令付款期限已经到期或者加速到期,除非付款方已经提供了适当的担保。

---

① 参见《合同法》第69条。

第三部分

违约责任

第七章 违约的类型分析

第一节 违约行为的基本类型

一、问题的提出

我国学者在论及违约问题的时候，通常将违约行为划分为预期违约和现实违约。① 然而，论及现实违约行为的具体形态，则说者不一，兹举数例如下：

例一，王利明先生将其划分为不履行（又称完全不履行，包括拒绝履行和根本违约）、迟延履行（包括债务人迟延履行和债权人迟延履行）、不适当履行（包括瑕疵给付和加害给付）和其他不完全履行行为（包括部分履行、履行方法不当、履行地点不当和其他违反合同义务的行为）。②

例二，韩世远先生将其划分为不履行（包括履行不能、履行迟延、拒绝履行和特殊情况下的受领迟延）和履行不符合约定（即不完全履行，包括瑕疵履行和加害给付）。③

例三，王轶先生将其划分为不履行（包括拒绝履行和履行不能）、迟延履

---

① 在我国法学界，多数学者都将英美法上的"anticipatory breach"翻译为"预期违约"，并用其指称我国法上的相关规则。笔者在沿用这一约定俗成之用法的同时，亦认为，"先期违约"或"期前违约"其实是更好的翻译。参见葛云松：《期前违约规则研究》，中国政法大学出版社2003年版，第9—11页。

② 参见王利明：《违约责任论》（修订版），中国政法大学出版社2000年版，第136—140页。

③ 参见韩世远：《中国的履行障碍法》，载韩世远、〔日〕下森定主编：《履行障碍法研究》，法律出版社2006年版，第3—4页；韩世远：《履行障碍法的体系》，法律出版社2006年版，第117—124页。

行、不适当履行、部分履行和其他不完全履行的行为。①

例四,余延满先生将其划分为不履行(包括拒绝履行和履行不能)和不完全履行(包括迟延履行、不适当履行和其他不完全履行)。②

例五,苏号朋先生将其划分为履行不能、拒绝履行、不完全履行(包括瑕疵给付和加害给付)、迟延履行和债权人迟延。③

例六,朱广新先生列举的类型包括拒绝履行、履行迟延和不完全履行(分为瑕疵履行和加害履行)。④

如何来看待和评价这些不同的分类呢?笔者所观察到的现象为我们继续思考提供了一个起点,即,上述分类的一些术语并非直接出自现行的合同法。多位学者都在不同程度上沿用了台湾地区学者讨论债务不履行的类型时所使用的表述。两者在表述上的细微差别体现为,大陆学者多使用"履行",而台湾地区学者多使用"给付"。从比较法的角度对台湾地区学者的论述进行考察和梳理,当有助于我们对现有的分类进行反思。

二、比较法上的考察与梳理

根据台湾地区民法学的通说,债务不履行包括给付不能、给付迟延和不完全给付这三种主要类型。⑤ 相关的问题还涉及拒绝给付和受领迟延。兹将其简述如下:

(一)给付不能

1. 含义和种类

"给付不能"是台湾"债法"中的一个重要概念,多次在"民法典"中出

---

① 参见郭明瑞主编:《民法》(第二版),高等教育出版社 2007 年,第 423—424 页。
② 参见马俊驹、余延满:《民法原论》(第三版),法律出版社 2007 年版,第 619—625 页。
③ 参见苏号朋:《合同法教程》,中国人民大学出版社 2008 年版,第 273—279 页。
④ 参见朱广新:《合同法总则》,中国人民大学出版社 2008 年版,第 414—422 页。
⑤ 参见郑玉波:《民法债编总论》(修订二版),陈荣隆修订,中国政法大学出版社 2004 年版,第 255 页;王泽鉴:《民法概要》,中国政法大学出版社 2003 年版,第 246 页;邱聪智:《新订民法债编通则》(下),中国人民大学出版社 2004 年版,第 271 页;孙森焱:《民法债编总论》(下册),法律出版社 2006 年版,第 405 页。

现。① 它是指债务人不能依照债务的本旨来履行债务的状态。② 对于"不能"与"不为"的区别,郑玉波先生作过隽永的描述,"不为系能而不为,不能则欲为而不能,孟子上所设之为长者折枝,与挟泰山以超北海之喻,乃'不为'与'不能'之最好说明"。③ 然而,如邱聪智先生所言,弄清"不能"在法律上的具体含义并非易事。④ 笔者试将相关的问题择要整理如下。

(1) 只有特定之债才会发生给付不能

在一般的情况下,种类之债可以由同种类的其他物代替给付,不会发生给付不能的问题。⑤ 有判例对此原则给予肯定。例如,依 1931 年上字 233 号判例,"金钱债务不容有不能之观念,即有不可抗力等危险,亦应由其负担,决不能借口损失及人欠未收以冀减免责任"。⑥ 依 1943 年上字 4757 号判例,"出卖之软片,仅以种类指示,并非特定物,通常不致给付不能。……纵令当时软片来源已属稀少,亦仅给付困难,不得谓为给付不能"。⑦ 依 1948 年上字 7140 号判例,"松柴债务系仅以种类指示给付物之债务,纵令上诉人所称积存之松柴,在杭州时被毁灭非虚,亦不生给付不能之问题"。⑧ 在特殊的情况下,例如,同种类的物在社会上全部消失,或者丧失了融通性,仍会发生给付不能。⑨

(2) 自始不能与嗣后不能

从我国台湾地区"民法典"的明文规定中可以看出,给付不能包括自始不能和嗣后不能。⑩ 若给付不能的状态在缔约时已经存在,为自始不能,例

---

① 参见台湾地区"民法典"第 225、226、246、247、266、267 条。有时也表述为"不能履行"。参见台湾地区"民法典"第 249 条。
② 参见郑玉波:《民法债编总论》(修订二版),陈荣隆修订,中国政法大学出版社 2004 年版,第 264 页;孙森焱:《民法债编总论》(下册),法律出版社 2006 年版,第 416 页。
③ 参见郑玉波:《民法债编总论》(修订二版),陈荣隆修订,中国政法大学出版社 2004 年版,第 265 页。
④ 参见邱聪智:《新订民法债编通则》(下),中国人民大学出版社 2004 年版,第 273 页。
⑤ 同上注;邱聪智:《新订民法债编通则》(上),中国人民大学出版社 2003 年版,第 200 页;孙森焱:《民法债编总论》(下册),法律出版社 2006 年版,第 425 页。
⑥ 摘自邱聪智:《新订民法债编通则》(上),中国人民大学出版社 2003 年版,第 200 页。
⑦ 同上书,第 197 页。
⑧ 摘自王泽鉴:《给付不能》,载氏著:《民法学说与判例研究》(第一册),中国政法大学出版社 1997 年版,第 407 页。
⑨ 参见孙森焱:《民法债编总论》(下册),法律出版社 2006 年版,第 425—426 页。
⑩ 参见台湾地区"民法典"第 211 条。

如,在订立买卖合同的时候,房屋已经被烧毁。若在缔约之后才发生,则为嗣后不能,例如,在租赁合同订立后的第二天,房屋被烧毁。区分二者的主要实益在于,嗣后不能只是一种履行障碍,而自始不能可导致合同无效。①

(3) 客观不能与主观不能

台湾"民法典"中并没有出现"客观不能"与"主观不能"的字样。参照已有的学说,可以称任何人都不能给付的情况为客观不能,例如,出卖的名画灭失。若债务人虽然不能给付,但债务人以外的人却能给付,则为主观不能。例如,出卖他人之物。应当承认的是,有些个案,尤其是在给付具有高度专属性的情况下(例如,音乐家失音不能演唱,画家失明不能作画),很难认定其性质究竟为客观不能还是主观不能。② 在实践中,不论是客观不能还是主观不能,都需要依照"社会通常观念"来认定。具体来说,可以用"得否借诸法院强制执行以求实现"作为认定的标准。例如,演员因为父母病危而不能参加演出,或因债务人故意藏匿贵重物品致使法院无从执行,均属给付不能。又如,即使租赁人对租赁物的修缮在物理或技术上是可能的,但需要投入的经济成本过于巨大,以至于修缮的价格几乎等同甚至超过了新造的价格,则仍应认定为给付不能。③

(4) 事实不能和法律不能

就发生的原因而论,给付不能除了事实不能之外,还包括法律不能。事实不能,又称自然不能,是指基于自然法则而不能的情况,例如,合同的标的不存在(如汽车被撞毁、桑田化为沧海),或者不在债务人的支配范围之内

---

① 参见邱聪智:《新订民法债编通则》(下),中国人民大学出版社 2004 年版,第 274 页;王泽鉴:《自始主观给付不能》,载氏著:《民法学说与判例研究》(第三册),中国政法大学出版社 1998 年版;郑玉波:《民法总则》,中国政法大学出版社 2003 年版,第 313 页;黄茂荣:《债法总论》(第二册),中国政法大学出版社 2003 年版,第 159 页。我国合同法的规则与台湾地区民法不尽相同,然而,如笔者在本章第二节所言,自始的法律不能也会导致合同无效。

② 参见王泽鉴:《自始主观给付不能》,载氏著:《民法学说与判例研究》(第三册),中国政法大学出版社 1998 年版,第 49—50 页;黄茂荣:《债法总论》(第二册),中国政法大学出版社 2003 年版,第 161 页。有关众学说对区分标准的不同理解,孙森焱先生作了细致而全面的整理,参见氏著:《民法债编总论》(下册),法律出版社 2006 年版,第 418—422 页。

③ 参见孙森焱:《民法债编总论》(下册),法律出版社 2006 年版,第 417、425 页;邱聪智:《新订民法债编通则》(下),中国人民大学出版社 2004 年版,第 274 页;黄立主编:《民法债编各论》(上),中国政法大学出版社 2003 年版,第 208 页;邱聪智:《新订债法各论》(上),姚志明校订,中国人民大学出版社,第 234 页。

(如标的物归他人所有、土地所在的地区被敌国占领)。法律不能,是指基于法律规定而不能的情况,例如,标的物为违禁物或不融通物。①

2. 效力

给付不能的效力取决于其是否因可归责之事由所致。② 对于不可归责的给付不能,债务人免给付义务,不承担债务不履行的责任。若债务人因此而对第三人有损害赔偿请求权,债权人可以请求让与该权利,或交付其所受领的赔偿物。③

对于可归责的给付不能,债务人应承担债务不履行的责任,债权人可以请求损害赔偿,并有权解除合同。④

(二) 给付迟延

在履行期已经届满,给付仍为可能,却因可归责于债务人之事由而未为给付的情况下,债务人应该承担给付迟延的责任。债权人可以选择损害赔偿、强制执行或解除合同等方式来救济。⑤

(三) 不完全给付

1. 规范基础

在民法债编修订之前,不完全给付是否作为债务不履行的一种独立形态,学说上有着激烈的争论。⑥ 经过了1999年的修订之后,台湾地区"民法典"第227条规定,"因可归责于债务人之事由,致为不完全给付者,债权人得依关于给付迟延或给付不能之规定行使其权利。因不完全给付而生前项以外之损害者,债权人并得请求赔偿",为不完全给付作为一种独立的形态

---

① 参见邱聪智:《新订民法债编通则》(下),中国人民大学出版社2004年版,第275页;黄茂荣:《债法总论》(第二册),中国政法大学出版社2003年版,第160页。

② 对于归责事由的含义和功能,详见本书第八章的论述。

③ 参见台湾地区"民法典"第225条。

④ 参见台湾地区"民法典"第226、256条;郑玉波:《民法债编总论》(修订二版),陈荣隆修订,中国政法大学出版社2004年版,第265—268、330—331页;黄茂荣:《债法总论》(第二册),中国政法大学出版社2003年,167—171页。

⑤ 参见郑玉波:《民法债编总论》(修订二版),陈荣隆修订,中国政法大学出版社2004年版,第273—281、326—329页;黄茂荣:《债法总论》(第二册),中国政法大学出版社2003年版,第119—136页。

⑥ 参见钱国成:《不完全给付与物之瑕疵担保责任》,载《法令月刊》第29卷第6期;郑玉波:《论不为给付与不为完全之给付》,载《法令月刊》第30卷第2期;王泽鉴:《不完全给付之基本理论》,载氏著:《民法学说与判例研究》(第三册),中国政法大学出版社1998年版。

提供了明确的规范基础。其修正理由指出:

> 按债务不履行之种类,除给付迟延及因可归责于债务人之事由致给付不能两种消极的债务违反外,更有另一种不完全给付之积极的债务违反,即因可归责于债务人之事由,提出不符合债务本旨之给付。此在学说间已成通说,台湾实务上亦承认此种债务违反态样,惟法条上尚欠明白之规定,学者虽有主张"现行民法"第227条中所谓"不为完全之给付",即属关于不完全给付之规定者,但其规定之效果仍欠周详。按不完全给付,有瑕疵给付和加害给付两种,瑕疵给付仅发生原来债务不履行之损害,可分别情形,如其不完全给付之情形可能补正者,债权人可依迟延之法则行使其权利;如其给付不完全之情形不能补正者,则依给付不能之法则行使权利。为期明确,爰增设第1项规定。前项不完全给付如为加害给付,除发生原来债务不履行之损害外,更发生超过履行利益之损害,例如出卖人交付病鸡,致使买受人之鸡群亦受感染而死亡,或出卖人未告知机器之特殊使用方法,致买受人因使用方法不当引起机器爆破,伤害买受人之人身或其他财产等是。遇此情形,固可依侵权行为之规定请求损害赔偿,但被害人应就加害人之过失行为负举证责任,保护尚嫌不周,且学者间亦有持不同之见解者,为使被害人之权益受更周全之保障,并杜疑义,爰于第2项明定被害人就履行利益以外之损害,得依不完全给付之理论请求损害赔偿。①

2. 要件

依上述规定,可将不完全给付的要件归纳为三:第一,债务人已为给付。如果债务人未为给付,则或为给付不能,或为给付迟延,原则上不会发生不完全给付的问题。第二,给付不符合债之本旨。主要的类型包括给付义务的违反(例如,出租的房屋含有辐射线,使承租人感染了疾病;医生手术失误,使病人致残)和保护、说明和保密等附随义务的违反(例如,承揽人工作失误,污损了定作人的名画;医生泄漏了病人的隐私资料)。第三,可归责于

---

① 修正理由摘自黄立:《民法债编总论》,中国政法大学出版社2002年版,第451、455页。

债务人。①

（四）拒绝给付

在1999年的债编修改之前，台湾地区"民法典"的第227条中原有"不为给付"的用语。1999年的修改将该用语删除，其理由为，"现行条文中所谓'不为给付'之含义为何？学者间争论纷纭，有主张属于给付迟延范围者；有主张系'给付拒绝'者，为免滋生争议，爰并予删除"。② 台湾地区"民法典"的现行规定没有明确地将拒绝给付与给付不能、给付迟延和不完全给付相并列。在解释上，学者之间对于如何理解拒绝给付并未形成共识。例如，王泽鉴先生没有将拒绝给付明认为一种独立的形态。③ 黄立先生虽然认为拒绝给付属于债务不履行，却未对其含义进行界定。④ 依郑玉波先生的主张，应该将给付拒绝解释为债务不履行的一种形态，并将其界定为"债务人能为给付而违法的表示不为给付之意思通知"，在履行期之前或履行期之后均可发生。⑤ 黄茂荣先生则主张，拒绝给付是债务不履行的一个重要类型，是债务人对债权人作出的拒绝给付的意思表示，但只发生在于清偿期届至之前。⑥

对于各位学者的不同见解，我们可以从以下三个方面进行评价和反思。首先，如孙森焱和邱聪智两位先生所言，履行期届至之后的拒绝给付无异于给付迟延，因此，无须将履行期届至之后的拒绝给付列为独立的类型。⑦ 其次，如果债务人在给付尚属可能而未届履行期的情况下，向债权人作出了拒

---

① 参见郑玉波：《民法债编总论》（修订二版），陈荣隆修订，中国政法大学出版社2004年版，第270—271页；邱聪智：《新订民法债编通则》（下），中国人民大学出版社2004年版，第279—280页；孙森焱：《民法债编总论》（下册），法律出版社2006年版，第475—478页；王泽鉴：《民法概要》，中国政法大学出版社2003年版，第265页。

② 修正理由摘自邱聪智：《新订民法债编通则》（下），中国人民大学出版社2004年版，第295页。

③ 参见王泽鉴：《民法概要》，中国政法大学出版社2003年版，第253—266页。

④ 参见黄立：《民法债编总论》，中国政法大学出版社2002年版，第440页。

⑤ 参见郑玉波：《民法债编总论》（修订二版），陈荣隆修订，中国政法大学出版社2004年版，第268—269页。

⑥ 参见黄茂荣：《债法总论》（第二册），中国政法大学出版社2003年版，第86页。

⑦ 参见邱聪智：《民法债编通则》（6版），1993年版，第310页，转引自朱广新：《合同法总则》，中国人民大学出版社2008年版，第414页；孙森焱：《民法债编总论》（下册），法律出版社2006年版，第415页。

绝给付的意思表示，那么该表示既不能归入给付不能或给付迟延的范畴，又无法为不完全给付所涵盖。因此，理当将其解释为一种独立的类型。① 最后，至于其性质和法律后果如何，则属于1999年债编修订未能妥当解决的法律漏洞，需要借助学说来填补。邱聪智先生指出，为了对蒙受不利益的债权人给予充分的保护，法律应该赋予其选择权，使债权人既可以等到履行期到来之后请求给付，又可以行使期前解除权，并请求对合同利益的损害赔偿。②

（五）受领迟延

1. 要件

受领迟延，又称债权人迟延。台湾地区"民法典"第234条和第235条规定："债权人对已提出之给付，拒绝受领或不能受领者，自提出时起，负迟延责任。债务人非依债务本旨实行提出给付者，不生提出之效力。"据此，可以将债权人迟延的成立要件归纳为三：第一，债务人的给付须债权人的协力才能完成。无须债权人受领或者进行其他协力的给付（例如，债务人能够基于自己的不作为而完成的债务），不会产生受领迟延的问题。第二，债务人已经依债务本旨提出了给付。否则，即使债权人拒绝受领或不能受领，也无受领迟延可言。第三，债权人拒绝受领，包括作出拒绝受领的意思表示和没有进行协力的行为（例如，请工人修整花园，却不给工人开门，使工人无法入内；患者没有按照约定的时间来就医），或者不能受领（例如，因为疾病、出外旅行，或没有库房等事由）。需要指出的是，受领迟延的成立，不以归责事由的存在为必要。③

---

① 笔者认为，在上文所引述的不同见解中，黄茂荣先生的观点最值采信，参见黄茂荣：《债法总论》（第二册），中国政法大学出版社2003年版，第85—86页。

② 邱聪智先生对此问题有精到的研究，他建议增订台湾地区"民法典"第256条之二，具体表述如下：债务人预示拒绝给付者，债权人得解除契约，并得请求赔偿因契约解除而生之损害。前项情形，债权人依其他规定得行使之权利，不受影响。参见邱聪智：《新订民法债编通则》（下），中国人民大学出版社2004年版，第385—388页。

③ 参见王泽鉴：《民法概要》，中国政法大学出版社2003年版，第261—262页；孙森焱：《民法债编总论》（下册），法律出版社2006年版，第455—459页；郑玉波：《民法债编总论》（修订二版），陈荣隆修订，中国政法大学出版社2004年版，第284—287页；黄立：《民法债编总论》，中国政法大学出版社2002年版，第464—467页；邱聪智：《新订民法债编通则》（下），中国人民大学出版社2004年版，第298—300页。

2. 性质和效力

在法典的结构上,受领迟延和给付迟延并列于第二编(债)第一章(通则)第 3 节(债之效力)第 2 款(迟延)。但是,在一般的情况下,受领并不是债权人的义务,债务人也无法强制债权人受领给付。例如,1940 年上字 965 号判例指出,"债权人有受领给付之权利,除非法律有如民法第三百六十七条、第五百十二条第二项等特规定,契约有特别订立外,不负受领给付之义务。故债权人对于已提出之给付拒绝受领者,通常只负迟延责任,债务人不得强制其受领给付"。可见,受领迟延的性质属于债权人权利的不行使,充其量只会产生失权的效果,并不会导致债务不履行责任。在例外的情况下,受领迟延亦可作为债务不履行的事由。例如,1975 年台上字 2367 号判例指出,"买受人对于出卖人有受领标的物之义务,为'民法'第三百六十七条所明定,故出卖人已有给付之合法提出而买受人不履行其受领义务时,买受人非但陷于受领迟延,并陷于给付迟延,出卖人非不得依'民法'第二百五十四条规定据以解除契约"。①

受领迟延的具体效力,包括下列内容:第一,债务人的注意义务有所减轻,只须就故意和重大过失负责。② 第二,债务人无须支付迟延利息。③ 第三,在受领迟延之后,债务人不再承担收取孳息的义务,而只须以受领迟延之前已经收取的孳息为限,向债权人承担返还的义务。④ 第四,对于因提出

---

① 参见孙森焱:《民法债编总论》(下册),法律出版社 2006 年版,第 454—455 页;郑玉波:《民法债编总论》(修订二版),陈荣隆修订,中国政法大学出版社 2004 年版,第 288 页;邱聪智:《新订民法债编通则》(下),中国人民大学出版社 2004 年版,第 298—299 页。

② 参见台湾地区"民法典"第 237 条;郑玉波:《民法债编总论》(修订二版),陈荣隆修订,中国政法大学出版社 2004 年版,第 288 页;孙森焱:《民法债编总论》(下册),法律出版社 2006 年版,第 459—460 页。

③ 参见台湾地区"民法典"第 238 条。

④ 这是多数学者对台湾地区"民法典"第 239 条的解释,参见孙森焱:《民法债编总论》(下册),法律出版社 2006 年版,第 460—461 页;郑玉波:《民法债编总论》(修订二版),陈荣隆修订,中国政法大学出版社 2004 年版,第 289 页;邱聪智:《新订民法债编通则》(下),中国人民大学出版社 2004 年版,第 301 页;黄立:《民法债编总论》,中国政法大学出版社 2002 年版,第 487 页。然而,正如黄茂荣先生所指出的那样,"依第二百三十九条,在债权人迟延中,债务人不再负有收取收取孳息之义务,因此,固无所谓因可归责于债务人之事由,而不为收取的问题……惟债务人依交易习惯,如有很容易即能收取,而不为收取孳息的情事,债权人是否得依诚信原则,主张对于债务人课以责任,值得探讨"。参见黄茂荣:《债法总论》(第二册),中国政法大学出版社 2003 年版,第 146 页。

或保管给付物而支出的必要费用,债务人得向债权人请求赔偿。① 第五,债务人可以通过抛弃占有或提存的方式来消灭债务。②

三、反思与总结

从台湾地区民法学界的研究成果中可以发现,学说、司法解释和立法修改之间存在着良性的互动。学者的论著严格地以成文规则为依托,不但对其进行解释和漏洞填补的工作,还推动了其在立法的层面的修正。以此为参照,可以对前述与违约行为之类型相关的问题作出如下的反思。

(一) 二分法的保持

在现实违约的层面,为了与《合同法》第107条中"不履行合同义务"和"履行合同义务不符合约定"的结构相一致,在解释论上,基本的二分法是应该保持的。因此,就第一个层次的划分而论,在前引的各学说中,韩世远先生和余延满先生的进路更为可取,即,分别用"不履行"和"不完全履行"与之相对应。

(二) 履行迟延和履行不能

在保持基本的二分法的前提下,应该对履行迟延和履行不能作进一步的区分。区分的标准,可以用台湾地区学者对给付不能与给付迟延的论述作为参照。区分的实益至少体现在以下几个方面:第一,根据《合同法》第110条,在履行不能的情况下,债权人无法请求强制执行。而履行迟延的情形则不受此限制。第二,依照《合同法》第117条的文字表述,如果不能履行是不可抗力导致的,债务人可以免除相应的责任。在适用的过程中,应该对"不能履行"进行扩张解释,将履行迟延的情况也包括在内。

说到履行迟延在二分法架构中的地位,韩世远先生和余延满先生的处理方式有所不同。韩世远先生将履行迟延归入不履行的范畴,而余延满先生则将其列为不完全履行的一种。笔者认为,将履行迟延算作不履行的一种,更具合理性。理由如下:第一,从法律史和比较法的角度来看,不完全履

---

① 参见台湾地区"民法典"第240条。
② 参见台湾地区"民法典"第241、326条;孙森焱:《民法债编总论》(下册),法律出版社2006年版,第461—462页;邱聪智:《新订民法债编通则》(下),中国人民大学出版社2004年版,第301—302页。

行的概念是在履行迟延之后出现的,两者的含义有着明显的差异。① 将履行迟延与不完全履行分开,更符合传统民法学说的惯常用法。第二,就如履行不能包括全部不能和部分不能,履行迟延同样也可分为全部迟延和部分迟延。如果部分不能应归入不履行的范畴②,那么部分迟延亦应归入不履行的范畴。第三,在发生了全部迟延,而债权人又没有通过实际履行或补救措施来得到救济的情况下,违约行为无论如何也不能被称为不完全履行,而只宜被称为不履行。

(三) 不完全履行

从上文的介绍中可以看出,学者们对不完全履行的类型有着不同的划分。以台湾法学已有的研究成果为参照,笔者认为,瑕疵给付与加害给付的二分法是值得沿用的。事实上,学者们所列举的其他不完全履行的行为(例如履行的方法或地点不当等),或者可以解释为瑕疵给付的具体类型,或者可以解释为履行迟延,而不应与瑕疵给付或履行迟延相并列。

(四) 拒绝履行

在前引各学说中,学者们几乎都将拒绝履行列为现实违约的一个具体形态。笔者认为,台湾地区法学界关于给付拒绝的讨论,对于我们思考此问题颇具借鉴意义。如果拒绝履行是在履行期届满之前作出的,那么该行为应属于预期违约,无须在现实违约的范围内进行讨论。如果拒绝履行是在履行期届满之后作出的,那么必然有履行不能、或履行迟延、或不完全履行与其相伴,因此,无须将拒绝履行视为与上述三者相排斥的另一种形态。

(五) 债权人迟延

台湾学者之所以将债权人迟延与给付迟延放在一起讨论,与台湾"民法典"的结构有关。然而,债权人迟延通常并不会导致债务不履行责任的发生。以此为参照,笔者认为,在一般的情况下,不宜将我国合同法上的债权人迟延视为现实违约之具体形态。理由有二:第一,与台湾地区"民法典"的结构有所不同的是,在《合同法》第七章违约责任中,并无债权人迟延或受领迟延的相关规定。从体系解释的角度来看,无须将其与履行迟延放在一起

---

① 参见王泽鉴:《不完全给付之基本理论》,载氏著:《民法学说与判例研究》(第三册),中国政法大学出版社 1998 年版。

② 余延满先生在把履行不能归入不履行范畴的同时,也承认履行不能包括部分不能。参见马俊驹、余延满:《民法原论》(第三版),法律出版社 2007 年版,第 621—622 页。

讨论。第二，在我国合同法的语境中，受领的义务同样可以解释为一种"不真正义务"或"对己义务"。就法律效果而论，违反不真正义务的行为，应当与履行不能、履行迟延和不完全履行这三类现实违约行为相区别。①

值得注意的是，韩世远先生在论述债权人迟延问题的时候，把协助义务纳入了讨论的范围，并举例说明债权人迟延在例外的情况下可能构成违约。② 笔者认为，对协助义务的违反的确有可能构成违约。然而，债权人迟延并不能涵盖违反协助义务的所有形态。以《合同法》第259条为例，除了迟延履行之外，定作人还有可能因为不完全履行而违反协助义务，这同样属于违约行为。因此，如果用更为周严的表达方式来描述此类行为，那么我们可以说，在例外（法律有特别规定或当事人有特别约定）的情况下，债权人对受领或协助等义务的违反，亦构成违约。

（六）根本违约

如前所述，王利明先生将根本违约和拒绝履行一起归入不履行的范畴，并且将不履行与迟延履行和不适当履行相并列。③ 笔者认为，这一划分在逻辑上并不妥当。按照王利明先生自己的定义，根本违约"是指一方的违约致使另一方订约目的不能实现"，非根本违约则"是指一方的违约并没有导致另一方订约目的不能实现，或者使其遭受重大损害"。④ 然而，根据我国《合同法》第94条和第148条的规定，迟延履行和不适当履行都有可能因致使合同目的不能实现而构成根本违约。可见，根本违约是相对于非根本违约而言的，与传统民法学对债务不履行的类型划分所采取的是完全不同的标准。将不同层面的两套标准混合一起，并无实益。

（七）总结

综上所述，笔者认为，在我国合同法体系内，为了与"不履行合同义务"和"履行合同义务不符合约定"的规范结构保持一致，应该在解释论上将现实违约行为划分为"不履行"和"不完全履行"这两个基本的类型。其中，不履行可进一步划分为履行不能和迟延履行，不完全履行亦可分为瑕疵给付

---

① 参见韩世远：《履行障碍法的体系》，法律出版社2006年版，第123页。
② 同上。
③ 参见王利明：《违约责任论》（修订版），中国政法大学出版社2000年版，第138—139页。
④ 同上书，第130页。

和加害给付。在例外的情况下,债权人对受领或协助等义务的违反也可构成违约。对现实违约行为的具体形态作出如此的划分,有助于我们更好地理解和适用相关的规则。

第二节 违约责任的基本类型

以《合同法》第107条、第111条和第114条的规定为依据,可以将违约责任的承担方式分为实际履行、减价、赔偿损失和违约金这四个基本的类型。① 现分述如下:

一、实际履行

(一) 概述

实际履行(specific performance),是指在违约行为发生后,债权人可以请求债务人履行合同义务的一种救济方式,目的是要使债权人实现原合同的履行利益②,具体内容包括《合同法》第107条中的继续履行和《合同法》第111条中的修理、更换、重作。

实际履行的请求可以在诉讼外提出,也可以通过诉讼程序来提出。通过诉讼程序来完成的履行,可称为强制实际履行或强制履行(enforced performance)③,包括直接的强制履行和间接的强制履行④:

1. 直接的强制履行

直接的强制履行是指不问债务人的意思如何,而依国家的强制力,来直

---

① 参见陈立虎、朱萍:《CISG之下的实际履行制度研究——兼评中国〈合同法〉第107条》,载《武大国际法评论》2008年第2期;韩世远:《合同法总论》(第二版),法律出版社2008年版,第536—618页。

② 参见隋彭生:《合同法要义》(第二版),中国政法大学出版社2007年版,第379—380页。

③ 参见陈立虎、朱萍:《CISG之下的实际履行制度研究——兼评中国〈合同法〉第107条》,载《武大国际法评论》2008年第2期;韩世远:《合同法总论》(第二版),法律出版社2008年版,第536页。

④ 参见张俊浩主编:《民法学原理》(修订第三版)(下册),中国政法大学出版社2000年版,第671—672页;《民事诉讼法》第228条。

接实现债权的内容。① 例如,处分债务人的财产或解除债务人对财产的占有。

2. 间接的强制履行

出于对债务人之人格的尊重,对于行为之债不得适用直接的强制履行,②而只能适用间接的强制履行,即,法院委托第三人来履行债务,费用由债务人来承担。例如,在出租人不履行《合同法》第220条所规定的维修义务的情况下,法院可以强制处分债务人的财产,委托他人来维修。

(二) 不适用强制履行的情形

根据《合同法》第110条的规定,下列情况不适用强制履行:

1. 债务的标的在事实或法律上的不能履行

本章第一节已经对事实不能和法律不能的含义有所说明。以下两个相关的问题,值得作进一步的阐释:

第一,在司法实践中,对事实不能的认定并不一定会采用自然法则意义上的客观不能的标准。有时,法院也会采用主观不能的标准。例如,在"济南东风制药厂与吉林九鑫药业集团有限公司代理销售合同纠纷上诉案"中,九鑫集团请求判令被告继续履行没有到期的销售代理合同,山东省高级人民法院在一审判决中指出,"东风制药厂现已停止生产新肤螨灵软膏,原合同约定的供货义务,在事实上已不能履行。依据《合同法》第110条的规定,九鑫集团要求继续履行合同的诉讼请求不予支持"。

第二,在我国合同法上,事实不能,无论是自始不能还是嗣后不能,并不会影响合同的效力,而自始的法律不能却会导致合同无效。从体系解释的角度来看,《合同法》第七章所规定违约责任是以合同的有效作为前提的,因此,《合同法》第110条第1项中的法律不能,应限缩解释为嗣后的法律不能。

---

① 参见郑玉波:《民法债编总论》(修订二版),陈荣隆修订,中国政法大学出版社2004年版,第280页。

② 以债务的内容为标准,可以将债务分为"给与债务"和"行为债务"。给与债务以给与一定的财产(例如给付金钱)为内容,行为债则以积极的作为(例如绘画、修理)或消极的不作为(例如不得竞业)为内容。参见郑玉波:《民法债编总论》(修订二版),陈荣隆修订,中国政法大学出版社2004年版,第6—7页。

2. 债务的标的不适合强制履行

笔者认为,标的不适合强制履行的债务,主要是指因具有人身专属性而无法由其他人替代履行的债务。法律不允许此类债务适用强制履行,旨在维护现代法治社会中保护人格尊严和人身自由的基本理念。①

3. 履行的费用过高

(1) 比较法上的见解

此情形在比较法上可称为"经济不能"。例如,《德国民法典》第275条第2款规定,"在注意到债务关系的内容和诚实信用的原则的情况下,如果给付所需的消耗与债权人的给付利益之间的比例关系极不适当,则债务人可以拒绝给付。在确定可以期待债务人作出的努力时,也应考虑债务人是否应当对给付障碍的发生承担责任"。② 已有的研究指出,经济上的不能是指虽然在理论上有排除障碍的可能,但是,即使是理性的债权人也无法期待债务人会履行债务。例如,甲不小心使应该交付给乙的戒指掉落了海中。其判断标准在于,债务人履行债务,是否必须付出不成比例的耗费。所谓耗费,不仅指金钱上的费用,还包括人的作为和努力。在衡量是否不成比例的时候,应考虑债务人有无可归责的事由。在债务人可归责的情况下,债权人完全有理由期待债务人以较多的努力来克服履行的障碍。例如,如果出卖人有责地将特定车辆转卖给了第三人,那么在必要时就可以要求其高于市价购回,使履行回复为可能。③ 笔者认为,在解释履行费用过高这一情形的时候,上述见解可作为有益的参照。

(2) 司法判决中的解释

从已有的司法判决中可以看出,在因履行费用过高而不能适用强制履行的情况下,法院可以允许违约方解除合同,同时让违约方向债权人承担赔偿责任。例如,在"新宇公司诉冯玉梅商铺买卖合同纠纷案"中,南京市中级人民法院所作出的二审判决认为:

---

① 参见韩世远:《合同法总论》(第二版),法律出版社2008年版,第544页;苏号朋:《合同法教程》,中国人民大学出版社2008年版,第288页。
② 参见黄立:《民法债编总论》(修正三版),台湾元照出版公司2006年版,第456页;齐晓琨:《德国新、旧债法比较研究》,法律出版社2006年版,第382页。
③ 参见黄立:《民法债编总论》(修正三版),台湾元照出版公司2006年版,第456—457页。

"履行费用过高",可以根据履约成本是否超过各方所获利益来进行判断。当违约方继续履约所需的财力、物力超过合同双方基于合同履行所能获得的利益时,应该允许违约方解除合同,用赔偿损失来代替继续履行。在本案中,如果让新宇公司继续履行合同,则新宇公司必须以其6万平方米的建筑面积来为冯玉梅的22.50平方米商铺提供服务,支付的履行费用过高;而在6万余平方米已失去经商环境和氛围的建筑中经营22.50平方米的商铺,事实上也达不到冯玉梅要求继续履行合同的目的。一审衡平双方当事人利益,判决解除商铺买卖合同,符合法律规定,是正确的。冯玉梅关于继续履行合同的上诉理由,不能成立。考虑到上诉人冯玉梅在商铺买卖合同的履行过程中没有任何违约行为,一审在判决解除商铺买卖合同后,一并判决被上诉人新宇公司向冯玉梅返还商铺价款、赔偿商铺增值款,并向冯玉梅给付违约金及赔偿其他经济损失。这虽然不是应冯玉梅请求作出的判决,但此举有利于公平合理地解决纠纷,也使当事人避免了诉累,并无不当。

4. 债权人在合理期限内没有请求实际履行

在学理上,此处的合理期限可以解释为一种失权期间。如果债权人在期间届满时还没有请求债务人履行合同,那么他就失去了请求实际履行的权利,而只能请求债务人以赔偿损失或支付违约金等方式来承担违约责任。在认定合理期限的时候,应该综合考虑合同的类型和性质、债务的类型和性质、双方当事人的意思和交易习惯等因素。①

此项规则的合理依据概括为两个方面:其一,如果受违约方在合理的期限内没有请求实际履行,那么违约方就有理由相信其不再坚持要求实际履行。在实际履行需要投入特殊的准备和努力的情况下,法律应当对违约方的上述信赖利益给予保护。其二,防止债权人在过长的期间内从事市场投机行为,使债务人不致因此而承担过多的市场风险。②

---

① 参见崔建远:《对〈合同法〉第110条第3项的理解》,载《人民法院报》2008年10月16日。

② 参见《国际商事合同通则》,对外贸易经济合作部条约法律司编译,法律出版社1996年版,第151页;附件二第176页;Bing Ling, *Chontract law in China*, Hong Kong:Sweet & Maxwell Asia,2002, p.423.

二、减价

(一) 概述

减价是指在债务人不完全履行的场合,债权人在接受不完全履行的前提下,根据"按质论价"的交易原理,来主张减少价款或报酬的一种违约救济。其中,减少价款主要针对财产之债,减少报酬主要针对劳务之债。[1]

(二) 减价的计算

对于减价的计算方法,我国合同法缺乏明确的规定。笔者将通过以下的案例,对相关的问题加以解析。

1. 案例

甲以收录机与乙的 VCD 光盘互易,其后,甲发现乙交付的光盘有瑕疵。已知在互易的时候,甲之收录机的价值是 1800 元,乙之光盘的价值是 2100 元,而光盘有瑕疵之价值是 1400 元。请问,当甲主张减价时,应如何处理?[2]

2. 解析

根据《合同法》第 175 条、第 155 条和第 111 条的规定,在互易合同中,债务人履行合同不符合约定的,受害人可以请求减价。对于如何计算减价,现行民法并无明确的规定,属于有待填补的法律漏洞。《联合国国际货物销售合同公约》第 50 条规定,"如果货物不符合合同,不论价款是否已付,买方都可以减低价格,减价按实际交付的货物在交货时的价值与符合合同的货物在当时的价值两者之间的比例计算"。德国民法上的学说认为,基于互易物之间的价值均衡关系,首先应该估算互易标的物在互易时的客观价值,以及有瑕疵的互易物的实际价值;其次,再以此一互易物在无瑕疵时和有瑕疵时的价值比例,计算相对人的互易物所应减少的价值。[3] 以上述规则为参照,设减价的数量为 X(元),可以列出以下算式:$1400:2100 = (1800 - X):1800$。计算可得 $X = 600$(元)。

---

[1] 参见《合同法》第 111 条;韩世远:《合同法总论》(第二版),法律出版社 2008 年版,第 602 页。
[2] 参见黄立主编:《民法债编各论》(上册),中国政法大学出版社 2003 年版,第 147 页。
[3] 同上书,第 149 页。

三、赔偿损失

（一）损失的分类：履行利益的损失和信赖利益的损失

《合同法》第 113 条规定，"当事人一方不履行合同义务或者履行合同义务不符合约定，给对方造成损失的，损失赔偿额应当相当于因违约所造成的损失，包括合同履行后可以获得的利益"。笔者认为，上述规定中的损失包括履行利益的损失和信赖利益的损失。

1. 履行利益的损失

履行利益，即期待利益（expectation interest），在现行的司法解释中被称为可得利益或预期利益，是指在合同依约履行的情况下，债权人可以获得的利益。赔偿履行利益的损失，目的是要使当事人处于相当于合同得到履行时的状态。①

2. 信赖利益的损失

信赖利益是指基于对合同的合理信赖而投入的成本，包括订立合同的费用、准备履行合同的费用、准备受领对方给付的费用和因此而放弃的其他订约机会等。如果合同依约履行，那么上述成本就属于交易的必要代价，理应由债权人自己承担。如果该信赖因对方违约等原因而落空，那么上述成本即转为不利益，债权人因此而蒙受的损失，就是信赖利益的损失。例如，被告向原告出售一艘遭遇海难的油轮，被告通知原告说，该油轮位于太平洋的某处礁石附近。原告投入了很多资金，配备了一支营救队伍去找寻油轮，待到达时，该油轮已不复存在。原告所受到的损害，就属于信赖利益的损失。赔偿信赖利益的损失，目的是要使当事人回复到相当于合同没有订立

---

① 参见《合同法解释（二）》第 29 条；《合同纠纷指导意见》第 7、9—11 条；张俊浩主编：《民法学原理》（修订第三版）（下册），中国政法大学出版社 2000 年版，第 673 页；林诚二：《民法债编总论——体系化解说》，中国人民大学出版社 2003 年版，第 267 页；隋彭生：《合同法要义》（第二版），中国政法大学出版社 2007 年版，第 387 页；雷继平：《违约金私法调整的标准和相关因素》，载《法律适用》2009 年第 11 期；李永军：《合同法》（第三版），法律出版社 2010 年版，第 555—557 页；Black's Law Dictionary, Seven Edition, West Group, 1999, p.394, p.816.

时的状态。①

3. 区分的实益

在违约损害赔偿的问题上,区分信赖利益的损失和履行利益的损失具有以下实益:

第一,在无法证明履行利益受到损失的情况下,债权人可以就信赖利益的损失向违约方请求赔偿。②

第二,在合同的效力因解除而溯及消灭的情况下,通常不能请求对履行利益之损失的赔偿,而只能请求赔偿信赖利益的损失。其原理在于,既然赔偿履行利益之损失的目的,是让当事人处于相当于合同得到履行的状态,那么就必须要有一个有效的合同作为其存在的规范基础。而有溯及力的解除③,其目的是让当事人恢复到合同订立以前的状态,两者在目的上无法兼容。④

(二)赔偿损失的限制性规则

1. 可预见规则

《合同法》第 113 条规定,赔偿损失的数额不得超过违反合同一方订立

---

① 参见王泽鉴:《信赖利益之损害赔偿》,载氏著:《民法学说与判例研究》(第五册),中国政法大学出版社 1998 年版,第 212—214 页;黄茂荣:《债法总论》(第二册),中国政法大学出版社 2003 年版,第 77、181 页;*Black's Law Dictionary*, Seven Edition, West Group, 1999, p. 396, p. 816.

② 参见韩世远:《合同法总论》(第二版),法律出版社 2008 年版,第 555—556 页;刘巧玉:《从期待利益到信赖利益——一个赔偿视角的转换》,载《经济研究导刊》2008 年第 10 期。

③ 在传统民法上,合同的解除不同于合同的终止,前者使合同的效力溯及地消灭,发生原状回复的问题,后者使合同关系向将来消灭,不发生原状回复的问题。参见郑玉波:《民法债编总论》(修订二版),陈荣隆修订,中国政法大学出版社 2004 年版,第 342 页。我国《合同法》中的解除概念涵盖了传统民法中的解除和终止这两种情形,这种立法体例的合理依据何在,还有待进一步研究。如苏永钦先生所言,现行民法的"有些地方似乎可以作更精确的设计,比如合同关系以法律行为结束,在一般合同可以'解除',在继续性合同,如租赁,应该多一种向后失效的'终止',合同法一律只有解除,实际适用起来恐怕还是会走向区分是否溯及,则简略就没有太大的道理"。参见苏永钦:《民事立法者的角色》,载氏著:《民事立法与公私法的接轨》,北京大学出版社 2005 年版,第 22 页。

④ 参见黄茂荣:《债法总论》(第二册),中国政法大学出版社 2003 年版,第 80 页。

合同时预见到或者应当预见到的因违反合同可能造成的损失。① 现将相关的几个问题分述如下：

第一，就预见的时间而论，是否可预见，应该根据合同订立时的情形加以判断。因为合同的内容是在订立时确定的，而不是在履约时确定的。将责任限制在缔约时可预见的损失范围之内，可以使合同的当事人能够预测到合同的风险，即能够大概计算出如果违约将要付出多少代价，进而在交易价格或其他交易条件上与对方进行协商，使自己获得的利益与自己承担的风险相适应。②

第二，就预见的内容而论，有司法判决指出，应当预见的内容包括合理预见的损失数量和根据对方的身份所能预见到的可得利益的损失类型。③ 依照《合同纠纷指导意见》第 9 条的规定，可得利益的损失包括生产利润损失、经营利润损失和转售利益损失等类型。在生产设备和原材料等买卖合同中，因出卖人违约而造成的买受人的可得利益的损失通常属于生产利润的损失。在承包经营、租赁经营和提供服务或劳务的合同中，因一方违约造成的可得利益的损失通常属于经营利润的损失。在先后系列买卖合同中，因原合同出买方违约而造成其后的转售合同出售方的可得利益的损失通常属于转售利润的损失。

第三，就是否具有可预见性的判断标准而言，比较法上的研究指出，应该在综合考察通常情况和合同之特定情形（例如，合同各方所提供的信息或根据他们之前的交易所能获得的信息）的基础上来判断，一个在缔约过程中克尽职责的勤勉之人，能否预料到自己的违约行为会产生如此的后果。例

---

① 从比较法的角度来看，《合同法》第 113 条的规定与《联合国国际货物销售合同公约》第 74 条和《国际商事合同通则》第 7.4.4 条的内容几乎完全相同。《联合国国际货物销售合同公约》第 74 条规定，"一方当事人违反合同应负的损害赔偿额，应与另一方当事人因他违反合同而遭受的包括利润在内的损失额相等。这种损害赔偿不得超过违反合同一方在订立合同时，依照他当时已知道或理应知道的事实和情况，对违反合同预料到或理应预料到的可能损失。"《国际商事合同通则》第 7.4.4 条规定，"不履行方当事人仅对在合同订立时他能预见到或理应预见到的、可能因其不履行而造成的损失承担责任"。

② 参见隋彭生：《合同法要义》（第二版），中国政法大学出版社 2007 年版，第 388—389 页；〔德〕彼得·施莱希特里姆：《联合国国际货物销售合同公约》评释（第三版），李慧妮编译，北京大学出版社 2006 年版，第 302 页。

③ 参见北京市昌平区人民法院(2010)昌民初字第 80 号民事判决书。

如,银行经常委托一个保安公司把装有硬币的钱袋护送到各分支机构。有一次,银行准备把一批装有新硬币的钱袋送交给收藏者,新硬币的价值比以前护送的硬币的价值高49倍,但银行并没有将此情形告诉该保安公司。在护送途中,钱袋被劫持。在这种情况下,银行只能得到与经常护送的硬币价值相同的赔偿额,因为只有这部分损失才在可预见的范围之内。① 笔者认为,在解释《合同法》第113条之规定的时候,上述见解可资借鉴。

2. 减损规则

所谓减损规则,是指在违约发生后,受违约方应当采取适当的措施来防止损失的扩大;未采取适当措施致使损失扩大的,不得就扩大的损失向违约方请求赔偿。受违约方因防止损失扩大而支出的合理费用,应该由违约方来承担。② 有司法判决指出,"该规则的核心是衡量守约方为防止损失扩大而采取的减损措施的合理性问题。减损措施应当是守约方根据当时的情境可以做到且成本不能过高的措施"。③ 常见的减损措施有以下两类:(1) 停止行动。即,不得以不合理的行为来增加自己的损失。例如,如果受违约人知道货物有瑕疵,已经失去了安全性,就不应该继续使用它。(2) 替代性安排。即,积极采取主动的措施,来作适当的替代性安排以减少损失。例如,在卖方违约后,买方在市场上补进货物,以避免自己对第三方违约。④

3. 损益相抵规则

赔偿损失的目的在于排除损害,使受违约方回复到损害发生前的同一状态,并不是要使其因此而受有过多的利益。因此,受违约方基于同一违约行为受有损失并且受有利益的时候,应该从损失额中扣除利益额。例如,在委托合同中,马主委托赛马骑士参加比赛,骑士违反了马主的指示,过度役使马匹。结果虽然得了头奖,却导致马匹的死亡。作为受托人的骑士应对马匹的价值承担赔偿责任,但马主所获得的奖金应该从赔偿数额中扣除。

---

① 参见《国际商事合同通则》,对外贸易经济合作部条约法律司编译,法律出版社1996年版,第173—174页,附件二第201页。
② 参见《合同法》第119条;《合同纠纷指导意见》第10条。
③ 参见北京市昌平区人民法院(2010)昌民初字第80号民事判决书。
④ 参见隋彭生:《合同法要义》(第二版),中国政法大学出版社2007年版,第391页;韩世远:《合同法总论》(第二版),法律出版社2008年版,第578页;苏号朋:《合同法教程》,中国人民大学出版社2008年版,第301页。

这在传统民法学中称为损益相抵原则。① 虽然"损益相抵"的字样并没有在合同法的条文中出现,但现行的司法解释已经明确肯定了损益相抵规则。② 在"北京聚医阁国药研究有限公司诉中国医药研究开发中心有限公司技术开发委托合同纠纷案"中,法院认为,损益相抵规则是指当守约方因导致损失的同一违约行为而获益时,守约方所能请求的赔偿额应当是损失减去获益的差额。此规则旨在确定守约方因对方违约而遭受的"净损失"。③

4. 过失相抵规则

与损益相抵规则之情形颇为相似的是,合同法虽然没有对过失相抵规则作出规定,但此规则在多年的司法实践中却一直被运用。④《合同纠纷指导意见》第 10 条更是明确指出,在计算损失的时候应当运用过失相抵规则,对于非违约方亦有过失所造成的损失,违约方不承担赔偿责任。

笔者则认为,如果损失是由非违约方的原因(包括其积极的作为、消极的不作为和健康状况等)造成的,那么即使非违约方对于损失的发生没有过失,其也无权向违约方请求赔偿这部分损失。因为,根据《合同法》第 113 条的文义解释以及违约损害赔偿制度中的因果关系原理,债务人只须对因自己的违约行为所造成的损害负责,而无须就非因自己的违约行为所造成的损害承担赔偿责任。因此,从政策论的角度来看,过失相抵宜修改为原因力相抵。

四、违约金

(一)违约金的性质:对补偿性和惩罚性的思考

1. 概述

违约金是指根据当事人的约定或法律的规定,在一方违约时向对方支付的金钱。⑤ 根据性质的不同,可以将违约金分为赔偿性违约金和惩罚性违

---

① 参见王泽鉴:《民法概要》,中国政法大学出版社 2003 年版,第 239—240 页。
② 参见《合同纠纷指导意见》第 10 条。
③ 参见北京市昌平区人民法院(2010)昌民初字第 80 号民事判决书。
④ 参见上海市静安区人民法院(2004)静民二商初字第 190 号民事判决书、广东省广州市中级人民法院(2007)穗中法民四终字第 24 号民事判决书和浙江省衢州市柯城区人民法院(2008)柯民一初字第 435 号民事判决书等。
⑤ 参见隋彭生:《合同法要义》(第二版),中国政法大学出版社 2007 年版,第 391 页;崔建远主编:《合同法》(第五版),法律出版社 2010 年版,第 342 页。

约金。赔偿性违约金,又称为损害赔偿额的预定,是预先估计的损害赔偿总额,其功能在于减轻受违约方举证的困难,节约诉讼成本。① 惩罚性违约金,是当事人对于违约行为所约定的一种私的制裁,亦称"违约罚"。根据合同自由原则,民事罚自由可以理解为合同内容自由的一部分,当事人可以对惩罚性违约金作出约定。②

在法律适用的过程中,如何辨别违约金的性质究竟是赔偿性(补偿性)还是惩罚性并非易事,需要综合运用法律解释与合同解释的方法。在下文中,笔者将以迟延履行和惩罚性违约金的关系为例,对相关的问题进行解析。

2. 惩罚性违约金是否只适用于迟延履行的情况

《合同法》第114条第3款规定,"当事人就迟延履行约定违约金的,违约方支付违约金后,还应当履行债务"。有学者在阐释此规定的时候指出,只有专门为迟延履行约定的违约金才具有惩罚性。③ 在笔者看来,上述观点难以成立,理由如下:

首先,从比较法的角度来看,在我国台湾地区民法和日本民法上,惩罚性违约金的适用都不以履行迟延的发生为必要。④ 上述观点在比较法上似难找到相似的立法先例。

其次,从文义解释来看,现行合同法上并无成文规则明确指出,只有在迟延履行的情况下才适用惩罚性违约金。

再次,如本章第一节所言,违约行为可分为不履行和不完全履行两个基本类型,迟延履行只是不履行的一种。在法律没有特别规定且当事人没有特别约定的情况下,只允许迟延履行,而不允许其他类型的违约行为适用惩罚性违约金,有悖于相似情形应为相同之处理的法理。

复次,从已有的司法判决中可以看出,在有些案件中惩罚性违约金的适用并不以迟延履行的发生作为必要条件。例如,在"南通盛唐纺织品有限公司等诉上海海兴国际货运有限公司海上货物运输合同纠纷案"中,当事人约定:

---

① 参见韩世远:《合同法总论》(第二版),法律出版社2008年版,第590页。
② 参见郑玉波:《民法债编总论》(修订二版),陈荣隆修订,中国政法大学出版社2004年版,第317页;《合同纠纷指导意见》第5条。
③ 参见马俊驹、余延满:《民法原论》(第四版),法律出版社2010年版,第626页。
④ 参见韩世远:《违约金的理论争议与实践问题》,载《北京仲裁》第68辑。

1. 乙方包括乙方合作企业用乙方名义出口的产品用集装箱以陆运、水运的运输方式发往巴拿马。自本协议生效之日起,全部委托甲方承运,乙方汇出信用证保证金人民币 1,000,000 元到甲方指定账户,合同到期止,甲方将信用金如数退还给乙方。凡乙方发往巴拿马的港口的集装箱和乙方合作企业合作的产品,并用乙方的名义出口的产品发往巴拿马港口的集装箱委托其他公司发运,乙方承担违约金 120,000 美元,乙方汇给甲方的信用金归甲方所有。……4. 甲方为其他货主承运乙方同类产品,每只 40 尺高柜自南通港发往巴拿马运价不低于 3,400 美元。如甲方对本条款违约,甲方罚给乙方 240,000 美元。

武汉海事法院在判决中指出,上述违约金条款是对承托行为约束的一种相互惩罚性违约金,该条款合法有效。① 笔者认为,上述违约金条款所针对的违约行为并不属于迟延履行。又如,在"姚宏新与上海若邻快餐食品有限公司加盟合约纠纷上诉案"中,原审法院(上海市徐汇区人民法院)认为,上诉人未按约要求其雇佣的员工穿着统一制服,构成违约。上诉人自行向第三方采购物料的行为,亦构成违约。对于被上诉人因上诉人的上列违约行为而主张的惩罚性违约金的诉讼请求,原审法院在对其数量进行调整后,判决上诉人支付被上诉人惩罚性违约金人民币 33,333 元。在二审中,上海市第一中级人民法院维持了原判。② 在笔者看来,上述违约行为亦不属于迟延履行。

最后,考察现行的司法解释,可以发现,在有些情况下,针对迟延履行约定的违约金明显具有补偿的性质。例如,根据《商品房买卖合同解释》第 17 条的规定:

商品房买卖合同没有约定违约金数额或者损失赔偿额计算方法,违约金数额或者损失赔偿额可以参照以下标准确定:逾期付款的,按照未付购房款总额,参照中国人民银行规定的金融机构计收逾期贷款利息的标准计算。逾期交付使用房屋的,按照逾期交付使用房屋期间有关主管部门公布或者有资格的房地产评估机构评定的同地段同类房屋

---

① 参见武汉海事法院(2004)武海法通商字第 2 号民事判决书。
② 参见上海市第一中级人民法院(2002)沪一中民三商终字第 319 号民事判决书;上海市第一中级人民法院(2002)沪一中民三商监字第 15 号驳回再审申请通知书。

租金标准确定。

准此以观,在当事人没有特别约定的情况下,将《合同法》第114条第3款规定的违约金解释为赔偿性违约金,似更具合理性。①

综上,笔者认为,一方面,针对迟延履行约定的违约金可能是赔偿性而非惩罚性的违约金,另一方面,在没有迟延履行的情况下,仍有惩罚性违约金仍有适用的余地。因此,就适用惩罚性违约金而论,迟延履行既非其充分条件,又非其必要条件。

(二) 赔偿性违约金之数额的调整

1. 数额的增加

《合同法》第114条第2款规定,"约定的违约金低于造成的损失的,当事人可以请求法院或者仲裁机构予以增加"。值得思考的是,上述规定中的损失是否包括可得利益的损失? 有学者指出,《合同法解释(二)》第28条规定,当事人请求增加违约金的,增加后的数额以不超过实际损失为限。该规定将可得利益的损失排除在了违约金的范围之外,实为不妥。② 笔者认为,违约金的范围的确应当包括履行利益的损失。然而,在不改变《合同法解释(二)》第28条之法律表达的情况下,此观点在解释论上亦可成立。理由如下:第一,依文义解释,无论是增加数额还是减少数额,都需要将违约金的数额和违约造成的损失相比较。在《合同法》第114条第2款的两个分句中,"造成的损失"显然具有相同的含义。既然根据《合同法解释(二)》第29条的规定,在衡量是否应当减少数额的时候,造成的损失包括可得利益的损失,那么在衡量是否应当增加数额的时候,造成的损失同样应该包括可得利益的损失。③ 第二,依目的解释,将可得利益的损失包括在违约金的赔偿范围之内,符合完全赔偿的理念。

需要说明的是,请求增加违约金的数额并非唯一可行的救济方式。如

---

① 参见申屠彩芳:《违约金性质的再思考——也谈惩罚性违约金的司法认定》,载《杭州电子科技大学学报(社会科学版)》2010年第3期。

② 参见黄小艳:《论我国违约金制度的完善——兼评〈合同法解释(二)〉的相关规定》,载《中国商界》2010年第7期。

③ 相似的观点,参见雷继平:《违约金司法调整的标准和相关因素》,载《法律适用》2009年第11期。

果违约金的数额低于违约所造成的损失,受违约方还可就差额请求损害赔偿。①

2. 数额的减少

《合同法》第 114 条第 2 款指出,"约定的违约金过分高于造成的损失的,当事人可以请求人民法院或者仲裁机构予以适当减少"。《合同法解释(二)》第 29 条规定,"当事人主张约定的违约金过高请求予以适当减少的,人民法院应当以实际损失为基础,兼顾合同的履行情况、当事人的过错程度以及预期利益等综合因素,根据公平原则和诚实信用原则予以衡量,并作出裁决。当事人约定的违约金超过造成损失的百分之三十的,一般可以认定为合同法第 114 条第 2 款规定的'过分高于造成的损失'"。《合同纠纷指导意见》的第 7 条亦指出,"人民法院根据合同法第 114 条第 2 款调整过高违约金时,应当根据案件的具体情形,以违约造成的损失为基准,综合衡量合同履行程度、当事人的过错、预期利益、当事人缔约地位强弱、是否适用格式合同或条款等多项因素,根据公平原则和诚实信用原则予以综合权衡,避免简单地采用固定比例等'一刀切'的做法,防止机械司法而可能造成的实质不公平"。对于上述规则的理解和适用,笔者有如下的思考:

第一,在违约方没有提出减少违约金之请求的情况下,法院可以就其是否需要主张违约金过高的问题进行释明。②

第二,衡量违约金是否过高,应该以违约造成的损失作为基准。这里的损失包括信赖利益的损失和履行利益的损失。在确定损失数量的时候,应适用可预见规则、减损规则、损益相抵规则和原因力相抵规则。至于合同履行的情况,只是计算损失时的所应考虑的情况,并非与损失相并列的一项独立的参照因素。在一般的情况下,如果违约金的数额大于损失总量的130%,那么大于的部分应该予以减少。否则,无需减少违约金的数额。例如,在"江苏理文造纸有限公司诉洋浦福海船务有限公司航次租船合同纠纷案"中,上海海事法院指出,原告因被告违约而遭受的实际损失为 163460元,原告主张的违约金是 352920 元,已超过了法律规定的范围。结合被告

---

① 相似的观点,参见郭明瑞主编:《民法》(第二版),高等教育出版社 2007 年版,第 428 页;王军、邓显新:《违约金适用若干实务问题》,载《实事求是》2009 年第 5 期。

② 《合同纠纷指导意见》第 8 条。

的违约事实、原告遭受的实际损失等情况,本院以违约金超过实际损失的 30% 为标准,酌情将其调整为 212498 元。① 又如,在"南京紫金山影业有限公司与北京市润亚影视传播有限公司著作权许可使用合同纠纷上诉案"中,江苏省高级人民法院认为,紫金山公司在缔约时所能预见其违约给对方造成的最大损失为 40 万元,依照当事人在违约金条款中约定的计算方法,紫金山公司应支付的违约金为 436000 元,与 40 万元的损失大体相当,不存在约定的违约金明显过高的情形,无需对该违约金进行调整。② 再如,在"北京电格公关咨询有限公司与北京力天视听会展服务有限公司服务合同纠纷上诉案"中,上诉人指出,一审法院将违约金的标准从日百分之一调整为日千分之一,超过了同期银行贷款利率的 5 倍,无法律依据,也违背了立法本意和诚信原则。北京市第二中级人民法院认为,电力公司在一审中已提出约定的违约金标准过高,一审法院也已酌情予以调整,电力公司以调整后的违约金标准超过银行贷款利率 5 倍为由主张一审法院无法律依据,本院不予支持。③

第三,在违约责任和损失的数额已经确定的前提下,当事人有无过失不应该对违约金之数额的调整产生影响,否则将有背于赔偿性违约金的性质。然而,在故意违约的情况下,违约方不得引用可预见规则来请求减少违约金。其原理在于,既然当事人在缔约时已经约定了违约金的数额或计算方法,那么无论约定的内容是否精确,都没有超出违约方可预见的范围。④

第四,在当事人缔约力量相差悬殊的情况下,如果违约金条款属于因欺诈、胁迫、乘人之危或显失公平而成立的法律行为,那么在因该法律行为而受损害的当事人违约的情况下,其有权请求撤销或变更该条款。在其请求变更的情况下,违约金的数额不应超过违约所造成的损失。

第五,《合同法》第 40 条规定,提供格式条款的一方加重对方责任的,该条款无效。据此,如果债权人提供的格式条款为违约金条款,那么,在违约金的数额高于债务人违约所造成的损失的情况下,债务人可主张其高出的部分无效。

---

① 参见上海海事法院(2010)沪海法商初字第 36 号民事判决书。
② 参见江苏省高级人民法院(2009)苏民三终字第 0079 号民事判决书。
③ 参见北京市第二中级人民法院(2009)二中民终字第 11084 号民事判决书。
④ 参见雷继平:《违约金司法调整的标准和相关因素》,载《法律适用》2009 年第 11 期。

第六，公平原则和诚信原则均属于不确定的法律概念。其如何在具体的案件中适用，还须通过类型化的研究来逐步归纳。

（三）惩罚性违约金之数额的减少

1. 概述

惩罚性违约金的适用和违约造成的损失之间并无必然的联系。因此，《合同法》第 114 条第 2 款以及《合同法解释（二）》第 29 条所规定的内容对惩罚性违约金不能直接适用。[①]《合同纠纷指导意见》第 5 条和第 6 条指出，根据《合同法》第 114 条第 2 款和《合同法解释（二）》第 29 条等关于调整过高违约金的规定的精神，对于极具惩罚性的违约金条款，其数额应予以减少。

2. 减少数额时所应考虑的因素

关于减少数额的标准，有学者认为，基于惩罚性违约金和定金的相似之处，可以类推适用《担保法》第 91 条，即，惩罚性违约金的数额不得超过合同标的额的 20%。[②] 然而，上述观点虽然具有一定的合理性，却与司法实践中的做法存在着张力。例如，在"张裕昌诉李权德买卖合同纠纷案"中，甲方将房屋出售给乙方，成交价为 14 万元。双方约定，如果单方违约，那么违约方须赔偿损失方一切经济损失，并且罚违约金 14 万元给损失方作为补偿。重庆市渝中区人民法院认为，"综合整个合同的约定内容，该条约定中的'违约金 14 万元'应视为惩罚性违约金，且被告对该违约金亦未作出合理的辩解。故现原告要求被告返还购房款 14 万元并按合同约定支付 14 万元的违约金，理由正当，本院予以支持"。[③] 可见，在惩罚性违约金的数额与合同标的额相等的情况下，该违约金条款仍被认定为有效，并没有被调整为合同标的额的 20%。

笔者认为，在成文规则尚无明确规定的情况下，需要考察相关的司法判决，对处理减少数额问题时所应考虑的因素进行整理和归纳。例如，在前引"姚宏新与上海若邻快餐食品有限公司加盟合约纠纷上诉案"中，双方约定，

---

① 相似的观点，参见耿林：《惩罚性违约金之辨与解》，载《民法 9 人行》（第 2 卷），金桥文化出版有限公司 2004 年版，第 172—177 页。

② 参见崔建远主编：《合同法》（第五版），法律出版社 2010 年版，第 346 页；韩世远：《合同法总论》（第二版），法律出版社 2008 年版，第 596 页。

③ 参见重庆市渝中区人民法院（2010）中区民初字第 2549 号民事判决书。

"上诉人之违约事若属于合约第五、八、九、十二条中所规定'以违约论'者,上诉人应支付被上诉人惩罚性违约金人民币10万元。不论本合约是否终止,不影响被上诉人对上诉人之违约金赔偿权利,亦不影响双方之一方对违约方之损害赔偿请求权利"。上海市第一中级人民法院认为,关于被上诉人因上诉人的上列违约行为主张惩罚性违约金的诉讼请求,考虑到上诉人是以其租用的多家门店加盟若邻公司,若邻公司以相同的理由向上诉人名下的各门店均主张惩罚性违约金,对此,上诉人以该项请求偏高而请求依法予以调整,可予准许。该惩罚性违约金应以上诉人名下各个违约门店累计支付的惩罚性违约金总和不超过双方约定的人民币10万元为限。遂判决上诉人支付被上诉人惩罚性违约金人民币33,333元。① 可见,在有些情况下,对缔约主体和诉讼主体之间的关系亦应予以考虑。又如,在"夏子林诉上海市徐汇区明晟商行买卖合同案"中,上海市徐汇区人民法院在一审判决中认为,"被告作为商家,为促进其经营,向公众发出承诺,表明凡在其商店购买手机,假一罚十,所承诺的对象是不特定的,其目的在于取信消费者。随着原告在被告处购买了一部手机,就在双方当事人之间成立了一个具有法律约束力的合同。现原告在被告处所购的手机为假货,双方均无异议,那么被告理应承担其对公众作出的'假一罚十'的承诺,不仅有利于维护商家本身的信誉,更有利于保护消费者的合法权益,维护正常的经营秩序"。上海市第一中级人民法院在二审判决中认为,"假一罚十"的承诺是被告自愿作出的,且没有违反法律的禁止性规定,因此,该承诺具有法律效力,被告应该按照该承诺履行义务。如姬元生在解说此案时所指出的那样,对于价值4200元的手机来说,42000元的赔偿数额虽然相对于《消费者权益保护法》第49条的标准而言是加重了商家的责任,但这毕竟算不上巨额赔偿,对被告来说也是应当预见且能够承受的赔偿标准,无须根据《合同法》第114条第2款的规定来调整。② 从法律解释与合同解释的方法来看,《消费者权益保护法》第49条所规定的双倍赔偿制度只是商家对消费者承担的最低惩罚性赔偿责任,而不是强制性的最高惩罚性赔偿标准,其并不排除商家自愿承诺对消费者承担更严格的民事赔偿责任。反之,若将其解释为强制性的

---

① 参见上海市第一中级人民法院(2002)沪一中民三商终字第319号民事判决书。
② 参见姬元生对"夏子林诉上海市徐汇区明晟商行买卖合同案"的解说。

最高惩罚性赔偿标准,并认定"假一罚十"的条款因违反该强制性规定而无效,则无异于允许商家出尔反尔,自食其言。有鉴于此,在解释《消费者权益保护法》第 49 条和"假一罚十"的承诺的时候,应当遵循诚实信用的原则。①

---

① 参见刘俊海:《现代公司法》,法律出版社 2008 年版,第 885 页;《合同法》第 125 条。

第八章 从违约责任的归责原则看法律借鉴的有效性条件

第一节 引　言

违约责任究竟是以"过错责任"还是"严格责任"作为"归责原则"？这一问题已引起了许多学者的关注。虽然学界对此不乏争论，但其所采用的研究进路却不约而同，即：先预设了"归责原则"的存在，然后再就其性质进行探寻和争辩。[①]

然而，法律史和比较法的研究却显示，在法律借鉴的过程中[②]，法律概念

[①] 参见梁慧星：《从过错责任到严格责任》，载《民商法论丛》（第8卷），法律出版社1997年版，第1—7页；崔建远：《严格责任？过错责任？》，载《民商法论丛》（第11卷），法律出版社1999年版，第190—197页；孔祥俊：《合同法教程》，中国人民公安大学出版社1999年版，第405—423页；李永军：《合同法原理》，中国人民公安大学出版社1999年版，第543—550页；王利明：《违约责任论》（修订版），中国政法大学出版社2000年版，第48—94页；韩世远：《违约损害赔偿研究》，法律出版社1999年版，第54—146页；《合同法总论》（第二版），法律出版社2008年版，第525—532页；朱广新：《违约责任的归责原则探究》，载《政法论坛》2008年第4期。

[②] 依据从事比较法研究之学者的考证，"借鉴"、"吸收"与"移植"的含义大致相当，而后者的使用较前两者还更为普遍，参见沈宗灵：《论法律移植与比较法学》，载《外国法译评》1995年第1期。然而，在本书的语境中，笔者仍然更倾向于使用"借鉴"与"吸收"，原因在于：第一，移植的重点在于强调地域性的不同，而借鉴与吸收却可包容更多的历史性因素；第二，移植的对象常限于曾经发生过效力的规则或制度，而被借鉴或吸收的尚可包括未见于成文规则的学理概念。类似观点参见王晨光：《不同国家法律间的相互借鉴与吸收》，载沈宗灵、王晨光编：《比较法学的新动向》，北京大学出版社1993年版，第213—224页。

的功效常会因着时间和地域的差异而受到不同程度的影响。① 如果我们愿意记取上述研究结果在方法论上所带来的提醒,就有理由对下列问题进行追问:"归责"一词作为法律概念是在何种语境中产生的?在该语境中运用"归责原则"能够解决什么问题?在以我国合同法作为解释对象的语境中有无类似的问题需要"归责原则"来解决?如果没有,那么继续预设归责原则的意义何在?如果有,这是否当然意味着探明归责原则是解决问题的必由之路?换一个思考起点,能否探寻出更为有效的替代性方案?

本章在解析合同法中的具体问题的同时,还尝试对一个法理学层面的一般性问题作出自己的回答:有效的法律借鉴需要满足哪些条件?

第二节 归责、归责事由与归责原则

一、对"归责"的词源考证

根据笔者的初步考察,我国民法史上最早使用"归责"一词的文献是清代光绪年间翻译的《日本法规大全》。② 令人略感遗憾的是,在目前所收集到的《日本法规大全解字》中并无对该词的解释。③ 稍后,在由日本学者起草的《大清民律草案》(即《民律一草》)中,"归责于债务人之事由"(以下简称"归责事由")一词再度出现。④ 无论是基于对"归功"这一日常用语的反

---

① 史学方法论上的检讨,参见叶士朋:《欧洲法学史导论》,吕平义、苏健译,中国政法大学出版社1998年版,第4—6页。对研究范式失当之处的概述,参见梁治平:《评论》,载〔日〕滋贺秀三、〔日〕寺田浩明、〔日〕岸本美绪、〔日〕夫马进:《明清时期的民事审判与民间契约》,王亚新、梁治平编,王亚新、范愉、陈少峰译,法律出版社1998年版,第441—457页。对具体概念功效降低的个案考察,参见方流芳:《民事诉讼收费考》,载《人大法律评论》(第一辑)2000年卷,第173—179页;梁治平:《清代习惯法:国家与社会》,中国政法大学出版社1996年版,第2—20、34—35页。

② 《日本民法》第415条规定:"债务者。不从其债务本旨。而为履行。则债权者得请求赔偿损害。因归责于债务者之事由而不能履行者同。"载《(新译)日本法规大全》(第五册),上海商务印书馆1907年版,第36页。

③ 参见《日本法规大全解字》,商务印书馆1913年。

④ 如该草案第二编第355、361、362、363条等。参见《大清民律草案》,修订法律馆铅印本,1911年。(北京大学图书馆藏书。)史料简介参见谢振民编著:《中华民国立法史》(下册),中国政法大学出版社2000年版,第744页。

推,还是比照《中华民国民律草案》(即《民律二草》)中的相应规定,均不难看出,"归责事由"与"(债务人)应负责之事由"在含义上大致相同。① 所谓"中华民国民法典"(以下简称台湾"民法典")在债编中采用了"归责事由"这一表达②,该词在我国台湾地区至今依然沿用。③

二、在原初语境中归责事由的类型与归责原则的功能

依据学者对台湾"民法典"的解释,债务不履行责任的成立必须具备如下要件:第一,发生了债务未依债之本旨履行的事实;第二,该事实系归责事由所致。④ 可见,在以台湾"民法典"作为文本的语境中,对归责事由进行解释是认定债务不履行责任的工作中的重要一环。整合相关的学说与判例,可以得出的结论是:归责事由包括故意、过失、通常事变和不可抗力。归责原则所要解决的问题是,在债务未履行之际,债务人原则上须就何种事由负责。由于只有在法律特殊规定或当事人特别约定的例外情况下债务人才须就无过失的情形负责,故契约责任(作为债务不履行责任的一种)系以"过失责任"作为归责原则。⑤

---

① 参见《民律草案》(债编)第 322、323、324、327 条等。(北京大学图书馆藏书。)
② 参见台湾地区"民法典"第 225、226、227 条等。
③ 在词源考证方面,笔者必须回答,而于正文中论述又会使主题分散的另一个问题是,"归责"一词在《民国民法》中的出现与《德国民法典》中译本里面"归责"一词的使用有无关联?依据笔者目前所考证到的资料来看,在《民国民法》制定(1929 年)之际,"归责"一词仅存于《日本民法》与《民律一草》中,并未在《德国民法典》中译本中出现,参见《德国民法典》修订法律馆 1907 年译本(只收集到第一编的译文)和商务印书馆 1913 年译本。退一步说,即使假定在此(1929 年)之前亦有《德国民法典》之中译本使用了"归责"一词,我们也无法断定它是影响《民国民法》的制定者使用"归责"一词的唯一和直接原因。事实上,《民国民法》的制定者为何舍弃《民律二草》中"应负责"这一较易理解的表达而选用了"归责"一语,至今仍是一个凭现有资料无从破解的历史悬疑。
④ 参见郑玉波:《民法债编总论》,作者自刊,1990 年版,第 265—266 页;邱聪智:《民法债编通则》,作者自刊,1987 年版,第 262 页。
⑤ 参见戴修瓒:《民法债编总论》,上海法学编译社 1933 年版,第 114—131 页;洪文澜:《民法债编通则释义》,上海法学编译社 1933 年版,第 230—233 页;郑玉波:《民法债编总论》,作者自刊,1990 年版,第 266—277 页;曾世雄:《损害赔偿法原理》,中国政法大学出版社 2001 年版,第 82 页;王泽鉴:《契约责任与侵权责任的竞合》,载《民法学说与判例研究》(第 1 册),中国政法大学出版社 1997 年版,第 374 页;邱聪智:《民法债编通则》,作者自刊,1987 年版,第 1 页;黄立:《民法债编总论》,作者自刊,1999 年版,第 417—428 页;民国八年大理院上字八七号判例,转引自洪文澜:《民法债编通则释义》,上海法学编译社 1933 年版,第 232 页。

三、归责事由在我国《合同法》中的地位

反观我国的《合同法》，归责事由一词只与少数几类合同有关。① 在大多数情况下，我们认定违约责任时无须对其进行解释。在语境转换之后，这一法律概念似乎要面临"英雄无用武之地"的困境。

从另一个角度来看，其所要解决的问题在我国合同法领域内并未完全消失。既然合同未依约履行的事实并不必然导致违约责任的成立，那么债务人总须就某些事由来负责，而又会因另一些事由而免责。如果我们把前者定义为"归责事由"，与后者（免责事由）相对，既尊重了传统民法中的习惯用语，又可为认定违约责任提供标准，亦不失为一种合理的选择。

然而，需要特别提醒的是，我们并不能因此而认定归责原则是当然存在的。尽管曾有学者将归责事由与归责原则作为可以互换的同义词来使用②，但在笔者看来，仍有必要对二者进行区分，这是因为：

第一，从经验来看，不承认上述区分有背于大多数学者对这两个词的惯常用法。在违约责任这一研究领域内，笔者至今尚未发现有任何著述将故意、过失、通常事变、不可抗力均列为归责原则。③

第二，从逻辑上讲，同一法律领域内可容纳多种归责事由，却不可能有两个（以上）互相排斥的归责原则同时存在。其原理不妨简证如下：设某一归责原则为命题 A，则该命题的负命题（"非 A"）必然属于此一归责原则的例外，而同一个命题（"非 A"）在特定的论域内不可能既是原则又是例外。④

第三，就规则与原则的关系而论，并非所有的规则都能被称为原则。判断一个规则体系内有无贯彻始终的一般性原则，要看各类规则在该体系中

---

① 《合同法》第 231、405、407、410 条。
② 参见王泽鉴：《侵权行为法》（第一册），中国政法大学出版社 2001 年版，第 12 页。
③ 就连曾将二者作为同义词使用的王泽鉴先生也认为，依台湾地区"民法典"，契约责任系以过失责任为归责原则。参见王泽鉴：《契约责任与侵权责任的竞合》，载《民法学说与判例研究》（第一册），中国政法大学出版社 1997 年版，第 374 页。
④ 相似的见解参见李永军：《合同法原理》，中国人民公安大学出版社 1999 年版，第 550 页；亓述伟：《论课予民事责任的主观依据》，中国政法大学 2001 年硕士学位论文。

的地位和相互关系如何。① 如果某类规则的覆盖范围很广,以至于其他规则仅适用于法定或约定的例外情形,那么此类规则在该体系内就具备原则的功能,可以在排除有限例外的情况下为裁判和行为提供一般性的规范标准;反之,如果各类规则的覆盖范围互相平行,彼此之间不是原则和例外的关系,那么该体系内就不存在贯彻始终的指导性原则。例如,就诺成合同与实践合同的关系来说,合同的性质原则上为诺成合同,只有在法定或约定之例外的情况下,合同的性质才属于实践合同。又如,就物权变动的公示方式而论,在不动产通常为登记,在动产则多为交付,由于动产与不动产之间的关系无法用"原则与例外"来概括,故无论登记还是交付均非横贯整个物权变动领域的公示原则。②

通过以上的论证已不难看出,在我国合同法调整归责事由的各类规则中是否存在着一般性的归责原则,须经检验后方能知晓。在下文中,笔者将从免责事由出发,以《合同法》为主要文本,对各类具体规则做归纳式解读,进而求证其间有无贯通始终的一般性原则。将思考问题的起点从归责事由转至免责事由的合理性在于:

第一,在合同未依约履行的事实出现以后,债务人要么因归责事由而负责,要么因免责事由而免责,不存在第三种可能。从逻辑上讲,归纳二者可以收到相同的效果。

第二,在违约之诉中,原告通常无须证明违约方有归责事由,相反,如果被告不能证明已经依约履行的事实的存在,就只能靠免责事由来抗辩。③ 从经验上看,先考虑免责事由会使我们的思维与实际运作中的法律更加接近。④

---

① 笔者在此无意对规则与原则的关系进行法理学层面的详尽梳理,而是在本书所处的特定语境之下,尝试着对规则与原则提出一种具有可操作性的区分标准。具体来说,作为原则的规则与作为例外的规则相对,二者属于同一类型的法源。把规则与原则视为不同类型法源的法理学论述,可参阅〔美〕德沃金:《认真对待权利》,信春鹰、吴玉章译,中国大百科全书出版社 1998 年,特别是第二、三章。颜厥安:《法与道德——由一个法哲学的核心问题检讨德国战后法思想的发展》一文中的第五部分,载《政大法学评论》第 47 期。

② 当然,如果我们把讨论的"定义域"由"物"限缩为"不动产"或"动产",那么登记或交付均可在各自的领域内作为公示原则。

③ 参见最高人民法院《关于民事诉讼证据的若干规定》第 5 条。

④ 相似的思路参见北京大学法律学系民法教研室:《关于统一合同法草案的修改建议》,载《中外法学》1999 年第 1 期。

第三节 违约责任的免责事由

依据我国合同法,即使发生了未依约履行的事实,债务人仍可援引如下理由进行免责抗辩:

一、诉讼时效完成的抗辩

诉讼时效的期间一旦届满,债务人即享有抗辩权。在有效行使抗辩权的情况下,债务人不会因违约而承担责任。[1]

二、免责条款的抗辩

基于意思自治的理念,只要免责条款有适用余地,债务人即使违约也不承担责任。当然,免责条款以其有效为前提,免除人身伤害责任和重大过失责任的条款自始无效。[2]

三、债权人原因的抗辩

有些学者将"债权人的过错"作为债务人的免责事由。[3] 而在笔者看来,基于与因果关系相关的法学原理,不论债权人有无过错,只要未依约履行的发生系其行为(包括积极的作为和消极的不作为)所致,债务人即可因此而免责。[4] 例如,《合同法》第259条第2款规定,定作人不履行协助义务致使承揽工作不能完成的,承揽人可以顺延履行期限。据此,即使在定作人未履行协助义务并非出于其过错的情况下,承揽人仍然可以免除违约责任。

---

[1] 参见《民法通则》第七章;《最高人民法院关于审理民事案件适用诉讼时效制度若干问题的规定》。

[2] 参见《合同法》第53条。

[3] 参见孔祥俊:《合同法教程》,中国人民公安大学出版社1999年版,第423页;韩世远:《违约损害赔偿研究》,法律出版社1999年版,第145—146页;王利明:《违约责任论》(修订版),中国政法大学出版社2000年版,第363—365页。

[4] 相同见解参见田韶华:《论我国合同法上的严格责任原则》,载《河北法学》2000年第3期。

四、不可抗力的抗辩

由于不可抗力无法凭人力预见、避免或克服,因其导致未依约履行时如仍令债务人负责,则有勉为其难之感,故法律通常将不可抗力列为免责的正当理由。① 只在下列情形之下,债务人才须就不可抗力负责:

第一,当事人在合同中排除了"不可抗力免责"的适用余地。

第二,迟延履行后发生的不可抗力。② 然依笔者所见,如果迟延履行亦系不可抗力所致,自无不许债务人免责之理。

第三,在双务有偿合同中,即使一方物之瑕疵担保义务的违反系不可抗力所致,债务人亦不得以此为由免责,否则债权人将无法以修理、减价等方式请求违约救济,从而与"双务合同应该等价有偿"之基本原理相悖。③

第四,客运合同的承运人在法定情形之下,对旅客的生命、健康因不可抗力所受到的损害承担赔偿责任。④ 按此方式分配风险的合理性在于,旅客的生命和健康应受到高于财产的保护⑤,而承运人亦可通过保险机制来分散风险。

第五,在保管合同和仓储合同中,如果保管人未经寄存人或存货人之同意而将保管物或仓储物交与第三人,则其应对此后因不可抗力所生之损害负责⑥,因其已有不当违约在先。

值得一提的是,在金钱债务之迟延履行,不可抗力得否作为免责事由?国内多数学者对此持否定意见。⑦ 然依笔者所见,此一问题似不应与"金钱之债不会出现履行不能的情形"混为一谈,果若金钱之债真的由于不可抗力

---

① 参见《合同法》第117、118条。
② 参见《合同法》第117条。
③ 参见《合同法》第155、175条。原理说明参见郑玉波:《民法债编各论》(上册),作者自刊,1981年版,第30—31页;黄茂荣:《买卖法》,作者自刊,1980年版,第277—283页。
④ 参见《合同法》第302条;《民用航空法》第124条。
⑤ 此点可通过比较《合同法》第302条、第303条和第311条所赋承运人不同之免责事由而得。
⑥ 参见《合同法》第371、395条。
⑦ 参见李永军:《合同法原理》,中国人民公安大学出版社1999年版,第549页;韩世远:《违约损害赔偿研究》,法律出版社1999年版,第134—135页;王利明:《违约责任论》(修订版),中国政法大学出版社2000年版,第91—92页。

而导致了履行迟延,并无理由将其与其他类型之债区别对待,基于"相似情形应为相同处理"的法理,债务人自得以不可抗力作为免责之抗辩事由。①

五、第三人原因的抗辩

在某些情况下,债务人得因无一般过失(即,在交易中尽到了应有的注意义务)而免责,这些义务包括承租人对租赁物的保管义务②、承揽人对加工材料的保管义务③、客运合同的承运人对旅客自带物品的保管义务④、保管合同与仓储合同中的保管义务⑤、委托合同和行纪合同中的受托义务等。⑥ 此际,即令第三人对保管物或受托物造成了损害,债务人亦得免责,因为:第一,《合同法》明确规定在上述情形债务人承担违约责任以未尽应有之注意义务(即,有过错)为要件;第二,相对于《合同法》第121条中不得以第三人原因作为免责事由的一般性规定而言,上述规则属于特别规定,在解释上应该优先适用。

六、无重大过失的抗辩

在赠与、无偿保管和无偿委托等无偿合同中,债务人只须就重大过失而负责。⑦ 需要进一步澄清的是,债务人有重大过失的举证责任应该由谁来承担？从《合同法》第374条的表述来看,似乎应该由债务人来证明自己没有重大过失。然而,在笔者看来,让债权人来证明债务人有重大过失较为合理,盖无偿合同多基于债权人对债务人的信任而生,法律若推定债务人有怠于注意的重大过失,似与合同订立之初衷相悖。在台湾地区民法学界,有司法意见与笔者所采的见解相同。⑧

---

① 相似见解参见亓述伟:《论课予民事责任的主观依据》,中国政法大学2001年硕士学位论文。
② 参见《合同法》第222、231条。
③ 参见《合同法》第265条。
④ 参见《合同法》第303条。
⑤ 参见《合同法》第374、394条。
⑥ 参见《合同法》第405、406、410、423条。
⑦ 参见《合同法》第189、374、395、406、423条。
⑧ 参见台湾地区"'司法院'(69)民一字第一三二号函复'台高院'"。

七、同时履行抗辩、先履行抗辩和不安抗辩

本书第六章第二节中已经指出,在正当行使同时履行抗辩权、先履行抗辩权或不安抗辩权的情况下,债务人不承担违约责任。

八、知情抗辩

因合同而承担权利瑕疵担保义务的一方如果能够证明,对方在订立合同之际知道或应该知道权利标的上已有负担存在,可因此而不承担违约责任。①

九、急于通知的抗辩

如果债权人在受领瑕疵给付之后没有在检验期间内将违约情形通知债务人,那么债务人不必承担瑕疵担保责任。② 此规定有助于督促债权人及时行使权利以维护交易之确定性③,其适用以债务人善意且无过错为前提,即,债务人知道或应当知道标的物有瑕疵的,债权人不受上述通知期间的限制。其原理在于,债权人没有及时通知,纵然属于懈怠,但债务人知道或应当知道标的物有瑕疵,或出于故意,或出于过失,两者相比,还是债权人更值得保护。④

十、穷困抗辩

如果赠与人在合同订立后,由于经济状况恶化而使其生产经营或家庭生活受到了严重的影响,其赠与义务得因此而免除。⑤ 这在学说上称为穷困抗辩⑥,是法律在特殊情况下给予赠与人的一项照顾,以维持其正常的生产与生活。

---

① 参见《合同法》第 150、151、175 条。
② 参见《合同法》第 158、175 条。
③ 参见黄立主编:《民法债编各论》(上册),中国政法大学出版社 2003 年版,第 78 页。
④ 参见郑玉波:《民法债编各论》(上册),作者自刊,1981 年版,第 46 页。
⑤ 参见《合同法》第 195 条。
⑥ 参见邱聪智:《新订债法各论》(上),姚志明校订,中国人民大学出版社 2006 年版,第 209 页。

第四节 对过错责任能否作为归责原则的检验

在以上归纳的基础上,我们不妨以"过错"为标准,对上述免责事由加以适当的分类,进而验证"有无过错"能否成为判断债务人负责或免责的一般性标准。

一、过错在合同法中的含义

过错在合同法上的含义可作如下概括:第一,过错的基本内涵是"对本应预见的未为预见,对本该避免的未能避免"。① 第二,过错在外延上包括故意和过失,而过失又可分为重大过失和一般过失。② 第三,民法对于过错之认定通常采取"客观化标准",债务人有无过错应视其在特定的交易中是否尽到了为社会经验所认可的注意义务。③ 第四,在债务人无过错的情况下,导致违约发生的原因可大致分为债务人原因、债权人原因、第三人原因以及凭人力所不能预见和避免的不可抗力(包括自然原因和社会原因)四种。

二、过错在各类免责规则中的地位

以过错为标准,上文中所列举的免责事由可分为三类:
第一类,是否免责与债务人之过错无关,如诉讼时效抗辩、免责条款抗

---

① 参见"税华君等诉合江县人民小学未尽安全关照义务致其在校时遭犯罪行为伤害赔偿案"中,泸州市中级人民法院的审理意见,资料来源于《国家法规数据库》;曾世雄:《损害赔偿法原理》,中国政法大学出版社 2001 年版,第 79—81 页。
② 由于我国合同法对过失未采取罗马法传统上的三分法,故笔者将重大过失之外的情形统称为一般过失。该分法得益于崔建远先生的见解,参见崔建远:《合同法》,法律出版社 1998 年版,第 215 页。又因为在我国合同法上,故意与重大过失并没有明显的区分实益,故笔者在下文中将过错与过失作为可以互换的同义词来使用。有关罗马法上对过失的三分法,参见周枏:《罗马法原论》(下册),商务印书馆 1996 年版,第 644—649 页。
③ 参见"雨发公司诉栖霞山拆船厂购销合同不存在返还多付货款案"中,南京市中级人民法院的审理意见,资料来源于《国家法规数据库》;黄立:《民法债编总论》,作者自刊,1999 年版,第 419—420 页;曾世雄:《损害赔偿法原理》,中国政法大学出版社 2001 年版,第 80—81、84 页。

辩、同时履行抗辩、先履行抗辩、不安抗辩、知情抗辩和穷困抗辩。

第二类，无过错即无责任，如不可抗力抗辩、第三人原因抗辩、债权人原因抗辩和无重大过失抗辩。①

第三类，无过错亦有责任，如不可抗力负责、第三人原因负责、债务人原因负责。

姑且不论第一类情形在免责规则中占多大比重，单就第二、三类规则进行比较，即不难发现，在债务人无过错的情况下，其免责与否取决于合同的类型、给付的内容、违约的具体形态、债务人是否善意等诸多法律变量，在免责与负责之间不存在抽象的"原则与例外"式的关系。我们不妨通过"反证法"来作进一步的说明：设过错责任为归责原则，那么"无过错负责"就是例外，"无过错免责"就是原则；反之，若无过错责任是归责原则，那么"无过错免责"就是例外，"无过错负责"就是原则。而上文的论述已经证明，在无过错的前提下，免责与否取决于诸多法律变量，无论是负责还是免责在规则体系中均不居于原则性的主导地位，因此，"过错责任"与"无过错责任"都不能作为归责原则。

第五节 对"以严格责任作为归责原则"之说法的质疑

在本节中，笔者将从国内学者对严格责任所下的定义出发，来验证以严格责任作为归责原则的理由能否成立，顺便对严格责任在英美合同法中的确切含义略作澄清。

一、对严格责任之定义的检验

国内学者对合同法上严格责任之含义的理解未尽一致，其定义可大致归纳为以下三种：

定义一，将严格责任等同于无过错责任②；

---

① 怠于通知的抗辩以债务人无过失作为必要而非充分条件，而无重大过失的抗辩又可作为"有一般过失而无责任"的特例。

② 参见梁慧星：《合同法的成功与不足》(上)，载《中外法学》1999年第6期。

定义二,严格责任仅以不可抗力和债权人的违约作为免责事由,而其与无过错责任的区别之处是,基于严格责任,债务人无须就非因故意或过失引起的事变负责①;

定义三,严格责任有两项特征:第一,违约责任＝未依约履行的事实—免责事由,第二,原告无须证明被告有过失。②

依据定义一,严格责任＝无过错责任,其不能作为归责原则的理由详见上文,在此不再重述。

依据定义二,严格责任必须同时具备两项截然相反的特征,即,既不须就无过错的事变而负责,又不得因无过错的事变而免责。③ 这一内在的矛盾使该定义丧失了基本的确定内涵,无法发挥归责原则的功能。

依据定义三,过错责任亦可被称为"严格责任",因为第一,无过错本身就可作为免责事由之一;第二,在过错责任之下,被告同样无须证明被告有过错,被告如欲免责须自证无过错。④ 可见,此定义并未在内涵与外延上对严格责任与过错责任作出可识别的区分。

需要强调的是,前引关于严格责任的定义均未就何为免责事由、何为归责事由提供任何原则性标准。

二、对以"严格"取代"过错"之理由的反省

在论述了"以严格责任作为归责原则"这一说法在逻辑层面上难以成立的原因之后,我们不妨对其在价值层面上的理由作进一步的省察。需要特别指出的是,在下文的语境中,严格责任只能作为无过错责任的同义

---

① 参见王利明:《违约责任论》(修订版),中国政法大学出版社 2000 年版,第 83、90 页。
② 参见梁慧星:《从过错责任到严格责任》,载《民商法论丛》(第 8 卷),法律出版社 1997 年版,第 4 页。
③ 由于无过错在外延上除了不可抗力和债权人违约之外,还包括事变,故仅得以不可抗力和债权人违约而免责即意味着不得以无过错的事变作为免责的一般性条件。
④ 我国司法判例对此类举证责任的肯认,参见"武清县第三粮油贸易公司诉北京铁路分局黄村车务段等在专用线上由托运人自装的整装零担货物铁路运输合同货物短少索赔案",资料来源于《国家法规数据库》。比较法上的概述,参见冯大同主编:《国际货物买卖法》,对外贸易出版社 1993 年版,第 15 页。德国法上的相关内容,参见 Markesinis, The German law of obligations volume 1, Oxford University Press, 1997, pp. 407—408。台湾地区"民法典"的相关内容,参见邱聪智:《科技发展与危险责任法制》,载《民法研究》(第一册),作者自刊,1986 年版,第 313 页;陈荣宗:《举证责任分配与民事程序法》,作者自刊,1984 年版,第 88—90 页。

词来使用,否则将会因其不具备与过错责任相区别的内涵而使讨论无法进行。

主张以严格责任取代过错责任作为归责原则的学者主要有如下理由:

第一,过错属于主观方面,难以举证和判断,故实行过错原则不利于及时解决纠纷;

第二,严格责任有利于促使债务人认真履行合同义务,防止其以无过错为由逃避责任。①

依笔者所见,上述理由的说服力均有所欠缺:

首先,过错虽属于主观方面,但在违约纠纷中如何对过错进行认定通常所采取的却是客观化标准,即债务人是否在交易中尽到了应有的注意义务。因此,相对于其他事实而言,过错之有无的认定并不当然具有特殊的难度。

其次,敦促债务人认真履行合同的目的固值赞同,然此一目的能否通过确立"严格责任"来实现却有疑问。因为在合同法上,判断债务人是否认真履行了合同,要看其在交易中有没有尽到合同所课予的且为交易习惯所肯认的注意义务,而这恰恰要通过对"过错"的考量来完成。如果无论认真履行与否,债务人均须就未依约履行之事实承担无过错责任,那么这一规范将无法承担通过预示法律效果来引导债务人行为的功能。因为无过错的行为不能通过行为规范对其进行防止或诱导,课债务人以无过错责任的规范,其功能仅止于危险的归属与分配,即,提醒债务人有无采取分散风险的必要措施,而债务人是否以及如何采取措施来分散风险取决于自身的商业判断,与其是否认真履行合同并无必然关联。②

---

① 参见梁慧星:《从过错责任到严格责任》,载《民商法论丛》(第 8 卷),法律出版社 1997 年版,第 5—6 页;《合同法的成功与不足(上)》,载《中外法学》1999 年第 6 期;孙礼海主编:《中华人民共和国合同法立法资料选》,法律出版社 1999 年版,第 58—59 页。

② 有关无过错责任的规范功能之论述,得益于黄茂荣先生见解之启发,参见黄茂荣:《法学方法与现代民法》,中国政法大学出版社 2001 年版,第 116—117 页。相似观点参见崔建远:《严格责任?过错责任?》,载《民商法论丛》(第 11 卷),法律出版社 1999 年版,第 195 页;亓述伟:《论课予民事责任的主观依据》,中国政法大学 2001 年硕士学位论文;朱广新:《违约责任的归责原则探究》,载《政法论坛》2008 年第 4 期。

三、对英美合同法中严格责任之含义的进一步考证

有学者认为,英美合同法在违约责任上系以严格责任为原则。① 而在笔者看来,这一说法尚有不够准确之处,例如,在英国合同法中,债务人就未依约履行的事实应该承担严格责任(Strict Liability)抑或过错责任(Liability based on fault)取决于合同的类型与合同义务的具体内容,严格责任在责任体系中并不居于原则性的主导地位。② 因此,为了确保论式之严谨,在我们对严格责任在比较法上的含义与功能有更为完整和准确的了解之前,不宜直接将其用作论述的前提性理由。

第六节 结 论

一、针对民法学具体问题的结论

从以上的论证中已不难看出,"过错"并非贯通违约责任规则的一般性理念,以"严格责任"作为归责原则的说法亦难成立。事实上,判定违约责任是否成立,需要对合同的类型、给付的内容、违约行为的具体形态、债务人有无过错、债务人是否善意、债权人方面的原因、免责条款的效力、诉讼时效期间的长短等诸多因素加以适当的考虑。忽略了上述法律变量,任何一种单一性的标准均无法胜任认定违约责任的工作。与其继续探讨有无贯彻始终的一般性原则,莫如以免责事由为起点,对各项具体规则作更为细致而缜密的归纳,继而对规则所蕴涵的原理进行探寻和反思。两者相比,无论是从发现更为真实的问题而言,还是就摸索更为有效的解决方案而论,后者都是一种更具实益的研究进路。

---

① 参见梁慧星:《从过错责任到严格责任》,载《民商法论丛》(第8卷),法律出版社1997年版,第4页。

② G. H. Treitel, *Law of Contract (Eight Edition)*, Stevens/Sweet & Maxwell, 1991, pp. 737—740.

二、针对法理学一般性问题的结论

把问题意识提升到法理学的层面,笔者认为,有效的法律借鉴须符合以下三个条件[①]:

第一,需求相通性。即,被借鉴的法律体系和本国的法律体系之间,存在着相同或相似的问题,需要通过该法律概念来解决。例如,我国台湾地区民法和我国民法都需要回答的真实问题是,在合同债务不履行的事实或违约行为发生的情况下,债务人是负责还是免责?如果不存在需求相通性,就无须进行法律借鉴。例如,对于普通法系国家而言,物权契约究竟是有因还是无因就不是一个真实的问题,因为,依据普通法的观念,与债权合意严格区分的物权合意并不存在,是否无因自无从谈起。[②]

第二,功能兼容性。即,在本国法律体系内,被借鉴的法律概念的功能可以得到正常的发挥。[③] 如果功能兼容性有所欠缺,借鉴的有效性自然会受到相应的影响。例如,在我国合同法上,归责原则的概念就无法发挥其在我国台湾地区债法体系中的功能。

第三,不可完全替代性。即,就发现和解决某一范围内的问题而言,如果 A 概念在各个方面的功能都优于 B 概念,那么无须借鉴 B 概念。如本章前文所述,在我国合同法上,就违约责任的认定而言,"免责事由"在各个方面的功能均优于所谓的"归责原则",因此,与其对归责原则作过多的争辩,不如对免责事由作更为深入和细致的思考。

三、回首与展望

回首自己在研习"归责原则"的过程中所走过的路,从接受预设,到转念反思,再到最后阶段的尝试超越,尽管每一步都迈得非常吃力,心中却是无怨无悔。休憩之际,遥望着前方的征程,不由得记起先哲的一首古词,遂引

[①] 以"私法"概念为例,对此问题的论述,参见冀诚:《论所有制概念对中国私法制度的影响》,中国政法大学出版社 2010 年版,第 15—29 页。

[②] 参见〔德〕茨威格特、〔德〕克茨:《"抽象物权契约"理论》,孙宪忠译,载《外国法译评》1995 年第 2 期。

[③] 功能性原理在比较法上的意义,参见〔德〕茨威格特、〔德〕克茨:《比较法总论》,潘汉典、米健、高鸿钧、贺卫方译,贵州人民出版社 1992 年版,第 53—88 页。

于文末，与诸君共勉：

> 莫听穿林打叶声，何妨吟啸且徐行。竹杖芒鞋轻胜马，谁怕？一蓑烟雨任平生。料峭春风吹酒醒，微冷，山头斜照却相迎。回首向来萧瑟处，归去，也无风雨也无晴。①

---

① 苏轼：《定风波》。笔者所以引此词，一为自勉，二则观其最后一句可作双关一用，盖"归去"乃跳出预设归责原则的思维定式，而既非"过错"亦非"严格"又恰合于"也无风雨也无晴"之心境。读者诸君可有会意一笑？

参 考 文 献

一、中文类
（一）著作及论文

北京大学法律学系民法教研室:《关于统一合同法草案的修改建议》,载《中外法学》1999年第1期。

曹士兵:《中国担保制度与担保方法—根据物权法修订》,中国法制出版社2008年版。

陈华彬:《民法总论》,中国法制出版社2011年版。

陈立虎、朱萍:《CISG之下的实际履行制度研究——兼评中国〈合同法〉第107条》,载《武大国际法评论》2008年第2期。

陈棋炎、黄宗乐、郭振恭:《民法亲属法新论》(第8版),台湾三民书局2009年版。

陈荣宗:《举证责任分配与民事程序法》,作者自刊,1984年版。

陈卫佐:《德国民法总论》,法律出版社2007年版。

陈自强:《契约之成立与生效》,法律出版社2002年版。

陈自强:《契约之内容与消灭》,法律出版社2004年版。

程啸:《保证合同研究》,法律出版社2006年版。

程宗璋:《论英美法上的诚实信用原则及其启示意义》,载《太原理工大学学报(社会科学版)》2003年第1期。

崔建远:《对〈合同法〉第110条第3项的理解》,载《人民法院报》2008年10月16日。

崔建远:《合同法》,法律出版社1998年版。

崔建远:《合同法总论》(上卷),中国人民大学出版社2008年版。

崔建远:《履行抗辩权探微》,载《法学研究》2007年第3期。

崔建远:《严格责任? 过错责任?》,载《民商法论丛》第11卷,法律出版社1999年版。

崔建远等著:《民法总论》,清华大学出版社2010年版。

崔建远、刘玲玲:《论公司对外担保的法律效力》,载《西南政法大学学报》2008年第4期。

崔建远主编:《合同法》(第五版),法律出版社2010年版。

戴修瓒:《民法债编总论》,上海法学编译社1933年版。

方流芳:《民事诉讼收费考》,载《人大法律评论》2000年卷第一辑。

方流芳:《上诉权与司法公正》,载李楯编:《法律社会学》,中国政法大学出版社1999年版。

冯大同主编:《国际货物买卖法》,对外贸易出版社1993年版。

冯象:《木腿正义》,中山大学出版社1999年版。

高富平:《平等保护原则和私人物权制度检讨》,载《法学》2007年第5期。

葛云松:《期前违约规则研究》,中国政法大学出版社2003年版。

郭明瑞主编:《民法》(第二版),高等教育出版社2007年版。

韩世远:《合同法总论》(第二版),法律出版社2008年版。

韩世远:《履行障碍法的体系》,法律出版社2006年版。

韩世远:《违约金的理论争议与实践问题》,载《北京仲裁》第68辑。

韩世远:《违约损害赔偿研究》,法律出版社1999年版。

韩世远:《由第三人履行的合同刍议》,载《浙江工商大学学报》2008年第4期。

韩世远、〔日〕下森定主编:《履行障碍法研究》,法律出版社2006年版。

韩忠谟:《法学绪论》,北京大学出版社2009年版。

洪文澜:《民法债编通则释义》,上海法学编译社1933年版。

胡长清:《中国民法总论》,中国政法大学出版社1997年版。

胡康生主编:《中华人民共和国合同法释义》,法律出版社1999年版。

黄立:《民法债编总论》,作者自刊,1999年版。

黄立:《民法债编总论》,中国政法大学出版社2002年版。

黄立:《民法债编总论》(修正三版),台湾元照出版公司2006年版。

黄立:《民法总则》,中国政法大学出版社2002年版。

黄立:《民法总则》(修正四版),台湾元照出版公司2005年版。

黄立主编:《民法债编各论》(上册),中国政法大学出版社2003年版。

黄茂荣:《法学方法与现代民法》,中国政法大学出版社2001年版。

黄茂荣:《法学方法与现代民法》(第五版),法律出版社2007年版。

黄茂荣:《买卖法》,作者自刊,1980年版。

黄茂荣:《买卖法》(增订版),中国政法大学出版社2002年版。

黄茂荣:《债法各论》(第一册),中国政法大学出版社2004年版。

黄茂荣:《债法总论》(第一册),中国政法大学出版社2003年版。

黄茂荣:《债法总论》(第二册),中国政法大学出版社2003年版。

黄小艳:《论我国违约金制度的完善——兼评〈合同法解释(二)〉的相关规定》,载《中国商界》2010年第7期。

冀诚:《对我国合同法上违约责任之归责原则的再思考》,载《法大评论》第二卷,中国政法大学出版社2003年版。

冀诚:《论美国合同法上的诚信原则及其借鉴价值》,载《河南司法警官职业学院学报》2010年第3期。

冀诚:《论所有制概念对中国私法制度的影响》,中国政法大学出版社2010年版。

冀诚:《再思违约行为的类型划分》,载《汕头大学学报(人文社会科学版)》2011年第1期。

季卫东:《关系契约论的启示(代译序)》,载麦克尼尔:《新社会契约论》,雷喜宁、潘勤译,中国政法大学出版社1994年版。

江平:《〈物权法〉的理想与现实》(上),载《社会科学论坛》2007年第11期。

江伟主编:《民事诉讼法》(第四版),中国人民大学出版社2008年版。

孔祥俊:《合同法教程》,中国人民公安大学出版社1999年版。

寇志新:《民法总论》,中国政法大学出版社2000年版。

雷继平:《违约金司法调整的标准和相关因素》,载《法律适用》2009年第11期。

李宜琛:《民法总则》(六版),台湾正中书局1977年版。

李永军:《合同法》(第三版),法律出版社2010年版。

李永军:《合同法原理》,中国人民公安大学出版社1999年版。

梁慧星:《裁判的方法》,法律出版社2007年版。

梁慧星:《诚实信用原则与漏洞补充》,载《民商法论丛》(第2卷),法律出版社1994年版。

梁慧星:《从过错责任到严格责任》,载《民商法论丛》(第8卷),法律出版社1997年版。

梁慧星:《关于中国统一合同法草案第三稿》,载《民商法论丛》(第7卷),法律出版社1997年版。

梁慧星:《〈合同法〉的成功与不足(上)》,载《中外法学》1999年第6期。

梁慧星:《民法总论》(第三版),法律出版社2007年版。

梁治平:《清代习惯法:国家与社会》,中国政法大学出版社1996年版。

林诚二:《民法债编总论—体系化解说》,中国人民大学出版社2003年版。

林诚二:《民法总则》(下册),法律出版社2008年版。

刘得宽:《民法总则》(增订四版),中国政法大学出版社2006年版。

刘俊海:《现代公司法》,法律出版社2008年版。

刘凯湘:《民法总论》(第二版),北京大学出版社 2008 年版。
刘凯湘:《民法总论》(第三版),北京大学出版社 2011 年版。
刘巧玉:《从期待利益到信赖利益——一个赔偿视角的转换》,载《经济研究导刊》2008 年第 10 期。
龙卫球:《民法总论》(第二版),中国法制出版社 2002 年版。
骆意:《论诚实信用原则在我国民事司法裁判中的适用——基于对〈最高人民法院公报〉中 53 个案例的实证分析》,载《法律适用》2009 年第 11 期。
马俊驹、余延满:《民法原论》(第三版),法律出版社 2007 年版。
马俊驹、余延满:《民法原论》(第四版),法律出版社 2010 年版。
梅仲协:《民法要义》,中国政法大学出版社 1998 年版。
亓述伟:《论课予民事责任的主观依据》,中国政法大学 2001 年硕士学位论文。
齐晓琨:《德国新、旧债法比较研究》,法律出版社 2006 年版。
邱聪智:《科技发展与危险责任法制》,载《民法研究》(第一册),作者自刊,1986 年版。
邱聪智:《民法研究》(一)(增订版),中国人民大学出版社 2002 年版。
邱聪智:《民法债编通则》,作者自刊,1987 年版。
邱聪智:《危险责任与民法修正》,载氏著:《民法研究》第一册,作者自刊,1986 年版。
邱聪智:《新订民法债编通则》(上册)(新订一版),中国人民大学出版社 2003 年版。
邱聪智:《新订民法债编通则》(下册)(新订一版),中国人民大学出版社 2004 年版。
邱聪智:《新订债法各论》(上),姚志明校订,中国人民大学出版社 2006 年版。
邱聪智:《新订债法各论》(中),姚志明校订,中国人民大学出版社 2006 年版。
申屠彩芳:《违约金性质的再思考——也谈惩罚性违约金的司法认定》,载《杭州电子科技大学学报(社会科学版)》2010 年第 3 期。
沈志先、林晓镍:《银行卡信息和密码被窃后的民事责任承担》,载《合同法评论》(总第 4 辑)。
沈宗灵:《论法律移植与比较法学》,载《外国法译评》1995 年第 1 期。
沈宗灵、王晨光编:《比较法学的新动向》,北京大学出版社 1993 年版。
施启扬:《民法总则》(修订第八版),中国法制出版社 2010 年版。
史尚宽:《民法总论》,中国政法大学出版社 2000 年版。
史尚宽:《亲属法论》,中国政法大学出版社 2000 年版。
史尚宽:《债法总论》,中国政法大学出版社 2000 年版。

苏号朋:《合同法教程》,中国人民大学出版社2008年版。
苏永钦:《大陆法系国家民法典编纂若干问题探讨》,载《比较法研究》2009年第4期。
苏永钦:《〈合同法〉§52(5)的适用和误用:再从民法典的角度论转介条款》,http://jdzw.fyfz.cn/art/547947.htm。
苏永钦:《民事立法与公私法的接轨》,北京大学出版社2005年版。
苏永钦:《契约违反禁止规定》,载杨与龄主编:《民法总则实例问题分析》,清华大学出版社2004年版。
苏永钦:《试论判决的法源性》,载氏著:《民法经济法论文集》,著者自版,1988年版。
苏永钦:《司法改革的再改革》,台湾月旦出版社股份有限公司1998年版。
苏永钦:《私法自治中的国家强制》,载《中外法学》2001年第1期。
苏永钦:《私法自治中的经济理性》,中国人民大学出版社2004年版。
苏永钦:《以公法规范控制私法契约》,载《人大法律评论》2010年卷。
苏永钦:《走入新世纪的私法自治》,中国政法大学出版社2002年版。
隋彭生:《合同法要义》(第二版),中国政法大学出版社2007年版。
孙礼海主编:《中华人民共和国合同法立法资料选》,法律出版社1999年版。
孙森焱:《民法债编总论》(上下册),法律出版社2006年版。
田韶华:《论我国合同法上的严格责任原则》,载《河北法学》2000年第3期。
王伯琦:《民法总则》(八版),台湾正中书局1979年版。
王洪:《婚姻家庭法》,法律出版社2003年版。
王洪:《合同形式研究》,法律出版社2005年版。
王军、邓显新:《违约金适用若干实务问题》,载《实事求是》2009年第5期。
王坤:《物权法与非公有制经济产权保护》,载《理论探索》2008年第3期。
王利明主编:《民法》(第五版),中国人民大学出版社2010年版。
王利明:《违约责任论》(修订版),中国政法大学出版社2000年版。
王轶:《合同法的规范类型及其法律适用》,载《合同法评论》2004年第1辑。
王轶:《论倡导性规范——以合同法为背景的分析》,载《清华法学》2007年第1期。
王轶:《论合同法上的任意性规范》,载《社会科学战线》2006年第5期。
王轶:《论合同法中的混合性规范》,载《浙江工商大学学报》2008年第3期。
王轶:《民法典的规范配置——以对我国〈合同法〉规范配置的反思为中心》,载《烟台大学学报(哲学社会科学版)》2005年第3期。
王轶:《民法价值判断问题的实体性论证规则》,载《中国社会科学》2004年第6期。
王轶:《民法原理与民法学方法》,法律出版社2009年版。

王轶:《正确理解公共利益,切实维护私人权利》,载《今日中国论坛》2007年第4期。

王轶、董文军:《论国家利益——兼论我国民法典中民事权利的边界》,载《吉林大学社会科学学报》2008年第3期。

王泽鉴:《不完全给付之基本理论》,载氏著:《民法学说与判例研究》(第三册),中国政法大学出版社1998年版。

王泽鉴:《民法概要》,中国政法大学出版社2003年版。

王泽鉴:《民法五十年》,载李静冰编:《民法的体系与方法》,中国政法大学教材(1991年)。

王泽鉴:《民法总则》(增订版),中国政法大学出版社2001年版。

王泽鉴:《契约责任与侵权责任的竞合》,载《民法学说与判例研究》(第一册),中国政法大学出版社1997年版。

王泽鉴:《侵权行为法》(第一册),中国政法大学出版社2001年版。

王泽鉴:《悬赏广告法律性质之再检讨》,载氏著:《民法学说与判例研究》(第二册),中国政法大学出版社1997年版。

王泽鉴:《台湾现行"民法"与市场经济》,载氏著:《民法学说与判例研究》(第七册),中国政法大学出版社1998年版。

王泽鉴:《同时履行抗辩权:第264条规定之适用、准用和类推适用》,载氏著:《民法学说与判例研究》(第六册),中国政法大学出版社1998年版。

王泽鉴:《债法原理》(第一册),中国政法大学出版社2001年版。

王泽鉴:《最高法院判决在法学方法论上之检讨》,载李静冰编:《民法的体系与发展》,中国政法大学教材(1991)。

吴国喆:《善意认定的属性及反推技术》,载《法学研究》2007年第6期。

吴合振主编:《最高人民法院公报案例评析:民事卷/经济案例》,中国民主法制出版社2004年版。

解亘:《案例研究反思》,载《政法论坛》2008年第4期。

谢怀栻:《民法总则讲要》,北京大学出版社2007年版。

谢怀栻:《外国民商法精要》,法律出版社2002年版。

谢怀栻:《由〈合同法〉想到的几点问题》,载《法学家》1999年第3期。

谢怀栻:《正确阐释〈民法通则〉以建立我国的民法学》,载《谢怀栻法学文选》,中国法制出版社2002年版。

谢振民编著:《中华民国立法史》(下册),中国政法大学出版社2000年版。

邢建东:《合同法(总则)——学说与判例注释》,法律出版社2006年版。

徐国栋:《英语世界中的诚信原则》,载《环球法律评论》2004年秋季号。

颜厥安:《法与道德——由一个法哲学的核心问题检讨德国战后法思想的发展》一文中的第五部分,载《政大法学评论》第47期。

杨大文主编:《亲属法》(第四版),法律出版社2004年版。

姚辉:《诚实信用:民法的"帝王条款"》,载《前线》2002年第7期。

姚新华:《契约自由论》,载《比较法研究》1997年第1期。

叶林:《公司法研究》,中国人民大学出版社2008年版。

尹田:《评我国〈物权法〉对国家财产权利的立法安排》,载《浙江工商大学学报》2008年第1期。

俞江:《"契约"与"合同"之辨——以清代契约文书为出发点》,载《中国社会科学》2003年第6期。

余延满:《合同法原论》,武汉大学出版社2008年版。

余延满:《亲属法原论》,法律出版社2007年版。

曾世雄:《损害赔偿法原理》,中国政法大学出版社2001年版。

张谷:《略论合同行为的效力——兼评〈合同法〉第三章》,载王利明主编:《民商法理论争议问题——无权处分》,中国人民大学出版社2003年版。

张谷、王爽:《〈合同法〉:合同和合同书》,载《北京科技大学学报》1999年第4期。

张广兴:《法律行为之无效——从民法通则到民法典草案》,载《法学论坛》2003年第6期。

张俊浩主编:《民法学原理》(修订第三版)(上下册),中国政法大学出版社2000年版。

张立鹏:《试论诚实信用原则在司法裁判中的适用》,中国政法大学2009年硕士学位论文。

赵万一:《论我国物权立法中的平等保护原则》,载《上海大学学报》(社会科学版)2007年第5期。

郑强:《合同法诚实信用原则比较研究》,载《比较法研究》2000年第1期。

郑玉波:《民法总则》,中国政法大学出版社2003年版。

郑玉波:《民法债编各论》(上册),作者自刊,1981年版。

郑玉波:《民法债编总论》,作者自刊,1990年版。

郑玉波:《民法债编总论》(修订二版),陈荣隆修订,中国政法大学出版社2004年版。

钟瑞栋:《民法中的强制性规范——公法与私法"接轨"的规范配置问题》,法律出版社2009年版。

周枏:《罗马法原论》(上下册),商务印书馆1996年版。

朱广新:《合同法总则》,中国人民大学出版社2008年版。

朱广新:《论违背形式强制的法律后果》,载《华东政法大学学报》2009年第5期。

朱广新:《违约责任的归责原则探究》,载《政法论坛》2008年第4期。

朱广新:《先履行抗辩权之探究》,载《河南省政法管理干部学院学报》2006年第4期。

朱庆育:《意思表示解释理论》,中国政法大学出版社2004年版。

（二）译著

〔英〕阿狄亚:《合同法导论》(第五版),赵旭东、何帅领、邓晓霞译,法律出版社2002年版。

〔英〕阿蒂亚:《合同法概论》,程正康、周忠海、刘振民译,法律出版社1982年版。

〔德〕彼得·施莱希特里姆:《〈联合国国际货物销售合同公约〉评释》(第三版),李慧妮编译,北京大学出版社2006年版。

〔美〕博登海默:《法理学:法律哲学与法律方法》,邓正来译,中国政法大学出版社1999年版。

〔德〕茨威格特、〔德〕克茨:《"抽象物权契约"理论》,孙宪忠译,载《外国法译评》1995年第2期。

〔德〕茨威格特、〔德〕克茨:《比较法总论》,潘汉典、米健、高鸿钧、贺卫方译,贵州人民出版社1992年版。

《德国民法典》,郑冲、贾红梅译,法律出版社1999年版。

《德国民法典》(第2版),陈卫佐译注,法律出版社2006年版。

〔美〕德沃金:《认真对待权利》,信春鹰、吴玉章译,中国大百科全书出版社1998年版。

《法国民法典》,马育民译,北京大学出版社1982年版。

〔美〕范斯沃思:《合同履行中的诚实信用》,孙美兰译,载梁慧星主编:《民商法论丛》(第31卷),法律出版社2004年版。

〔美〕范斯沃思:《美国合同法》,葛云松、丁春艳译,中国政法大学出版社2004年版。

〔德〕费肯彻尔:《判决先例在德国私法中的意义》,苏永钦译,载苏永钦著:《民法经济法论文集》,著者自版1988年版。

《国际商事合同通则》,对外贸易经济合作部条约法律司编译,法律出版社1996年版。

〔美〕萨默斯:《美国合同法中诚实信用的界定:概述》,载〔美〕莱因哈德·齐默曼、〔美〕西蒙·惠特克主编:《欧洲合同法中的诚信原则》,丁广宇、杨才然、叶桂峰译,法律出版社2005年版。

〔德〕拉伦茨:《德国民法通论》(上下册),王晓晔、邵建东、程建英、徐国建、谢怀栻译,法律出版社 2004 年版。

〔美〕科宾:《科宾论合同》(一卷版)(上册),王卫国、徐国栋、夏登峻译,中国大百科全书出版社 1997 年版。

〔德〕梅迪库斯:《德国民法总论》,邵建东译,法律出版社 2001 年版。

《美国〈统一商法典〉及其正式评述》(第一卷),孙新强译,中国人民大学出版社 2004 年版。

《日本法规大全》(第五册),上海商务印书馆 1907 年版。

〔日〕山本敬三:《民法讲义 I:总则》,解亘译,北京大学出版社 2004 年版。

〔日〕我妻荣:《新订民法总则》,于敏译,中国法制出版社 2008 年版。

〔日〕我妻荣:《债权各论》(上卷),徐慧译,中国法制出版社 2008 年版。

〔日〕我妻荣:《债权各论》(中卷二),周江洪译,中国法制出版社 2008 年版。

〔日〕叶士朋:《欧洲法学史导论》,吕平义、苏健译,中国政法大学出版社 1998 年版。

〔日〕滋贺秀三、〔日〕寺田浩明、〔日〕岸本美绪、〔日〕夫马进:《明清时期的民事审判与民间契约》,王亚新、梁治平编,王亚新、范愉、陈少峰译,法律出版社 1998 年版。

二、英文类

Arthur L. Corbin, *Corbin on Contracts* (one volume edition), West publishing Co, 1952.

Basil S. Markesinis, *The German Law of Obligations* volume 1, Oxford University Press, 1997.

Basil S Markesinis, Hannes Unberath Angus Johnston, *The German Law of Contract*, Second Edition, Hart Publishing 2006.

Bing Ling, *Chontract Law in China*, Hong Kong:Sweet & Maxwell Asia, 2002.

Chitty on Contracts, 30th Edition, Volume 1, Sweet & Maxwell, 2008.

Clayton P. Gillette, Limitation on the Obligation of Good Faith, 1981 *Duke L. J.*, p. 619.

Dennis M. Patterson, Wittgenstein and the Code), *University of Pennsylvania Law Review*, Vol. 137, No. 2.

Harold Dubroff, The Implied Covenant of Good Faith in Contract Interpretation and Gap-Filing, 80 *St. John's L. Rev.* 559.

E. Allan Farnsworth, Duties of Good Faith and Fair Dealing Under the UNIDROIT Principles, Relevant International Conventions, and National Laws, 3 *Tul. J. Int'l & Comp. L.* 47.

E. Allan Farnsworth, Good Faith Performance and Commercial Reasonableness under the Uniform Commercial Code), 30 *U. Chi. L. Rev.* 666.

E. Allan Farnsworth, The Concept of Good Faith in American Law), in 10 SAGGI, COFERENZE E SEMINARI.

Harry Flechtner, Comparing the Good Faith Provisions of the PECL and the UCC, 13 *Pace Int'l L. Rev.* 295.

Konrad. Zweigert, Hein Kötz, *Introduction to Comparative Law*, Third Revised Edition, translated from Greman by Tony Weir, Oxford, 1998.

Lon L. Fuller, Melvin Aron Eisenberg, *Basic Contract Law*, Eighth Edition, Concise Edition, West, 2006.

Mathias Reimann, Reinhard Zimmermann(ed), *Oxford Handbook of Comparative Law*, Oxford University Press, 2008.

Michael J. Fisher and Desmond G. Greenwood, *Contract Law in Hong Kong*, Hong Kong University Press, 2007.

Mo Zhang, Freedom of Contract with Chines Legal Characteristics: a Closer Look at China's New Contract Law, 14 *Temp. Int'l & Comp. L. J.* 237.

P. S. Atiyah, *The Rise and Fall of Freedom of Contract*, Oxford University Press, 2003.

Richard E. Speidel The Duty of Good Faith in Contract Performance and Enforcement, 46 *J. Legal Educ.* 537.

Robert S. Summers, "Good Faith" in General Contract Law and the Sales Provisions of the Uniforn, 54 *Va. L. Rev.* 195.

Robert S. Summers, The General Duty of Good Faith—Its Recognition and Conceptualization), 67 *Cornell L. Rev.* 810.

Steven J. Burton, Breach of Contract and Common Law Duty to Perform in Good Faith, 94 *Harv. L. Rev.* 369.

Steven J. Burton, Good Faith in Articles 1 and 2 of the U. C. C., 35 *Wm. & Mary L. Rev.* 1533.

Steven J. Burton, Good Faith Performance of a Contract Within Article 2 of the Uniform Commercial Code, 67 *Iowa L. J. Rev.* 1.

Steven J. Burton, More on Good Faith Performance of a Contract, 69 *Iowa L. Rev.* 497.

Treitel, *The Law of Contract*, 12th Edition(2009 by Peel), Sweet & Maxwell, 2009.